타인의 고통에 응답하는 공부

타 — 인 — 의

——————— 고 통 에

응 답

김승섭
지음

하 는

공
부

동아시아

들어가며

정말 잘 모르겠습니다. 공부는 무엇이고 인간은 어떻게 살아가야 하는지.

임상의사가 아닌 보건학자의 삶을 선택했던 것은 답답했기 때문입니다. 환자를 만나고 차트에 적힌 병력을 읽어보면 가난과 가정폭력으로 인해 우울증이 발생한 게 분명한데, 병원에서는 약으로 이들의 증상을 치료하려 했습니다. 물론 현대의학이 이룬 성과는 놀라운 것이어서, 그 약들은 실제로 증상을 완화하고 죽음의 문턱에 서 있던 이들을 종종 삶의 자리로 돌려보냈습니다. 그러나 환자가 돌아가야 할 가정은 과거와 다름없이 폭력적인 공간이었고, 병원 사람들은 모두 그녀가 다시

타인의 고통에 응답하는 공부

입원하리라는 것을 알고 있었습니다.

그뿐만이 아니었습니다. 일하지 않으면 당장 다음 주 생계가 막막한 일용직 노동자들에게 의학 교과서에 적힌 대로 "다친 허리를 치료하려면 며칠은 조심하며 누워 있어야 한다"라고 말하는 일은 허망했습니다. 먹고사는 일의 무게 때문에 검진 시기를 놓쳐, 몸 여기저기 전이된 유방암을 진단받은 여성에게 의학이 해줄 수 있는 일은 많지 않았습니다. 그런 경험들이 쌓이며 어느 순간부터는 스스로에게 반복해서 물었던 것 같습니다. '이 문제를 해결하려면 병원을 벗어나야 하는 것 아닌가?' '나는 임상의사로 일하면서 얻을 수 있는 경제력을 포기할 수 있는가?' '그렇게 하면 내 고민은 결실을 얻을 수 있는가?' 답하기 어려운 질문이었습니다. 부조리한 사회가 질병의 근본적 원인이라는 게 명확해질수록, 그 대답은 더 무겁고 또 멀게 느껴졌습니다.

제게 공부는 타인의 고통에 응답하는 언어였습니다. 타인의 고통은 타인의 것입니다. 우리는 손톱 밑에 찔린 가시로 아파하는 옆 사람의 고통을 알지 못하지요. 특히 부조리한 사회로 인해 상처받은 이들은 종종 비명조차 지르지 못하고 숨죽이며 아파하는 경우가 많습니다. 보이지 않는 상처가 당사자의 몸에 갇히지 않고 공유할 수 있는 이야기가 되기 위해서는 누군가가 그 고통에 응답해야 합니다.

그 공부는 책상 앞에서만 할 수 없었습니다. 침몰하는 배에서 친구를 잃은 생존 학생과 동료를 잃은 생존 장병의 이야기를 듣고, 화재 진압 과정에서 동료를 잃고 PTSD(외상 후 스트레스 장애Posttraumatic Stress Disorder)로 인해 고통받는 소방공무원의 목소리를 기록하고, 정리해고 이후 자살로 세상을 떠난 쌍용자동차 해고 노동자의 장례식을 찾아다니고, 비과학적 낙인으로 삶을 부정당하는 성소수자들의 집회에 함께하는 일을 계속해야 했습니다.

그러나 공부인 이상 그 모든 시간은 책상 앞에서 글로 마무리해야 했습니다. 고통과 분노의 에너지로 존재하는 경험들을 데이터로 수집하고 분석해 논문과 책의 형태로 정리하는 일은 연구자의 몫이었습니다. 그 작업을 위해서는 사건의 뜨거움이 제 몸을 통과하게 해야 했지만, 동시에 어떻게든 거리를 두고 냉정함을 유지한 채 학술적 언어로 정리해야 했습니다.

공부를 할수록 세상은 복잡하고 변화는 쉽지 않다는 점을 알아갑니다. 하지만 답이 보이지 않는다고 해서 질문을 포기할 수는 없습니다. 세상은 길이 보이지 않는다고 해서 버릴 수 있는 무언가가 아니니까요. 합리성은 종종 자신의 주장을 뒷받침하는 근거가 얼마만큼 있는가로 결정되기에, 기득권은 사회의 모든 갈등에서 더 '합리적인' 주장을 하기 쉽습니다. 근거는 지식의 형태로 존재하고, 지식을 생산하기 위해서는 자원과 시간이 투여되기 때문입니다. 제가 서 있는 자리에서는 이미 생산되어 있는 지식만으로는 답할 수 없는 질문에 답해야 할 때가

타인의 고통에 응답하는 공부

많았습니다. 그럴 때는 읽고 만나고 부대끼며 길을 찾으려 했습니다.

첫 책『아픔이 길이 되려면』을 썼던 이유는 제가 공부한 내용 중 쓸모가 있는 것들을 세상과 나누어야 한다고 생각했기 때문입니다. 그 내용이 모두에게 환영받는 보편의 지식보다는, 기댈 곳 없는 이들이 손에 쥘 수 있는 작은 무기로 쓰이기를 원했습니다. 언어가 무기가 된다는 말. 낯설고 두려운 표현이지만 누군가를 괴롭히고 상처를 입히는 무기가 아니라, 자신의 삶에 대해 함부로 판단하고 말하는 이들로부터 스스로를 지키는 데 힘이 되는 무기가 되기를 바랐습니다.

　그런 마음으로 계속 글을 썼습니다.『우리 몸이 세계라면』은 제 공부가 진행되는 무대에 대해 질문하는 책이었습니다. 생산되지 않는 지식과 측정되지 못하는 고통에 대해, 그 부조리를 지속시키는 세상에 대해 말하고 싶었습니다.『미래의 피해자들은 이겼다』에서는 타인의 고통을 정치적 진영 논리에 따라 폄하하는 세상에서, 세월호 생존 학생과 천안함 생존 장병의 목소리를 매개로 '우리가 어떻게 하면 인간으로 살아남을 수 있는가'에 대해 질문하려 했습니다.

　『타인의 고통에 응답하는 공부』는 제가 연구를 하는 과정에서 겪었던 숱한 시행착오와 길이 보이지 않는 막막한 상황에서도 계속 질문하기를 포기하지 않는 사람들과 만나 나눴던 이야기를 모은 책입니다. 이 책으로 한국 사회에서 대중을 상대로 지금의 제가 할 수 있는 이야기는 마무리됩니다. 앞뒤 맥락을 잘라낸 채 몇 마디 말을 인용하며 사람과 사건에 대해 함부로 판단하는 일이 정의의 이름으로 행해지는 시대에, 이 두꺼운 책들을 읽고 생각을 나누는 사람들이 있다는 게 제게는 큰 위로였습니다. 그동안 부족한 글을 마음으로 읽어주셨던 분들께 깊은 감사를 전합니다. 그 마음 잊지 않겠습니다.

책을 쓰며 많은 사람의 도움을 받았습니다. 필자로서 저를 아끼고 응원해 주시는 동아시아의 한성봉 사장님께 감사를 전합니다. 그 속 깊은 존중은 제가 글을 계속 써야 했던 이유 중 하나였습니다. 여기저기 흩어진 원고를 모으고 정리하며 정성을 다해 글을 만져준 오시경 편집자님께 고마움을 전합니다.

고려대와 서울대에서 함께 공부를 해주었던 연구실의 학생들이 있어 책에 소개한 여러 연구가 가능했습니다. 이번 책에는 언론에 기고했던 대담과 칼럼, 연재 원고가 실려 있습니다. 귀한 지면을 내주셨던 언론들에 감사드립니다. 기고문을 쓸 때면 함께 고민하고 상의해 주었던 정환봉 기자님과 장일호 기자님께 고맙다는 말씀 전하고 싶습니다. 밝은 눈을 가진 이들과 논의할 수 있다는 축복이 예민한 주제를 두고 감히 글을 쓸 수 있었던 이유였습니다. 윤태웅, 류홍서, 윤조원, 이승윤 교수님께 감사를 전합니다. 닮고 싶은, 사려 깊은 사람들이 곁에 있어 외롭지 않았습니다.

이금준 선생님께서 함께해 주신 시간들이 있어, 계속 노력할 수 있었습니다. 제 문장을 마음으로 읽어주시는 장인어른과 장모님의 존재는 큰 힘이었습니다. 넉넉지 않은 집의 장남이 선택한 길을 자랑스러워해 주시는 어머니가 계셔서 제가 원하는 공부를 포기하지 않고 계속할 수 있었습니다. 존경하는 아내 영선이 있어 견딜 수 있었고 글을 쓸 수 있었습니다.

사랑하는 세 딸, 지인, 해인, 리인에게 이 책을 바칩니다. 이제 모두 10대가 된 지해리가 언젠가 아빠가 어떤 마음으로 살아가려 애썼는지 궁금한 날이 온다면, 이 책이 답이 되어주리라 믿습니다.

2023년 11월
관악연구실에서 김승섭 씀.

차례

2

지워진 존재, 응답받지 못하는 고통

3

한국 사회의 '주삿바늘'은 무엇인가

4

우리의 삶은 당신의 상상보다 복잡하다

일러두기

책에 실린 글 대부분은 『시사IN』, 『한겨레』, 『한겨레21』, 『비마이너』, 『경향신문』, 『한국일보』, 『Diversitas』 등에 기고한 글을 재가공한 것입니다. 「'보이지 않는 고통'을 응시하다」는 『경향신문』 이혜인 기자가, 「내 본질은 누구도 무엇도 바꿀 수 없어요」는 『시사IN』 장일호 기자가, 「이것은 저의 싸움입니다」는 공공그라운드 정은용 팀장이 정리한 대담 내용을 수정·보완했습니다.

1

차별은
공기처럼
존재한다

#1 "교수님은 왜 공부를 하시는 건가요?"

사회운동 단체의 일을 열심히 돕던 한 학부생이 내 연구실에서 석사과정 공부를 하고 싶다고 찾아온 적이 있다. 왜 공부를 하려 하는지 물었다. "세상을 더 평등한 곳으로 만들고 싶어서요."

그런 목적이라면 대학원 공부를 권하지 않는다고 말했다. 공부는 공부인 것이라고. 논문을 쓰다 보면, 일반인의 입장에서 보면 그다지 놀랍지 않은 상식에 가까운 결론을 확인하기 위해 수많은 문헌을 읽고 정리하고 데이터를 분석하는 일을 반복해야 하는데, 그렇게 하고도 우리가 가닿는 자리에는 종종 불확실성이 섞여 있다고. 그리고 논리적 엄밀성을 추구하는 학계의 언어는 기본적으로 보수적이어서, 급격하게 변화하는 현실을 사후적으로 분석하는 역할을 하는 경우가 많고 그조차도 온전히 해내는 게 쉽지 않다고 말했다.

이번에는 학생이 내게 물었다. "그럼 교수님은 왜 공부를 하시는 건가요?"

나는 할 줄 아는 게 이거 하나였다고, 그리고 공부가 가진 힘을 믿는다고 답했다. 공부가 당장 사회 변화를 만들어 내거나 속 시원한 말로 사람들의 갈증을 해소해 주지는 못하지만, 인류가 유사한 문제를 두고서 실패와 성공을 반복하며 오랫동안 쌓아온 지식을 면밀히 검토하면서 얻게 되는 통찰이 있다고. 그 통찰의 힘이 장기적으로는 우리가 보다 나은 선택을 할 수 있도록 안내하는 길잡이가 되어준다고.

모든 논문의 맨 마지막에는 연구 결과의 한계를 서술하는데, 그 부분에서 연구자는 항상 자신이 서 있는 자리가 어디인지 투명하게 밝혀야 한다는 이야기도 했다. 한계에 대한 서술이 개별 논문에는 약점일지도 모르지만, 학술 언어가 지닌 가장 큰 힘이라고. 내 연구는 이러한 가정 위에서 진행되었고, 그 가정이 무너질 경우에는 결과도 힘을 가질 수 없다고 밝히는 화법이 답답하게 보일지 모르지만, 그만큼 정직하고 단단한 언어라고.

#2 차별을 경험하고 인지하고 이야기하는 일

깊게 들어가야만 보이는 질문들이 있다. 트랜스젠더의 차별 경험에 대한 연구를 할 때였다. 보통 차별 경험은 "지난 1년간 구직 과정에서 차별을 경험한 적 있습니까?"와 같은 설문 문항을 통해 측정한다. 우리 연구팀 역시 처음에는 그런 질문들만 사용했었다. 그러나 연구를 하며 트랜스젠더 당사자들을 만나 인터뷰할수록 그 질문들로는 충분하지 않다는 게 명확해졌다.

한국의 트랜스젠더에게는 구직 과정에서 성별을 표시해야 하는 서류 심사가 종종 큰 장벽으로 작동했다. 법적 성별정정을 한 트랜스젠더와 그렇지 않은 트랜스젠더 모두에게, 자신의 외모와 주민등록번호 뒷자리의 첫번째 숫자가 어긋난다고 생각하는 사람들의 시선을 감당하는 게 매번 큰 과제였다. 그래서 이들은 종종 취업을 포기하곤 한다. 취업 지원을 포기하게 되니, '구직 과정에서 차별을 경험'할 기회 자체가 박탈되곤 한다. 문제는 이러한 장벽이 취업할 때만 작동하는 것이 아니라는 점이다. 병원, 은행, 동사무소에서도 많은 트랜스젠더가 차별받을 수 있는 상황을 최대한 피하려 애쓰고 있었다. 2020년 국가인권위원회의 「트랜스젠더 혐오차별 실태조사」에서는 조사에 참여한 트랜스젠더 554명에게 신분증이나 주민등록번호를 제시하는 상황에서 부당한 대우를 받을까 봐 일상적 용무를 포기한 적이 있는지를 물었다. 설문 참여자 중 119명(21.5%)이 병원 이용을, 83명(15.0%)이 보험 가입이나 상담을, 79명(14.3%)이 은행 업무를 포기한 적이 있다고 답했다.[1] 이들은 언제 맞닥뜨릴지 모르는 차별에 대한 두려움으로 인해 차별을 받을 수 있는 상황으로 들어가는 것 자체를 포기하고 있다. 이들의 몸을 망가뜨리는 차별은 공기처럼 눈에 보이지 않지만 항상 함께 존재하며 몸을 긴장시킨다.

장애인의 차별 경험을 측정하는 과정에서는 또 다른 어려움이 있었다. 휠체어를 사용하는 장애인의 전자제품 매장 접근성에 대한 연구를 진행할 때였다. 매장에서 일하는 대기업 직원분들은 친절했지만, 손가락으로 글자를 입력하면 음성이 재생되는 기계를 사용하는 뇌병변 장애인분들 앞에서 어찌할 바를 몰라 했다. 저 멀리서 바라보는 직원분들의 눈빛에서 '저분들이 가능하면 내게 오지 않았으면' 하는 태도가 역력히 느껴졌다. 그 분위기가 동행한 비장애인 연구원에게는 숨이 막힐 만큼 답답했다. 그런데 현장 조사를 마치고 이야기를 나눌 때, 장애인 당사자분들이 그 경험을 차별로 인식하지 못하고 있었다. 이들은 오히려 당황하는 비장애인 연구원을 위로하며 "이 정도는 괜찮아요"라고 말하기도 했다. 비슷한 일들이 반복되며 알게 되었다. 일상에서 줄곧 그런 눈빛을 감당하며 살아야 했던, 그 모멸적 시선이 특별한 사건이 아니라 상시적인 삶의 환경이었던 이들은 그것을 차별이라고 부르지 못하고 있었다.

사회적 약자 집단의 차별 경험을 측정하기 어려운 이유는 그뿐만이 아니었다. 한국에서 일하는 캄보디아나 네팔 출신 이주 노동자의 노동환경과 건강을 연구할 때였다. 연구자들은 차별 경험이나 우울 증상 같은 경험을 측정할 때, 문항의 타당성

타인의 고통에 응답하는 공부

이 검증된 표준화된 설문지를 사용한다. 그런데 설문지를 이주 노동자들의 모국어로 정교하게 번역해서 제공한다 해도, 모든 설문 참여자가 그 질문에 답하지는 못했다. 이들 중 상당수가 본국에서 교육을 충분히 받지 못했기 때문이다. 특히 한국에 저숙련 노동자로 와서 일하는 이들은, 실은 가장 위험한 노동 환경에서 일하지만 부족한 문해력으로 인해 설문조사에 응하지 못했고, 이들의 차별 경험은 데이터가 될 수 없었다. 설문 문항의 의도와 맥락을 이해하면서 각 나라의 일상적인 말로 설명해 내는 통역자가 필요했지만 그런 이를 찾는 건 쉽지 않았다.

　이주 노동자들을 대상으로 심층 인터뷰를 통한 질적 연구를 기획할 때는 또 다른 문제를 만났다. 내용만이 아니라 어조와 태도까지 중요한 관찰 대상인 질적 연구의 특성상 통역을 거쳐서 진행하는 연구는 한계가 분명하지만, 연구자가 각 나라 언어를 배우기 어려운 상황에서 통역은 불가피한 선택이었다. 문제는 통역자였다. 처음에는 두 나라의 언어를 잘 구사하는 사람이면 된다고만 생각했지만, 통역자는 기계가 아니라 나름의 역사와 경험을 가진 인간이었다.

　예를 들어, 네팔은 뿌리 깊은 계급사회이다. 법적으로는 1963년에 카스트제도를 폐지했지만, 출신 계급이 다른 커플이 결혼하려다 살해당하는 사건이 종종 발생할 만큼 네팔에서 계급 구분은 아직까지도 유효하다. 성직자나 학자와 같이 정신노동을 하는 직업은 가장 높은 브라만^{Brahman} 계급의 몫이고, 달리트^{Dalit}는 카스트제도에 속하지도 못하는 이른바 '불가촉 천민' 계급으로 주로 시골 변두리에서 육체노동을 하며 살아간다. 한국에 유학생으로 와서 두 나라의 언어를 모두 잘 구사할 수 있는 이는 브라만인 경우가 많고 저숙련 노동자로 와서 일하는 이는 상대적으로 낮은 계급이거나 달리트일 가능성이 높다. 그렇다면 브라만 계급의 통역자가 달리트 계급 노동자의 차별 경험을 한국어로 통역하는 내용을 우리는 어떻게 해석할 것인가.

#3 복잡한 문제일수록 당사자와 함께

2023년 코로나19 팬데믹이 마무리되던 시기, 사회적 약자의 삶과 건강에 대해 공부해 온 다섯 연구자와 함께 『우리의 상처가 미래를 바꿀 수 있을까』라는 책을 썼다. 전 세계적으로 볼 때, 한국은 코로나19 대응에 성공한 나라이다. 팬데믹의 영향을 크게 받은 주요 국가 중 한국의 코로나19 사망률과 치명률은 모두 현저히 낮다.[2] 정부, 의료진, 시민이 힘을 합쳐 팬데믹 재난의 시간을 견뎠기에 가능한 성과였다.

　나는 그 '성공의 경험'이 두려웠다. 마스크를 쓰고 '사회적 거리두기'를 했던 방역 과정의 사회적 비용을 실은 가장 약한 사람들이 치렀기 때문이다. 책을 쓰기 위해 연구팀은 이주민이나 장애인을 포함한 사회적 취약계층 당사자들이나 그들과 오랫동안 함께 일해온 활동가들을 만나 팬데믹의 시간을 어떻게 견뎌냈는지 물었다.

고용허가제 탓에 직장을 옮길 수 없던 이주 노동자들은 "너희들은 서로에게 안전하다"라고 말하며 함께 확진 통보를 받은 동료들을 모아 야간 노동을 시키는 사업주에게 저항하지 못했다. 선제적 코호트 격리라는 이름으로 아동양육시설의 아이들은 3개월 넘게 건물 앞 편의점에도 가지 못했고, 시설에 거주하는 장애인들은 층간 이동조차 제한받았다. 감각이 예민해 종종 마스크를 찢곤 하던 자폐 아동들은 감염되거나 밀접접촉자가 되는 경우가 많았다. 하지만 혼자 방에서 지내는 일이 불가능한 자폐 아동을 돌보기 위해 부모는 함께 방에 들어가 지내야 했고, 그런 일이 자주 발생하자 부모들은 직장을 잃었다. 고용불안에 시달리던 콜센터 비정규직 노동자들은 집단 감염으로 인해 병원에 입원한 이후에도 환자복을 입은 채 계속 일을 해야 했다. 당사자의 목소리에 귀를 기울이지 않았다면, 상상하지 못했을 이야기들이었다.

장애인의 이동권에 대한 설문 문항을 만들 때도 다르지 않았다. 나는 장애인이 대중교통을 이용할 수 없게 만드는 가장 큰 장벽이 점자 표지판이나 저상버스 혹은 지하철역 엘리베이터가 부족하기 때문이라고 생각했다. 물리적 문턱을 낮추는 게 장애인이 이동을 하는 데 있어 가장 시급한 과제라고 여겼기에, "일주일에 몇 번이나 외출을 하는지" 혹은 "지하철이나 버스를 이용하지 않는 이유가 무엇인지" 묻고자 했다. 그런데 장애인 당사자들을 만나 심층 인터뷰를 하면서, 그 질문으로는 충분하지 않다는 사실을 알아갔다.

외출을 하기 위해서는 가고 싶고 갈 수 있는 공간이 있어야 한다. 블록버스터 영화를 상영 중인 극장이건 아니면 인스타그램에 올라온 사진 찍기 좋은 카페건 간에, 문턱과 계단과 사회적 낙인으로 인해 장애인에게 가고 싶고 갈 수 있는 공간이 없다면 외출 자체를 시도할 이유가 없어진다. 대중교통은 어디인가로 가기 위한 수단인데, 그 '어디'가 존재하지 않는다면 장애인이 대중교통을 이용하고 또 불편함을 호소할 기회 자체가 없는 것이다. 또한 그 '어디'가 명확하고 대중교통 이용에서 물리적 장벽이 줄어든다고 해서, 마음 편히 외출할 수 있는 것도 아니다. 저상버스에 휠체어를 타고 탑승하려다가 운전기사나 승객으로부터 따가운 시선을 받으며 짐짝 취급을 당한 적이 있는 장애인은 트라우마가 된 그 경험 때문에 차라리 외출을 포기하곤 한다. 물리적 장벽만큼이나 심리적 낙인이 장애인 이동권에 있어서는 중요한 문제였다.

공중화장실도 장애인 이동권을 가로막는 큰 문제였다. 연구팀이 찾아간 많은 장애인 화장실이 실제로는 물건을 보관하는 창고로 쓰이고 있었다. 이용할 수 있는 화장실이 존재하지 않는 극장, 카페, 병원은 사실상 장애인이 머물 수 없는 공간이었다. 휠체어를 사용하는 한 여성 장애인은 화장실에 가기가 두려워 식당에서 물을 최대한 마시지 않고 국물이 있는 음식은 피한다고 했다. 하지만 콩자반이나 멸치볶음 같은 짭조름한 반찬까지 피하기는 어려웠다. 그런데 나트륨 농도가 높은 짠 음식은 고혈압 발생의 원인이 된다. 그리고 고혈압의 중요한 치료약 중 하나는 환자가 화장실에 가게 만드는 이뇨제이다.

#4 '알아들은 척'은 배려가 아니라 모욕일 수 있다

장애와 건강 연구를 하는 내내, 한국이 얼마나 비장애인을 중심으로 디자인된 사회인지 배워갔다. 의료접근성을 연구하는 과정에서 만난 한 발달장애인 가족에게 들은 이야기이다. 성인이 된 발달장애인 자녀가 머리가 아프다고 해서 병원에 갔을 때, 의사가 물었다. "머리가 어떻게 아파요?" 답이 없자 의사는 다시 물었다. "머리가 지끈거리듯이 아파요? 콕콕 찌르듯이 아파요?" 발달장애인 자녀는 의사가 사용하는 묘사적인 질문을 이해할 수 없었다. 불안한 가족은 CT나 MRI와 같은 정밀검사를 자주 해야만 했다. 같은 장애인을 오랫동안 진료하며 환자의 상태를 온전히 아는 주치의가 없는 현실에서, 이런 상황은 개선될 여지가 보이지 않았다. 휠체어를 사용하는 내 동료는 건강검진을 받지 못했다. 한국의 검진 기관에서 사용하는 흉부 엑스레이는 대부분 환자가 서 있어야 촬영할 수 있도록 설계되어 있기 때문이다.

　　모든 면에서 '빨리빨리'를 추구하는 한국 사회에서 뇌병변 장애인은 매장 서비스를 이용하는 데 예상하지 못한 어려움을 겪고 있었다. 언어장애를 함께 가진 뇌병변 장애인이 찾는 물건의 위치를 물어볼 때, 매장 직원은 질문을 알아듣지 못하는 경우가 많다. 대다수의 직원은 '알아들은 척'을 하고 엉뚱한 답을 한다. 나쁜 의도가 있어서가 아닐 것이다. 못 알아들은 게 민망하기도 하고 바쁘기도 할 테니까. 그런데 이 상황에서 뇌병변 장애인은 종종 불편함을 넘어 모욕감을 느낀다. 그럴 때 다시 한번 말해줄 수 있느냐고 물어야 한다는 걸 대부분의 사람들은 알지 못한다. 어디서도 그런 교육을 받은 적이 없기 때문이다. 그뿐만이 아니었다. 많은 경우 직원은 물건을 실제로 구매해서 사용할 뇌병변 장애인이 아닌, 함께 매장에 방문한 활동보조인과 눈을 맞추고 이야기했다. 장애인이 물어본 질문에도 직원이 활동보조인을 바라보며 답하는 상황이 반복되자, 연구에 참여했던 장애인은 분노를 꾹꾹 누르며 천천히 말했다. "제가 사려고 왔습니다."

한편 전화로 서비스 상담을 하려 할 때는, 뇌병변 장애인 입장에서 안내 멘트가 지나치게 빨리 지나간다. 번호를 누르려고 하면 이미 정해진 시간이 지나고 다음 단계 안내가 나오기 일쑤이다. 온라인에서 물건을 구매할 때도 뇌병변 장애인은 비슷한 경험을 한다. 비장애인만큼 빠르고 섬세하게 마우스를 움직이기 어려운 이들에게는 자꾸만 뜨는 팝업창의 오른쪽 엑스 버튼을 누르는 일이 매번 힘겹다.

연구를 진행할수록 '장애인을 배려하는 것만으로는 장애인이 존엄한 인간으로 인정받는 일은 요원하지 않을까'라는 생각이 깊어졌다. 한국 사회에 장애인을 욱여넣는게 아니라, 장애인의 삶을 중심에 두고 교육과 노동을 포함한 한국 사회의 각 영역을 디자인하는 변화가 필요하다.

#5 변화의 핵심은 노동이다

한국의 자살률은 2020년 10만 명당 25.7명으로 OECD(경제협력기구) 회원국 중 압도적 1위이다. 학회에서 만나는 외국인 연구자들은 이 수치에 경악하며 고소득 국가인 한국에서 왜 이토록 많은 사람이 자신의 삶을 포기하는지 묻는다. 그런데 국립재활원 연구에 따르면, 2020년 기준 한국 장애인의 자살률은 10만 명당 57.2명이다. 한국인 전체보다 2배 이상 높다. 인간은 어떤 상황에서 살아 있기를 포기하는가. 수많은 연구에서 언급되는 요인은 '희망의 부재'이다. 오늘 하루를 견딜 수 없어서가 아니다. 숨 막히게 자신을 옥죄는 좌절의 순간이 내일도 모레도 계속될 것이라는 체념이 생의 에너지를 빼앗는다.

우리는 두 달에 한 번꼴로 발달장애 아동의 부모가 자녀를 살해하고 자신의 삶도 함께 포기했다는 보도를 접하고 있다. 사회적 고립 속에서 집 밖으로 나오지 못하고 생을 포기한 지체장애인의 죽음은 '상투적 사건'이 되어 더 이상 보도조차 되지 않는다. 정부는 그 현실을 두고 자살예방교육을 확대하겠다고 한다. 미래가 보이지 않는 막막한 현실이 변하지 않는데 자살에 대한 인식과 태도를 바꾸는 교육만으로 장애인이 살아갈 힘을 얻을 수 있을까.

　필요한 변화의 핵심은 노동이다. 모든 인간에게 그렇지만 특히 장애인에게 노동은 재정적 안정만을 의미하지 않는다. 장애인에게 노동은 공동체에서 자신의 자리를 확인하고 다른 사회적 활동으로 나아가기 위한 교두보 역할을 한다. 지체장애인이 아침이면 직장에 출근해 일하고 저녁이면 퇴근해 집으로 돌아오는 하루가 일상이 되는 사회에서 그들이 투표소와 극장과 병원에 가지 못할 리 없다.

　발달장애 아동을 키우는 부모의 가장 큰 공포는 성인이 된 자녀가 살아갈 미래가 보이지 않는 것이다. 자신이 사망하고 난 이후 돌봐줄 사람이 없어, 자녀가 상상조차 하기 싫은 비참한 삶을 살아가는 것에 대한 두려움이다. 성인 발달장애인이 구성원으로 인정받으며 살아갈 수 있는 일터가 존재하는 사회라면, 발달장애인 당사자의 자존감과 성취감은 물론이고 부모가 느끼는 막막함도 지금과 같지 않을 것이다. 그러나 한국장애인고용공단의 2022년 상반기 「장애인 경제활동 실태조사」에 따르면, 15세 이상 성인 중 전체 인구의 고용률은 63%인데 등록장애인의 고용률은 36.4%로 차이가 26.6%에 달한다. 게다가 장애인 고용의 상당수는 정부가 정한 의무고용률(공공부문 3.6%, 민간부문 3.1%)을 채우기 위한 6개월 이하 단기 일자리이다.

　장애인 노동의 가장 큰 장벽은 사회 곳곳에 뿌리 깊게 새겨진 비장애중심주의이다. 한국의 장애인은 전 생애에 걸쳐 교육·이동·의료 이용의 모든 과정에서 차별을 경험한다. 그러한 차별의 역사는 장애인이 생산적 노동을 할 준비를 하는 데 필요한 시간을 박탈하고 노동의 기회를 차단한다. 장애인을 고용하지 않았을 때 기업이 내는 고용부담금은 1990년 법이 제정될 당시 정한 최저임금의 60~100%에서 23년째 변하지 않고 있다. 이 금액은 장애인 노동의 가치를 한국 사회가 어떻게 바라보는지를 반영한다. 많은 기업이 장애인을 고용하는 대신 부담금을 내는 '합리적' 선택을 하고 있다.

무엇보다 장애인을 위한 작업환경 모델의 개발과 확산이 절실하다. '다른 몸'을 고려하지 않고 비장애인의 몸에 맞춰 디자인된 작업환경에서 장애인은 필연적으로 무능한 존재가 되고, 사업주는 그들을 규제 때문에 떠맡은 짐처럼 여기게 된다. 한국만이 아니라 전 세계적으로 장애인 일터에 대한 수많은 실험이 진행되고 있다. 정부 차원에서 그 성과를 현실에서 적용 가능한 형태로 만들어 제공해야 한다.

#6 차별은 공기처럼 존재한다, 연구 과정에서도

논문 작업을 위해 설문조사를 진행하려면 참여자에게 보상을 지불해야 한다. 기꺼이 자신의 시간을 내어 이야기를 나눠준 이들에 대한 보상이다. 사회적 약자에 대한 연구를 진행하는 과정에서는 연구비가 부족한 경우가 많았지만, 연구팀은 가능한 한도에서 어떻게든 최소한의 설문 참여 보상이라도 지급하려 노력했다.

2016년 트랜스젠더의 차별 경험과 건강에 대한 연구를 진행할 때였다. 데이터 수집이 끝나고 보상을 지급받는 데 동의한 분들께 문자로 편의점에서 사용할 수 있는 기프티콘을 보내드렸다. 연구를 마무리하고 나서 몇 개월 뒤, 연구 참여자를 모으는 과정을 도와주었던 한 병원의 의사를 만났다. 그가 조심스럽게 꺼낸 말을 듣고 그제야 우리가 실수를 했다는 사실을 깨달았다. "문자로 보내주신 기프티콘을 쓰려면, 편의점 직원에게 보여줘야 하는데 기프티콘에 트랜스젠더 연구라는 말이 보이나 봐요. 다음에는 그걸 좀 주의해 주면 좋을 듯해요."

상상도 못 했던 실수였다. 어느 연구팀에서 보냈는지를 명확히 해야 한다는 생각에, 기프티콘을 받아 사용하는 사람이 겪을 수 있는 어려움을 놓쳤다. 우리가 보낸 기프티콘을 쓰는 당사자는 자신이 트랜스젠더라는 사실이 본인의 의사와 무관하게 타인에게 드러나는 아웃팅outing을 당할 수 있었던 것이다.

2023년 휠체어를 사용하는 장애인의 이동권과 건강에 대한 연구를 진행하는 과정에서는 그런 실수를 반복하지 않기 위해서 여러 준비를 했다. 연구팀 사람들에게 과거 트랜스젠더 연구를 처음 할 때 했던 실수라며 과거의 경험을 공유했다. 그러고 나서 얼마짜리 편의점 기프티콘을 보내야 하는지 논의하고 있는데, 휠체어를 사용하는 장애인 당사자인 연구원이 말했다. "편의점 기프티콘… 저는 설문 참여하고 그거 받을 때마다

다 부모님께 보냈어요. 주변 편의점에 휠체어를 타고 가기가 힘들어서."

#7 전선은 하나가 아니다

같은 나라, 같은 시대를 같은 나이와 같은 성별로 살더라도 사람마다 다른 세상을 살아갈 수 있다는 사실을 기억했으면 한다. 2020년 숙명여자대학교에 합격한 트랜스젠더 여학생이 입학을 포기하는 과정에서, 트랜스젠더 혐오 발언을 하던 래디컬 페미니즘Radical Feminism 운동을 보며 여러 생각이 들었다.

한국 사회는 아직까지도 뿌리 깊은 가부장제가 남아 있고 남성에 의한 여성 살해가 끊이지 않는다. 그런 사회에서 여성은 남성과의 관계에서 피해자가 되는 경우가 많다. 그러나 시스젠더cisgender(출생 시 법적 성별과 성별 정체성이 일치하는 사람)가 아닌 인간의 존재를 인정하지 않는 한국 사회에서 시스젠더 여성은 트랜스젠더와의 관계에서 상대적으로 강자이고 기득권자일 수 있다.

출생 시 정해진 법적 성별이 남성이었지만 스스로를 여성으로 인지하는 MTF(Male-To-Female) 트랜스젠더들의 옷차림을 탈코르셋 운동의 맥락에서 반동적이라고 비난하는 사람들이 있다. 자신이 원하는 성별로 인정받지 못해 고통받았던 숱한 시간들 속에서 온전한 자신이 되고자 외모를 꾸미는 길을 찾은 이들을 두고서, 가부장제가 강요한 여성의 옷을 입는다고 비난하는 것은 폭력이다. 시스젠더 여성과 MTF 트랜스젠더는 같은 시기 한국 사회를 살아가고 있지만 각기 다른 전선에 서 있기 때문이다.

19세기 말 미국의 중산층 백인 여성들은 여성을 정치와 관련된 활동을 하기에는 충분히 '능력 있는 몸'을 가지고 있지 못한 열등한 존재로 여기는 남성중심사회에 맞서 투쟁해야 했다. 여성을 출산, 육아, 가사에 묶어놓는 가부장제는 백인 여성에게 잔혹한 억압으로 작동했다. 정치인이 공개적으로 국가의 운명을 결정하는 투표에 감정적이고 열등한 여성이 참여해선 안 된다고 말하던 시기였다. 그러나 같은 시기에 노예제의 유산이 남아 있던 미국 남부에서 흑인 여성은 자신이 낳은 아이를 빼앗기지 않고 자신의 손으로 키울 권리를 보장받지 못하는 경우가 적지 않았다. 그들에게 육아는 투쟁으로 쟁취해야 할 권리였다. 같은 시기, 같은 나라를 살아가는 여성이라 해도 인종에 따라 육아의 의미는 달랐다.

낙태를 범죄화해서는 안 되고, 그 판단의 권리는 당사자 여성에게 있어야 한다. 역사적으로 여러 나라에서 낙태를 범죄화했던 많은 정책이 실제 낙태의 감소를 가져오기보다는 낙태 암시장을 형성해 비용을 높이고 전문적인 의료진의 시술을 받지 못하게 만드는 결과를 낳았다. 그렇게 낙태 범죄화는 낙태 감소가 아니라 모성 사망률의 증가로 이어졌다. 그러나 다른 한편 오늘날까지도 한국을 비롯한 많은 나라에서 발달장애

타인의 고통에 응답하는 공부

를 가진 여성은 아이를 키울 충분한 능력이 없다는 말을 들으며 자신의 의지에 반하여 암묵적으로 또 명시적으로 가족과 병원에서 낙태를 강요받는다.

타인의 삶을 내 경험에 따라 재단하는 것은 위험하다. 특히 사회적 약자를 대하는 일은 고 황현산 선생님의 책 제목처럼 "내가 모르는 것이 참 많다"고 자기 경험치의 한계를 인정하는 데에서 시작해야 한다. 전선은 하나가 아니다.

#8 우리의 연구는 과거의 유물처럼 비판받을 것이다

2016년에 트랜스젠더 차별과 건강에 대한 연구를 하기 위해 한국연구재단에 연구비 지원을 신청했다. 5,000만 원이 안 되는 금액이었다. 그동안의 논문 출판 실적이 충분했기 때문에 연구비를 받을 수 있지 않을까 기대했지만, 내 연구는 선정되지 못했다. 다음은 그중 한 심사자가 적은 미선정의 이유이다.

> 트랜스젠더 인권을 위한 활동에 적극적으로 참여하는 대상자와 참여하지 않는 대상자가 골고루 분포된 샘플을 구성해야만 이 연구는 대표성을 가진 객관적 연구 결과를 낼 수 있을 것이라 사료됩니다. 상기한 샘플을 구성하는 것이 참으로 어려울 것 같습니다. 그러나 연구 대상을 선정함에 있어서 다양성을 반영하지 않게 되면 연구 대상자의 욕구를 전체 트랜스젠더의 욕구라고 유추할 수 없게 됩니다.

연구팀은 트랜스젠더를 만나 데이터를 수집하는 통로로 성소수자 인권단체의 도움을 받아 설문을 진행하고, 서울을 비롯한 각 지역에서 열리는 퀴어문화축제, 성소수자 의료기관 등을 통해 연구 참가자를 모집하는 계획을 가지고 있었다. 물론 가장 많은 사람이 연구에 참여할 것이라 예상한 통로는 트랜스젠더 인권단체를 통한 설문조사였다. 그러니 이 심사평은 학술적으로 타당한 것이었다.

문제는 과연 2016년은 물론이고 2023년을 기준으로 하더라도, 한국 트랜스젠더 전체의 욕구를 반영할 수 있는 샘플을 구성하는 일이 가능하냐는 것이다. 그것은 매우 어렵다. 서울 시민을 대표하는 설문 참가자를 정교하게 구성하는 일은 행정기관의 협조, 그리고 충분한 연구비와 시간만 있다면 가능하다. 왜냐하면 서울 시민이 몇 명이고 어떤 사람들인지 알 수 있으니까. 그런데 한국에서는 지금까지 한 번도 트랜스젠더 인구가 몇 명인지 추산하는 연구조차 이루어진 바가 없다. 게다가 성소수자 혐오가 심각한 한국 사회에서 트랜스젠더는 자신을 드러내지 않고 살기를 원하는 경우가 많다.

그런 상황에서 한국 트랜스젠더 집단에 대한 연구를 시작할 때는 가용한 통로를 최대한 활용해 연구 참여자를 모집하는 방식을 택할 수밖에 없었다. 우리는 퀴어문화축제에서 부스를 차려서 연구를 홍보했고, 트랜스젠더 친화적인 병원을 통해 연구를 소개하는 홍보물을 배포했고, 성소수자 인권단체를 통해 온라인 설문 링크를 공유했다. 2017년 ESC(변화를 꿈꾸는 과학기술인 네트워크Engineers and Scientists for Change)에서 주관한 크라우드 펀딩을 통해 모은 2,000만 원이 안 되는 돈으로 우리가 진행한 트랜스젠더 건강 연구에 참여한 이는 347명이었다. 이 347명의 응답이 연령, 소득, 성별, 거주 지역을 포함한 모든 측면에서 한국 트랜스젠더 인구 집단을 대표할 수는 없었다. 우리는 이 데이터를 이용해서 논문을 쓸 때 항상 그 지점을 한계로 언급했다.

그런데 이 데이터를 이용해 쓴 논문을 외국 저명 학술지에 투고했을 때 대표성 부족을 이유로 게재를 거절당하는 경우는 없었다. 심사자들은 한국의 상황에서 이 데이터가 갖는 과학적 가치를 알아봤다. 한국 트랜스젠더를 '대표하지 못하는' 347명의 데이터를 이용해 우리는 SCI/SSCI급 국제 학술지에 4편의 논문을 출판했다.[3-6]

과학적 탐구란 무엇일까? 언젠가 한국의 트랜스젠더를 대표하는 인구 집단에 대한 데이터가 만들어지는 날이 올 것이다. 그 데이터를 분석하는 다음 세대의 연구자들은 우리가 쓴 논문들의 대표성이 부족했다고 정확하게 비판할 것이고, 그때에는 2016년 연구비를 구할 수 없어 시민들의 돈을 모아 진행했던 347명 트랜스젠더가 참여한 우리의 연구는 과거의 유물처럼 서문에 인용될 것이다. 연구자로서 그날을 간절히 기다린다. 그렇게 우리를 디딤돌 삼아 더 깊고 풍성한 연구가 세상에 나올 테니까. 과학이 절대적으로 옳은 지식의 집합체가 아니라 한 시대의 가용한 자원을 활용한 최선의 설명이라고 한다면, 자신 있게 말하건대 우리의 연구는 과학적 합리성을 갖추고 있다.

당신은 '정상인'입니까?
그럼 특권층입니다

흑인, 여성, 성소수자를 차별해 온 기득권의 논리

"승섭, 너는 스스로를 정상적인^{normal} 사람이라고 생각하니?" 2019년 미국에서 연구년을 보내는 동안 인종차별을 연구하는 사회학자 데이비드 윌리엄스$^{David Williams}$ 교수(하버드 대학교)와 이야기할 기회가 있었습니다. 이민자이자 흑인인 그는 제가 쓴 첫 국제 학술지 논문을 지도한 사람이기도 했습니다. 그가 뜬금없이 던진 질문의 의미를 헤아리기 어려워서 한참 망설이다 "그런 것 같다"라고 답했습니다. 그가 살며시 웃으며 말을 이었습니다. "나도 나를 정상적인 사람이라고 생각해. 그런데 그건 우리가 특권층이라는 뜻이야."

모든 인간은 생물학적으로 호모 사피엔스라는 같은 종에

속하는 생명체입니다. 하지만 인류는 인간을 임의적 범주로 나눠 서열화하고 특정 집단을 배제하거나 착취하는 역사를 반복해 왔습니다. 그 과정에서 권력을 가진 사람들은 줄곧 그렇지 못한 사람들을 '충분하지 못한', '무능력한' 몸을 가진 존재로 비하하며 그들을 인간의 영역 바깥으로 밀어냈습니다. 그렇게 타인의 존엄을 훼손하는 일을 통해 기득권은 유지되고 확대되었습니다.

노예제를 옹호하는 '과학적' 거짓말

흑인은 오랫동안 '인간'이 될 수 없었습니다. 2019년 워싱턴 D.C.의 국립 아프리카계 미국인 역사·문화 박물관National Museum of African American History and Culture에서 성인 2명 정도가 간신히 서 있을 만한 작은 바위를 만났습니다. 별스러울 게 없는 이 바위의 이름은 경매터Auction Block였습니다. 노예로 붙잡힌 아프리카의 흑인들은 쇠사슬에 묶여 배를 타고 아메리카 대륙까지 이동해야 했습니다. 음식은 물론이고 물조차 제대로 주어지지 않는 항해에서 영양실조로 시력을 잃거나 병에 걸린 이들은 바다에 버려져 상어 떼의 먹이가 되었습니다. 바다 위에서 사망했다고 신고하면 받을 수 있는 보험금이, '충분하지 못한' 몸을 가진 그들을 경매터에 판매해 얻을 수 있는 돈보다 컸기 때문이지요. 겨우 살아남은 이들은 바위 위에 서야 했습니다. 그곳에서 몸의 가격이 매겨졌지요. 갓난아이와 엄마를 사겠다며 사람들은 경쟁하듯 값을 불렀고, 그들은 종종 따로 팔렸습니다. 지금은 박물관에서나 볼 수 있는 이 바위 앞에는 다음과 같이 적혀 있습니다. "경매터는 공포와 모욕의 자리였고, 사랑하는 이와 평생 헤어질 수 있는 불확실성의 자리였다."

그 시절 흑인의 몸은 '자유를 감당할 준비가 되어 있지 않다'고 여겨졌습니다. 과학은 그 논리를 크게 거들었지요. 저명한 의학자였던 새뮤얼 카트라이트Samuel Cartwirght는 1851년 논문 「니그로 인종의 질병과 신체적 특이성에 대한 보고서Report on the Diseases and Physical Peculiarities of the Negro Race」를 출판합니다. 이후 노예제 찬성론자들이 인용했던 이 논문에는 흑인만 걸릴 수 있는 정신질환인 출분증drapetomania이라는 단어가 등장합니다. 출분증은 흑인이 자유를 찾아 떠나면서 자신의 삶을 망가뜨리는 어리석은 행동을 지칭하는 진단명입니다. 카트라이트에 따르면 흑인은 신체적·정신적 결함으로 인해 백인이 감독하고 돌보지 않으면 살아남을 수 없는 존재였고, 흑인에게 자유는 스스로를 백치나 정신이상자로 만드는, 멀리해야 할 나쁜 것이었습니다. 오늘날 가짜 과학의 대표적 사례로 종종 인용되는 이 논문은 당시 미국에서 열렬한 환호를 받으며 유포됩니다. "노예제가 돌봄이 필요한 노예에게 도움이 되는 친절한 제도"라는 노예 소유주들의 논리에 과학적 근거를 마련해 주었기 때문입니다.[7]

국립 아프리카계 미국인 역사·문화 박물관에는 19세기 미국 남부에서 사용되던 경매터가 전시되어 있다. 아프리카에서 출발한 노예선의 지하실에서 수십 일을 견디고, 마침내 미국에 도착한 흑인들은 이 바위 위에 서야 했다. 경매가 시작되기 전 이들은 농장에서 일할 수 있는 몸을 가지고 있는지 확인하기 위해 머리부터 발끝까지 검사를 받았고, 여성 노예들은 또 다른 노예를 생산할 수 있는 온전한 자궁을 가지고 있는지 추가적인 검사를 받았다. 그 결과에 따라 경매터 위에 선 흑인의 몸은 가치가 결정됐다.

여성의 몸은 고등교육을 감당할 수 없다?

여성의 몸을 배제하는 논리도 다르지 않았습니다. 세상과 삶에 대한 진지한 성찰과 글쓰기는 '이성적인 사고를 할 수 없는 감정적인 존재'인 여성을 아프게 만든다고 여겨졌습니다. 1892년 발표된 단편소설 「노란 벽지The Yellow Wallpaper」는 아름다운 고택의 맨 위층에 갇혀 있는 한 여성이 불안감과 무기력증에 시달리는 장면으로 시작됩니다. 의사인 남편은 쓸데없는 공상과 계속되는 글쓰기가 아내를 아프게 만들고 있다고 이야기합니다. 치료를 이유로 방에서만 지내야 했던 주인공은 벽지 뒤에 갇힌 채 나오지 못하는 또 다른 여성을 발견하지요. 그녀는 그 여성이 벽지 밖으로 나올 수 있도록 벽지를 뜯어내고 벽을 기어다니기 시작합니다. 그 기괴한 모습을 보고 기절한 남편을 주인공이 기어 넘어가는 장면으로 소설은 끝납니다. 오늘날 초기 페미니즘 소설의 대표작 중 한 편으로 널리 알려진 이 소설은 저자인 샬럿 퍼킨스 길먼Charlotte Perkins Gilman의 경험이 투영되어 있습니다. 길먼은 우울증을 겪고 있는 자신에게 "글쓰기를 중지하고 집 밖 생활을 최대한 삼가야 한다"라고 처방했던 남성 의사에게 그 방법이 잘못되었다는 것을 보여주기 위해서 소설을 썼다고 말했습니다.

「노란 벽지」에 나타난 여성의 몸과 질병에 대한 편견은 예외적인 것이 아니었습니다. 당시 많은 남성이 여성의 몸은 고등교육을 감당할 수 없다고 여겼지요. 하버드 의과대학의 교수였던 에드워드 해먼드 클라크Edward Hammond Clarke는 1873년 책 『교육에서의 성Sex in Education』에서 여성이 남성과 동등한 수준의 교육을 받는다면 그것은 여성의 몸에 "생리학적 재난physiological disaster"을 초래할 것이며, 그런 교육이 지속된다면 국가의 미래에 심각한 위협이 될 것이라고 경고했습니다. 그는 그 대표적인 예로 젊은 나이에 사망한 "미스 G"라는 한 여성의 몸을 언급했습니다. 미스 G는 당시로서는 드물게 대학을 졸업하고 자신의 삶을 살아가던 여성이었는데, 그녀의 몸을 부검했더니 두뇌의 노화가 시작된 것을 제외하고는 어떠한 이상도 발견하지 못했다는 것이었습니다. 클라크는 이를 근거로 "(백인) 인종의 번식을 위해 봉사해야 하는 좋은 생식기"를 가진 여성이 좋은 두뇌까지 가질 수는 없으며, 고등교육을 받는 것은 여성의 몸에 과도한 부담이 되는 일이라고 주장했습니다.

여성이 정치 공간에서 배제되었던 논리도 다르지 않습니다. 여성참정권 운동에 반대했던 남성들은 여성이 한 사회의 의사결정 과정에 참여할 만큼 독립적이고 합리적인 사고를 하지 못한다고 믿었습니다. 심지어 월경주기에 따라 감정이 변하기 때문에 일관된 판단을 할 수 없다는 주장이 과학의 탈을 쓰고 통용되곤 했지요. 자녀 양육법의 권위자였던 윌리엄 리 하워드William Lee Howard는 1909년 "아이들을 돌보지 않고 아침부터 '사회 통계'를 토론하는 엄마들"이 "전쟁과 종교에 대한 질문을 두고 자신들에게 그것에 대해 결정할 수 있는 권리가 있다"라고 주장하는 현상을 언급하며, 그들을 "몸과 정신이 퇴화한 역겨운 반사회적 존재"라고 비하했습니다.[8] 여성을 재생산을 위한 자궁을 가진 생명체로 바라보는 가부장제의 시선으로는 '정치'하는 인간인 여성의 존재를 납득할 수 없었던 것이지요.

종교와 과학의 이름으로 부여한 낙인

동성애자 역시 이성애 중심의 이분법적 질서가 지배하는 사회에서는 공동체의 온전한 구성원이 될 수 없었습니다. 기독교적 세계관이 지배하던 중세 유럽에서 구약성서 레위기는 정치적으로 불안한 시기마다 동성애자를 희생양으로 '호출'하는 근거가 되었습니다. 동성 간 성관계를 "가증한 일"이라 낙인찍고 당사자를 죽여야 할 범죄로 명시하며 동성애자를 고문하고 학살하는 일이 빈번히 일어났습니다. 13세기 토마스 아퀴나스는 『신학대전Summa Theologica』에서 동성애가 자연계의 법칙을 훼손하기 때문에 "신을 모독하는 행위"라고 명시합니다. 동성애자는 이성애자로 바뀌거나 세상에서 지워져야 할 존재로 취급받았지요.

　이러한 낙인은 질긴 생명력을 가졌습니다. 종교가 과거처럼 정치에 영향력을 행사할 수 없는 근대에도 여전히 남아있었지요. 1952년 미국정신의학회에서 정신질환 진단명에 대한 최초의 표준안(DSM-I)을 내놓으면서 동성애를 성도착증paraphilia 항목으로 등재합니다. 과학의 이름으로, '결함'을 가진 동성애자의 몸에 치료를 받아야 한다는 낙인을 부여한 것이었지요. 이 거대한 낙인은 동성애자를 온전한 인간의 영역에서 배제하는 과학적 근거로 작용했습니다.

1973년 미국정신의학회는 동성애는 질병이 아니며 "동성애가 그 자체로서 판단력, 안정성, 신뢰성 또는 직업 능력에 결함이 있음을 의미하지 않는다"라는 단호하고도 명확한 결론을 내립니다. 그러나 동성애자의 몸을 이성애자의 몸으로 바꾸고자 하는 시도는 끊이지 않았습니다. 어떠한 과학적 근거도 없는 전환 치료로 인해 수많은 동성애자가 상처를 입고 죽어갔습니다. 2016년 한 근본주의 기독교 단체로부터 '치료'라는 이름 하에 폭행을 당했던 한 여성이 생각납니다. 동성애자를 "귀신 들린 성중독자"라고 부르던 그 단체는 치료 명목으로 눈앞에서 가위를 휘두르며 "네 성기는 필요 없으니 잘라버리겠다"라고 말하기도 했습니다. 당시 그녀는 '살아야겠다'는 생각 하나로 창문을 통해 탈출해 검푸른 멍이 든 모습으로 성소수자 인권단체를 찾아왔습니다.[9]

"나는 정상인가? 그렇다면 정상의 의미는 무엇인가?"

흑인, 여성, 동성애자에 대한 뿌리 깊은 편견은 아직도 유령처럼 우리의 머리를 짓누르고 있지만, 그것이 부끄러운 구시대의 유물이라는 데에는 의심할 여지가 없습니다. 소수자에게서 인간의 자리를 빼앗았던 배제의 역사는 그들의 존재 자체를 무시

타인의 고통에 응답하는 공부

하는, 그들의 인간 됨에 대한 무례한 질문과 낙인으로 반복되고 있습니다.

고 변희수 하사는 함께 복무했던 부대원뿐 아니라 군단장, 여단장의 지지를 받던 군인이었습니다. 출생 시 법적 성별이 남성이었던 그녀는 수술을 통해 법적 성별을 여성으로 정정했습니다. 이는 자신의 존재에 충실한 결정이었습니다. 그러나 계속해서 직업군인으로 일하고자 했던 변 하사의 꿈은 끝내 좌절됐습니다. 군은 고환과 음경 상실로 인한 심신장애를 결격사유로 들었습니다. 누군가는 "그럼 이제 여군으로 다시 군 복무를 지원하면 되지 않느냐?"라고 묻겠지만, 대한민국에서 여군은 자궁과 난소가 없으면 결격사유가 되어 지원조차 불가능합니다.

변희수 하사를 보며 2017년 트랜스젠더 건강 연구를 통해 알게 된 트랜스여성들의 모습이 겹쳐졌습니다. 출생 시 법적 성별이 남성이었던 그들은 고가의 성전환 수술 비용, 사회적 낙인, 과도하게 엄격한 법적 성별정정제도의 장벽을 뛰어넘지 못해 군 복무를 해야 했습니다. 군대 관련 질문에 응답한 트랜스여성 70명 중 절반 가까이는 관심사병으로 분류된 경험이 있었습니다. 또 자신의 의지와 무관하게 본인이 트랜스젠더라는 사실이 폭로될까 봐 두려워하고 있었습니다. 군 복무 중 성희롱과 성폭력을 경험한 이가 17명(24.3%)이었고, 원하지 않은 강제 검진이나 입원을 요구받은 이들도 있었습니다. 전차 조종

보직을 담당했던 변희수 하사는 강제 전역을, 입대 이전에 법적 성별정정을 하지 못했던 70명의 트랜스여성은 강제 복무를 해야 했습니다. 대한민국 군대는 트랜스젠더의 몸을 '충분하지 않다'고 규정했고, 그들은 '온전한' 인간이 될 수 없었습니다.

숙명여자대학교 법학과에 합격한 트랜스여성 A 씨가 입학을 포기한 것은 2020년 2월 7일이었습니다. 성전환 수술을 받고 여성으로 법적인 성별정정을 마친 A 씨의 입학을 반대한 집단은 다름 아닌 숙명여대를 비롯한 여대 내 여러 단체였습니다. 20여 개 단체가 모여 만든 '트랜스젠더 입학반대 TF팀'은 A 씨를 "본인을 여자라고 생각하는 남자"로 규정하고 "여자들의 공간과 기회를 빼앗고 있다"라고 주장했습니다. 인터넷상에서는 A 씨가 대학에 입학한다 하더라도 과연 학교생활을 영위할 수 있을지 우려하게 만드는 트랜스젠더 혐오 발언이 여과 없이 공유되었습니다.

한국 사회를 뜨겁게 달군 이 사건에서 저는 두 가지를 말하고 싶습니다. 하나는 과연 입학 반대를 외치던 여성들이 주장하는 '생물학적 여성'은 과연 그들의 주장처럼 명확하고 단단한 개념인가 하는 질문입니다. 어떤 이들은 Y 염색체의 존재로, 혹은 자궁이나 난소 같은 기관의 유무를 기준으로 남성과 여성을 나눕니다. 그러나 현대 의학은 이러한 이분법이 과학적으로 엄밀히 적용될 수 없는 기준이라는 점을 명확히 하고 있습니다. XX 염색체를 가지고 있는데도 남성인, 자궁을 가지고 있지 않

　　　　　　　　　　　타인의 고통에 응답하는 공부

지만 여성인 사람들의 사례는 계속해서 등장하고 있습니다.

또 하나는 모든 인간은 특정한 맥락에서 가해자가 될 수 있다는 점입니다. 미국에서 인종차별의 피해자였던 한국인이, 한국에서는 동남아시아에서 온 여성 결혼 이민자나 이주 노동자에게 인종차별의 가해자일 수 있습니다. 남성이 권력을 가진 가부장제 사회에서는 남성과의 관계에서 약자인 여성들이, 시스젠더만을 정상적인 몸으로 취급하는 성별 이분법의 사회에서는 트랜스젠더와의 관계에서 기득권일 수 있습니다. A 씨의 입학을 반대하는 이들은 자신이 누군가에게 가해자일 수도 있다는 가능성을 배제했습니다. 그렇게 그들은 자신들이 상상할 수 없다는 이유로, 트랜스여성인 A 씨의 존재를 세상에서 지우려 했습니다.

인간의 자격을 박탈당한 이들은 이름도 얼굴도 없이 살아야 했습니다. 『시스터 아웃사이더Sister Outsider』를 쓴, 흑인이자 여성이며 동성애자이자 페미니스트였던 오드리 로드Audre Lorde 가 "나는 당신이 두려워하는 얼굴이다"라고 말했던 것은 그 때문이겠지요.[10] 꼭 하나 기억해야 할 것은 명백히 부조리하고 비상식적인 폭력만이 어떤 얼굴을 인간의 범주에서 밀어내는 건 아니라는 점입니다. 적어도 그런 폭력은 어떤 몸을 세상에 없었던 것처럼 지워버릴 수는 없습니다. 자신이 가해자일 수 있다는 점을 의심하지 않는 '정의로운' 사람들이 모인 '합리적인' 사회만이 누군가의 존재 자체를 지워버릴 수 있지요.

한 사회가 표준이라고 여기던 몸은 항상 기득권의 것이었습니다. 스스로의 존재를 의심할 필요가 없던 기득권은 소수자의 몸을 두고 매번 인간의 자격을 따져 물었지요. 그렇게 백인은 흑인이 자유를 누릴 자격이 있는지 물었고, 남성은 여성이 고등교육을 받아도 되는지 따졌고, 이성애자는 동성애자의 존재가 질병인지 질문했습니다. 하지만 가장 필요한 질문은 타인이 아닌 스스로를 향해 던져야 하는 것 아닐까요. "나는 정상인가? 그렇다면 정상의 의미는 무엇인가?"라고요.

타인의 고통에 응답하는 공부

절대로 차별하지 않는다는
착각

미국의 흑인 범죄율과 한국의 난민 수용 논란

당신은 합리적인 사람입니다. 누구도 차별받아서는 안 된다고 생각하지요. 일터와 학교와 가정에서 상대방의 피부색과 성별에 따라 다르게 행동하지 않습니다. 과연 그럴까요?

응급의학과 의사인 녹스 토드Knox Todd 박사 연구팀은 1993년 『미국의사협회지』에 큰 논쟁을 일으킨 논문 「인종에 따른 부적절한 응급실 진통제 처방」을 발표합니다.[11] 연구팀은 미국 캘리포니아 주립대학교 로스앤젤레스 캠퍼스 병원 응급실에 1990년 1월 1일부터 1991년 12월 31일까지 2년 동안 긴뼈 골절로 찾아온 환자들의 의무기록을 분석해 그중 어떤 사람이 진통제를 처방받지 않았는지 확인합니다.

결과는 충격적이었습니다. 진통제 처방 여부에 가장 큰 영향을 미친 요인이 다름 아닌 환자의 인종이었기 때문입니다. 긴뼈 골절 환자 중 진통제를 처방받지 않은 비율이 백인 환자 중에서는 25.9%였던 반면 히스패닉 환자 중에서는 54.8%였습니다. 2.12배 차이가 났던 것이지요. 보험 가입 여부, 골절의 심각도, 성별, 입원 여부 등을 모두 통제했을 때 위험비는 오히려 더 크게 증가했습니다. 같은 질환으로 응급실에 왔을 때 히스패닉 환자는 백인 환자에 비해 명백히 진통제 처방을 적게 받고 있었습니다.

이 연구 결과가 알려진 후, 의사들이 보인 첫 번째 반응은 "황당하다"였습니다. 자신들은 환자의 인종이 아닌 오직 환자의 의학적 상태에 따라 객관적으로 진단과 치료를 해왔기 때문에 연구 결과를 믿기 어렵다는 말이었습니다. 이에 토드 박사 연구팀은 7년 뒤인 2000년 『응급의학연보』에 게재한 「인종과 진통제 처방」이라는 논문에서 이번에는 애틀랜타 에모리 대학교 병원 응급실에 내원한 환자를 대상으로 한 인종과 진통제 처방에 대한 연구 결과를 발표합니다.[12] 이 논문에서 연구팀은 흑인이 백인에 비해 진통제 처방을 받지 않을 위험이 66% 높다는 결과를 보여주며, 앞선 연구 결과가 우연이 아니었다는 점을 확인합니다.

오늘날 의학 교과서에서 극소수의 질병을 제외하면 인종에 따라 진단이나 치료를 다르게 권하는 경우는 없습니다. 하지만 의사가 인종에 따라 차별적으로 진료를 한다는 연구 결과는 그 후로도 계속 발표되었습니다. 미국 의회의 요청에 따라 국립과학원 의학연구소가 2003년 출판한 보고서 「불평등한 치료」에는 경제적 능력이나 의료접근성과 같은 명백한 불평등 요인을 감안해도 여전히 인종에 따른 의료서비스 이용 불평등이 존재한다고 보고한 논문이 100편 넘게 인용되어 있습니다.[13] 이 보고서에 따르면 심장병과 암을 치료하는 과정에서, HIV(인간면역결핍바이러스Human Immunodeficiency Virus) 감염과 당뇨병과 신장병을 진단하는 과정에서 환자의 인종은 지대한 영향을 미치고 있었습니다.

명시적 편견과 암묵적 편견

이렇게 유색인종 환자가 백인 환자와 동등한 치료를 받지 못한다는 사실이 명백해진 이후, 연구자들은 대다수가 백인인 의료진이 진료 과정에서 환자를 차별할 가능성에 주목했습니다. 그러나 의료진 중에서 적어도 눈에 띄는 인종적 편견을 가진 사람은 소수였을뿐더러, 그것만으로는 이러한 현상을 설명하기 어려웠습니다. 이 복잡한 문제의 사슬을 풀어내는 실마리 중 하나는 명시적 편견explicit bias과 암묵적 편견implicit bias을 구분하는 것입니다.

명시적 편견은 의식적 수준에서 인간이 다른 사람이나 집단에 대해 가지고 있는 태도나 믿음을 뜻합니다. 2018년 내전을 피해 제주도로 온 예멘인을 수용할 것인가에 대한 논쟁은 명시적 편견을 보여주는 대표 사례입니다. 난민 신청을 했던 예멘인 484명에 대해 한국에서 가장 큰 호응을 얻었던 목소리는 이들이 '한국 사회에서 범죄를 일으킬 수 있다'는 의견이었습니다. 실제 그들이 어떤 사람들인지 구체적인 정보 없이, 이슬람 문화에 대한 편견과 유럽 난민 사태의 영향으로 일부 한국인은 예멘인을 잠재적인 범죄자로 여겼습니다.

반대로 암묵적 편견은 무의식적 수준에서 가지고 있는 태도와 믿음을 뜻합니다. 난민이 내 주변의 한국인처럼 각자 고유한 역사를 지니고 있고 자신의 가치에 따라 살아간다고 믿으며, 그들에 대해 충분히 알지도 못하면서 잠재적 범죄자로 취급하는 건 옳지 않다고 생각하는 사람이 있다고 해봅시다. 이 사람은 명시적 편견으로부터는 자유로울지 모릅니다. 하지만 자신이 사는 동네에 난민의 숫자가 증가할 때, 그로 인해 발생한 범죄가 없었음에도 불안함을 느끼거나 난민들이 오는 가게에 가길 꺼린다면 그 과정에서 암묵적 편견이 작용하고 있는 것입니다.

인종에 따른 '불평등한 치료'를 연구하는 학자들은 흑인이나 히스패닉에 대해 명시적 편견을 가지고 있지 않은 의료진이라 할지라도 암묵적 편견으로부터 자유롭지 않은 경우가 많고, 그 편견이 환자를 다르게 진료하는 데 작용했다는 점을 밝혀냅니다. 이후 암묵적 편견이 소수자 집단의 삶에 미치는 영향이 얼마나 강력하고 광범위한지 검토한 여러 연구가 출판됩니다.

예일 대학교 아동연구소는 2016년 9월 미국에 큰 충격을 준 연구 보고서를 발표합니다.[14] 연구팀은 연구 참여자로 현직 유아원 선생님 135명을 모집했습니다. 이후 진행된 연구에서 참여자들은 15인치 크기의 노트북 컴퓨터 앞에 앉습니다. 노트북 뒤에는 파란색 천으로 된 벽이 있고, 외부 소음을 차단하기 위해 참가자는 헤드폰을 착용합니다. 외부 자극을 최소화한 것이지요. 컴퓨터 앞에 앉은 선생님들에게 연구팀은 이렇게 설명합니다. "지금부터 유아원 아이들의 활동을 기록한 비디오를 보여드리겠습니다. 우리는 선생님들이 아이들의 문제 행동을 어떻게 발견해 내는지 알고자 합니다. 여기에는 문제 행동이 드러나기 이전에 확인하는 작업이 포함됩니다. 비디오에는 문제 행동이 있을 수도, 없을 수도 있습니다. 잠재적인 문제 행동을 발견할 때마다 버튼을 누르되, 필요할 때마다 최대한 자주 눌러주세요."

비디오에는 둥근 책상에 앉은 어린아이들이 등장합니다. 백인 남아, 백인 여아, 흑인 남아, 흑인 여아 이렇게 4명입니다. 아이들은 평화롭게 모래놀이를 하고 있습니다. 연구팀은 이와 같은 일반적인 수업 시간 모습을 담은 30초짜리 비디오 12개를 쉬는 시간을 포함해 6분 동안 보여줍니다. 그런데 실제로는 비디오 속 어떤 아이도 문제 행동을 하지 않습니다.

연구팀의 의도는 무엇이었을까요? 다름 아닌 비디오를 보는 동안 유아원 선생님들의 눈동자가 향하는 대상을 추적하는 것이었습니다. 문제 행동을 찾으려 하는 선생님들은 여아보다는 남아를, 백인보다는 흑인을 계속해서 바라보고 있었습니다. 성별과 인종을 조합해 좀 더 엄격한 분석을 시행한 결과, 가장 결정적인 요인은 아이의 피부색이었습니다. 아무런 문제 행동이 없었던 영상에서 선생님들은 문제 행동을 찾기 위해 계속해서 흑인 아이를 더 자주 바라보고 있었습니다.

암묵적 편견은 무의식적이기 때문입니다

연구에 참여한 유아원 선생님 중 자신을 인종차별주의자라고 생각하는 사람은 없었을 것입니다. 그러나 어떤 대상이든 의심하는 눈으로 오랫동안 바라보면 문제는 더 많이 발견되기 마련입니다. 이 연구는 그동안 유아기 시절 흑인이 경험하는 사회적 폭력에 대한 중요한 통찰을 제공했습니다. 왜 흑인 유아가 백인 유아에 비해 유아원을 그만둘 확률이 3배 이상 높은지 해석하는 중요한 단서가 되었던 것입니다. 이처럼 더 자주 감시의 대상이 되는 사람의 몸은 어떻게 변화할까요? 2004년 캘리포니아 주립대학교 어바인 캠퍼스의 샐리 디커슨Sally Dickerson 박사 연구팀은 스트레스 호르몬인 코르티솔이 인간의 몸에서 어떠한 사회적 상황에 증가하는지 정리한 「급성 스트레스 인자와 코르티솔 반응: 이론적 통합과 실험 결과 종합」을 『심리학회보』에 발표합니다.[15] 이 논문은 기존 실험 연구 208편을 검토한 결과를 보여줍니다.

물론 인간을 대상으로 한 실험이었기에 따돌림, 차별, 폭언과 같은 자극은 연구 윤리상 허용되지 않았습니다. 이를 제외한 나머지 요건 중, 스트레스 호르몬을 가장 크게 증가시키고 원상태로 회복하는 데까지 가장 오래 걸리는 급성 자극은 다름 아닌 사회적 평가 위협social evaluative threat이었습니다. 이는 내가 하는 일을 다른 사람이 부정적으로 평가할 수 있다는 위협입니다. 내가 하는 일에서 작은 잘못이라도 찾아내려 눈을 부릅뜨고 있는 사람들과의 관계가 고혈압, 우울증, 심장병을 비롯한 수많은 질병을 유발하는 스트레스 호르몬인 코르티솔을 가장 크게 증가시킨다는 것입니다.

흑인들은 유아원에서부터 일상적으로 과도한 사회적 평가 위협을 겪으며 살아가고 있었습니다. 2017년 국제 학술지 『랜싯』에 게재된 크리스토퍼 윌더먼Christopher Wildeman 교수 연구팀의 논문 「미국의 대규모 수감, 공중보건, 그리고 커져가는 불평등」에 따르면 1960년대 후반에 태어난 미국 흑인 남성 5명 중 1명은 35세 이전까지 교도소에 한 번 이상 수감된 경험이 있다고 합니다.[16] 이 비극적인 숫자는 물질적으로 열악한 삶의 조건에서 비롯된 높은 흑인 범죄율을 반영하는 동시에 그들에게 유난히 가혹한 사회적 평가 위협이 가져온 결과를 보여준다고 생각합니다.

왜 소수자에 대한 명시적 편견이 없다고 말하는 많은 이들도 암묵적 편견을 가지고 있을까요? 물론 소수자에 대한 명시적 편견을 가지고 있는 것이 사회적으로 바람직하지 않다는 이유로 조사 과정에서 숨겼기 때문일 수도 있습니다. 그러나 이유는 결코 그뿐만이 아닙니다.

인간의 두뇌는 외부 자극을 범주화해서 이해하며 진화했습니다. 인간이 처음 사자와 호랑이를 봤을 때는 그 대상이 무엇인지 알지 못했기에 위험하다고 생각하지 않았을 것입니다. 하지만 경험이 반복되면, 사자와 비슷한 생명체를 봤을 때 인간의 두뇌는 그것을 맹수로 분류하고 위험한 동물이라고 판단합니다. 그에 따라 도망치거나 싸우는 행동을 선택하게 됩니다. 이러한 판단이 빠를수록, 또 무의식적 수준에서 즉각적으로 이루어질수록 생존 가능성은 높아집니다. 인간 두뇌에 깊이 새겨진 고정관념에 기반한 편견이 활성화되는 과정은 생존하기 위해 수많은 외부 정보를 인지하고 처리해 온 과정에서 기인한 것입니다.

인간이 타인을 판단하는 방식도 이와 별로 다르지 않습니다. 우리 뇌의 신경망이 첫눈에 보이는 피부색이나 성별과 같은 정보를 조합해 어떤 사람을 특정 범주로 분류하고 그에 따라 판단하는 데 0.1초가 채 걸리지 않습니다. 인간이 눈을 깜빡하는 데 보통 0.1~0.4초가 걸린다는 점을 생각하면, 우리는 말 그대로 눈 깜빡할 새보다 빠르게 타인을 고정관념에 따라 인지하고 분류해 믿을 만한지 판단합니다. 이 과정은 자동적이고

타인의 고통에 응답하는 공부

무의식적입니다.

"다른 인종을 이웃으로 받아들일 수 없다"

그 판단 과정에서 암묵적 편견은 큰 힘을 발휘합니다. 기존 연구들은 과도한 업무량에 시달리고, 시간에 쫓기고, 피곤한 상태에서 빠르게 의사 결정을 해야 하는 경우에 특히 암묵적 편견이 더욱 강하게 작동한다고 말합니다. 이러한 요인들을 두루 갖춘 한국 사회의 일터는 본인도 모르는 사이에 소수자에 대한 암묵적 편견이 차별적 행동으로 드러나기 매우 쉬운 장소입니다.

　복잡한 현대 사회에서 외부 집단에 대한 편견은 한 사회의 역사와 권력관계를 반영하는 경우가 많습니다. 한 번도 직접 만난 적이 없는 예멘인이나 다른 피부색을 가진 사람들을 '잠재적인 범죄자'로 여기는 사고가 대표적입니다. 그런 편견들은 의식과 무의식의 세계에 깊이 침투해 감시의 눈으로 소수자의 삶을 옥죄고, 병원과 학교와 직장에서 차별적인 대우를 만들어 냅니다.

　암묵적 편견과 명시적 편견은 밀접히 닿아 있습니다. 명시적 편견이 만연한 사회에서 암묵적 편견이 그보다 덜할 리 없으니까요. 2010~2014년 진행된 「세계가치조사World Values Survey」에는 "다른 인종의 사람이 이웃으로 오는 것을 받아들일 수 있는가?"라고 묻는 질문이 있었습니다. 인종에 대한 명시적 편견을 측정하는 내용입니다. "받아들일 수 없다"라고 답한 사람의 비율이 스웨덴에서는 2.8%였고 미국에서는 그 2배인 5.6%였습니다. 그런데 한국에서는 그렇게 응답한 비율이 34.1%였습니다.

저는 이 결과를 볼 때마다 두 가지 생각을 합니다. 한국 사회의 인종차별이 매우 심각하다는 점과 한국인은 인종차별 성향을 드러내는 것에 대한 최소한의 자기검열과 긴장이 부족한 나라라는 점입니다. 인종별 거주지 분리가 심각한 미국 사회에서, 같은 질문에 "받아들일 수 없다"라고 응답한 5.6%가 실제 미국인의 속마음을 반영하는 숫자라고 믿지 않습니다. 그렇지만 그 5.6%는 적어도 누군가 그런 질문을 했을 때, 인종차별주의자로 여겨지고 싶지 않은 미국 사회의 긴장을 반영하는 숫자라 생각합니다. 한국 사회는 그 긴장조차 부재한 것이지요.

전문가들은 입을 모아 말합니다. 무의식적으로, 자동적으로 작동하는 암묵적 편견을 바꾸는 길은 권력의 적극적인 재분배를 통해 소수자의 삶을 바꾸어 내는 것과 함께, 우리 스스로가 고정관념과 편견으로부터 자유롭지 않다는, 나 역시 내 의도와 무관하게 가해자일 수 있다는 사실을 의도적으로 인식하고 경계하며 행동하는 일이라고요. 차별하는 줄 모르고 하는 차별 행동이 만연한 한국 사회에서, 저는 차별금지법이 그 인식과 경계와 행동을 만들어 내는 중요한 시작이 될 수 있다고 믿습니다.

당신들의 쉽고 잔인한, 어떤 해결책에 대하여

시스템 지적하지 않고 장애 혐오 조장하는 언론 보도

2023년 7월, 유명 웹툰 작가 J 씨가 특수교사를 아동학대 혐의로 고소한 사실이 언론에 보도되며 커다란 논란을 일으켰다. 언론은 관련 보도에서 발달장애를 가진 J 씨 아들의 행동을 자극적으로 묘사하며 장애 혐오를 부추겼다. 이 글은 같은 해 9월 21일, 서울 종로구 노무현시민센터에서 전국장애인부모연대와 민주언론시민연합의 주관으로 열린 「미디어가 장애 혐오의 장이 되지 않으려면」 좌담회에 참석해 발제한 내용을 지면에 옮긴 것이다.

사건은 고착화된 시스템과 축적된 역사 위에서 발생합니다. 모든 변수가 통제된 실험실에서 일하는 사람의 눈으로 사건을 대하면, 우리는 사건을 탈맥락화·탈역사화하는 오류를 범하게 됩니다. 그렇게 개별화된 사건은 실제로 그 사건을 만들어 낸 시스템과 분리되지요. 그런 관점으로는 문제를 온전히 이해할 수도 없고, 효과적인 해결책이 만들어질 리도 없습니다. 제가 번역한 킴 닐슨Kim Nielsen의 『장애의 역사A Disability History of the United States』에는 다음과 같은 내용이 있습니다.

(제2차 세계대전) 전후 시기 의사들은 부모에게 정신지체를 가진 아이를 시설에 보내기를 권했다. 그 권고에 따랐던 많은 부모들은 그 아이에 대해 다시는 언급하지 않았고 그 존재를 삶에서 지웠다. 정신과 의사와 심리학자들은 그런 아이는 엄청난 돌봄을 요구하기 때문에 부모의 결혼 생활과 다른 아이들의 삶을 망칠 거라고 경고했다. 많은 부모들이 이 조언을 따랐다. 유명한 아동 정신분석학자였던 에릭 에릭슨과 그의 아내 조앤은 정신지체를 가진 아기가 태어난 후 시설에 보냈고, 나머지 자녀들에겐 아기가 태어나자마자 죽었다고 말했다. (『장애의 역사』, 256~257쪽)

이 내용이 떠오른 이유는 이번 사건에서 한국 사회가 발달장애 아동 부모에게 던진 메시지가 80여 년 전 미국 사회가 "정신지체" 아동을 대하던 관점과 크게 다르지 않다고 느꼈기 때문입니다. 관련 온라인 기사 댓글에서 반복적으로 등장하는 "특수학교에 보내든지, 홈스쿨링을 시키든지, 아니면 외국으로 가세요"라는 말은 어디로 가면 된다고 방향을 제시하는 말이 아닙니다. 내 눈앞에서, 내가 살아가는 세계에서 사라지라는 뜻이지요.

그러나 발달장애 아동과 그 부모들은 갈 곳이 없습니다. 한국 사회에서 발달장애 아동을 환대하는 공간은 찾기 어렵습니다. 숱한 좌절을 맛본 이들은 결국 이 세계에서 사라지는 길을 선택하곤 합니다. 한국 사회에서는 부모가 자신의 자녀를 살해하고 스스로 목숨을 끊는 사건이 끊이지 않고 있습니다.

타인의 고통에 응답하는 공부

발달장애 아동은 학교폭력의 가해자이기보다는 피해자인 경우가 많습니다. 그들이 학교에서 돈을 빼앗기고 왕따를 당하는 경우는 일상적이어서, 언론에 보도조차 되지 않습니다. 2018년 출판된 한 연구는 서울에 있는 16개 학교의 초등학생 2만 2,382명을 대상으로 조사를 진행해, 발달장애 아동이 겪는 학교폭력에 대한 결과를 보여줍니다.[17] 주요 교란 인자를 통제한 통계 분석 결과, 발달장애 아동이 학교폭력의 가해자가 되는 비율은 비장애인 아동과 다르지 않았지만, 피해자가 되는 비율은 비장애인 아동에 비해 7배 이상 높게 나타났습니다.

발달장애 아동이 착하고 선한 존재라는 뜻이 아닙니다. 모든 인간이 그러하듯이 발달장애 아동 중에도 다양한 스펙트럼의 인간이 존재하고 그들은 여러 상황과 관계 속에서 다양한 행동을 합니다. 하지만 비장애중심주의가 뿌리 깊은 한국 사회에서 발달장애 아동은 가해자보다는 피해자가 될 가능성이 압도적으로 높습니다.

언론의 속성상, 어떤 사건에서 더 눈길을 끌 수 있는 내용에 집중할 수밖에 없다는 점을 모르지 않습니다. 그럼에도 발달장애 아동과 같은 사회적 취약계층에 대해 보도할 때 넘지 않아야 하는 최소한의 선이라는 게 있습니다. 이 사건에 대해 보도하며 지금까지 언론은 웹툰 작가 J 씨의 아들을 폭력을 행사하고 선정적인 행동을 일삼는 모습으로 묘사했습니다.[18] 열살 자폐 아동을 한국의 언론 기사들은 마치 이 세계에서 사라져야 할 존재처럼 대하고 있었습니다.

이러한 기사들은 아동에 대해 기사를 쓸 때 지켜야 하는 언론의 보도 원칙에도 어긋나겠지만, 그만큼 반드시 함께 지적해야 할 지점은 이 기사들로 인해 한국 사회가 문제 해결로부터 멀어지게 된다는 것입니다. 이 사건을 둘러싼 시스템에 대해서는 이야기하지 않고, 비난해도 저항하지 못하는 가장 약한 존재를 희생양으로 삼아 그 분노의 에너지를 쏟아붓는 결과가 되기 때문입니다.

이 사건을 두고 교사의 노동권과 학생의 인권이 대립하는 것인 양 말하는 이들이 있습니다. 잘못된 시각입니다. 교육 현장에서 문제가 교사와 학생의 충돌로 드러난다 할지라도, 갈등의 근본적인 원인은 시스템입니다. 과도한 노동에 시달리는 교사가 학생이나 학부모와 갈등 상황이 생겼을 때 학교로부터 보호받지 못하는 것이 그 원인이지요. 모든 교사가 선하지는 않고 모든 학생이 선하지도 않습니다. 그런 불완전한 존재들이 모인 공동체가 운영되도록 하기 위해 시스템이 존재합니다. 사건이 발생했을 때, 시스템의 문제점을 상세히 따져보지 않고 교사 개인과 학생 개인을 비난하는 것은 직관적이고 쉬운 일입니다. 그만큼 폭력적이고, 또 그만큼 문제 해결로부터 멀어지는 길이기도 합니다.

2021년 통계를 기준으로 한국에서 법적으로 등록된 자폐장애인의 99%가 만 40세 이하입니다. 그동안 자폐인과 관련된 사회적 문제는 교육에 주로 머물렀지만, 20~30대 자폐 인구가 늘어나며 노동의 문제가 되었고, 이제 점차 중·장년, 그리고 노년의 문제가 될 것입니다. 지금과 같은 시스템이 유지된다면, 한국의 자폐인들은 그 모든 나이대에서 배제되어 보이지 않는 존재로 살아가게 됩니다.

그런데 그렇게 분리와 격리를 통해 이룩한 평화가 온전한 평화일 수 있을까요. 자폐인들을 배제한 공동체에서는 '정상적인 몸'에서 벗어난 인간은 누구도 안전하지 못합니다. 지체장애인도, 성소수자도, 이주민도 "특수학교에 보내든지, 홈스쿨링을 시키든지, 아니면 외국으로 가세요"라는 말을 듣게 됩니다. 어떤 기준으로 인간의 몸을 서열화하고 열등한 몸을 배제하는 원칙을 고수하는 사회라면, 다른 기준으로 '열등한 몸'이 되는 소수자들 역시 차별할 수 있을 테니까요.

마지막으로 발달장애 아동 부모에 대해 이야기하겠습니다. 80여 년 전 "엄청난 돌봄을 요구하기 때문에" 당신의 발달장애 아동을 시설로 보내고 "삶에서 지우라는" 의사의 충고에도, 어떤 부모들은 그렇게 말하는 세상과 맞서 싸우며 자신의 아이가 인간으로 존중받기를 요구했습니다. 그 과정은 아이에게 부과된 장애 낙인과 싸우는 동시에, 장애 아동 부모로서 겪게 되는 모욕과 차별과도 맞서 싸우는 과정이었습니다. 역사 속에서 그 싸움이 있었기에 우리는 누군가를 격리하고 배제하지 않는 공동체를 상상할 수 있었고, 그렇게 인간으로서 살아남을 수 있었습니다.

지난 몇 달 동안, 이 사건을 겪으면서 혹시라도 우리 아이에게 무슨 일이 생기지 않을까 하며 조마조마했던 부모님들이 많이 계신다는 점, 잘 알고 있습니다. 부모이기 이전에 차별과 낙인이 두려운 한 인간이지만, 어쩔 수 없이 내야만 하는 용기로 견디셨던 시간이 있다는 점도 잘 알고 있습니다. 정말 많이 애쓰셨습니다.

차별은 실제로 경험하지 않아도 아프다

인종차별과 건강 연구 본격화한 사회학자 데이비드 윌리엄스

데이비드 윌리엄스 교수는 하버드 대학교 보건대학원 사회행동학과 학과장이자 인종차별과 건강을 연구하는 사회학자이다. 그는 총인구가 10만 명 안팎인 카리브해 아루바섬에서 태어났으며, 카리브해 세인트루시아섬에서 교육을 받았다. 이후 미국으로 건너가 미시간 대학교에서 사회학을 공부했다. 그는 인종차별을 측정하는 데 세계적으로 가장 널리 쓰이는 설문 문항을 개발했고, 차별이나 소득수준과 같은 사회적 환경이 인간의 몸을 어떻게 병리적으로 변화시키는지 탐구하는 사회역학 연구를 전 세계적으로 이끌고 있는 학자이다. 2008년 전 세계에서 가장 많이 인용된 흑인 사회과학자로 선정되기도 했다.

하버드 보건대학원에서 박사과정 학생으로 공부하던 시절 수업 시간에 만난 그는 항상 정장을 입고 있었다. 교수들이 청바지는 물론이고 반바지를 입고 학교에 오는 일도 종종 볼 수 있던 학교 분위기에서, 넥타이를 메고 정장을 입은 그의 모습은 뭔가 낯설었다. 그러다 한참 뒤에야 그 이유를 짐작할 수 있었다. 흑인을 종종 '잠재적 범죄자'로 취급하는 미국 사회에서, 아무리 대학이라 할지라도 흑인 이민자인 그가 다른 백인 교수들처럼 편히 옷을 입는 것은 어렵지 않았을까.

교수가 되고 보스턴으로 연구년을 떠난 2019년, 나는 이번에는 그가 가르치는 학부 수업을 청강했다. 「빈곤, 인종주의 그리고 건강^{Poverty, Racism and Health}」이라는 제목의 수업이었다. 차별이 어떻게 발생하고 인간의 몸을 어떻게 파괴하는지 탐구하는 그 수업에서 데이비드 윌리엄스는 맨 마지막에 항상 유튜브 등으로 동영상을 보여주며, 이러한 차별을 없애기 위해 진행되는 사회운동들을 소개했다. 그 운동들의 가치는 알 수 있었지만, 수업의 전반적인 흐름과 약간 거리감이 느껴져 그에게 왜 동영상들을 보여주는지 물었다.

"하버드의 학부생들, 특히 흑인 학생들이 이 수업을 듣고서 몇 번 내게 이야기한 적이 있어. 내용은 너무나 좋은데, 수업을 들을 때마다 마음이 힘들고 우울해진다고. 어떤 희망들을 함께 이야기해 주면 안 되냐고." 그러고 보니, 그는 언제부터인가 발표를 하는 자리마다 케네디 대통령의 동생이자 법무장관을 지냈던 로버트 케네디^{Robert Kennedy}의 말을 인용한다.

"한 인간이 이상을 좇아 떨쳐 일어날 때마다, 다른 이의 삶을 개선하기 위해 행동할 때마다, 불의에 맞서 싸울 때마다, 희망의 작은 물결^{ripple of hope}이 세상에 보내진다. 그렇게 쌓인 물결들은 억압과 차별이라는 가장 강력한 장벽조차 무너뜨리는 파도를 만들어 낸다."

원칙과 실행의 간극 넘어서려면

김승섭 한국의 인종차별 문제에는 독특한 점이 있다. 중국동포나 북한이탈주민의 경우 한국인과 외형적으로는 구분되지 않는 같은 민족이지만 다른 인종처럼 취급받는다. 영화나 언론은 그들을 범죄자나 돈벌레 등으로 묘사하는 경우가 많다. 그렇게 한국에 거주하는 80만 명의 중국동포와 3만여 명의 북한이탈주민은 차별과 낙인의 대상이 된다.

윌리엄스 브라질 상파울루에는 수십 년 전 일본인들이 건너가 만든 대규모 일본인 공동체가 있다. 그곳에서 태어나고 자란 자녀 세대가 일본으로 돌아가서 겪은 차별에 대한 연구가 있다. 그 연구 결과는 당신이 말한 사례와 매우 비슷하다. 또 로스앤젤레스에서 진행된 한 연구는 흑인이 흑인에게 차별을 받았을 때 가해자가 백인인 경우보다 정신 건강에 더 나쁜 영향을 받는다는 결론을 내렸다. 같은 집단에 속해 있다고 생각했던 사람에게 차별을 받게 되면 예상하지 못한, 사회적 표준에서 어긋나는 일이기 때문에 피해자가 더 크게 상처받는다.

김승섭 한국은 다른 인종에 대한 차별도 심각한 나라이다. 여러 소수자에 대한 차별 인식을 측정하는「세계가치조사」결과를 보면, 한국인은 30%가 넘는 응답자가 다른 인종을 이웃으로 받아들일 수 없다고 답했다. 미국은 같은 응답이 5%가량에 그친다.

윌리엄스 미국에서도 인종에 대한 태도는 사회적 상황에 따라 계속 바뀌었다. 1940~1960년대 조사를 보면, 매우 적극적으로 인종차별을 하는 사람이 많았다. 하지만 1970~1980년대를 거치며 그 비율이 많이 줄었다. 이제 90%가 넘는 미국인이 능력만 있다면 인종과 상관없이 거주지를 정하고 학교를 다니고 직장을 구할 수 있어야 한다는 '평등의 원칙'에 동의한다. 하지만 실제 그 사회가 평등한지는 다른 문제이다. '원칙-실행의 간극principle-implementation gap'이 존재하기 때문이다. 모든 흑인이 자신이 원하는 지역에서 집을 살 수 있어야 한다고 생각하는지 물으면 95%가 넘는 사람이 "그렇다"라고 답하지만 집주인이 상대가 흑인이라는 이유로 집을 팔지 않는 것을 금지하는 법에 찬성하는지 물으면 65%만이 "그렇다"라고 답한다. 주거뿐 아니라 많은 영역에서 인종차별 금지 원칙에 찬성하는 것과, 모든 사람이 동등한 대우를 받을 수 있도록 하는 정책을 지지하는 것 사이에는 대부분

©김승섭

2019년 하버드 보건대학원 연구실에서 데이비드 윌리엄스 교수를 만났다. 학생 때 그의 수업을 듣고 함께 여러 편의 논문을 썼지만, 연구년 기간에 만난 그는 이전과는 많이 다르게 느껴졌다. 뛰어난 연구자로만 여겨졌던 윌리엄스 교수의 인간적인 면이 조금씩 보였다. 그러다 보면, 나도 모르게 질문하곤 했다. 카리브해의 작은 섬에서 태어난 흑인 이민자가 미국에서 사회학을 공부하고 인종차별에 대해 연구하는 과정을 그는 어떻게 겪어내고 감당했을까.

30%가량의 차이가 존재한다.

김승섭 2018년 제주도에는 500여 명의 예멘인이 들어와 난민 신청을 했다. 하지만 한국에서는 그들을 범죄자로 취급하고 거부하는 사회적 분위기가 우세했다. 도널드 트럼프 대통령이 멕시코와 미국 국경에 담을 쌓으며 부추겼던 것과 비슷한 사회적 편견이 한국에도 있었다. 결국 단 2명의 예멘인만이 난민 자격을 얻었다. 문제는 이처럼 난민이나 이주민을 배제하는 정책이 특정 집단들로부터 적극적인 지지를 받는다는 것이다.

윌리엄스 미국 역사에도 비슷한 사례가 있다. 1882년 미국 의회는 '중국인 배제법Chinese Exclusion Act'을 통과시켰다. 중국인의 미국 입국을 금지한 법이다. 당시 이미 많은 중국인이 동부 해안과 서부 해안을 잇는 철도 건설을 위해 미국에 와 있었는데, 이 법 때문에 낙인과 차별에 노출됐다. 20세기에도 그러한 사례가 여럿 있다. 1930~1940년대엔 멕시코계 미국인들을 강제로 추방했던 역사가 있고, 태평양 전쟁 때에는 일본계 미국인들이 미국을 배신할 것이라고 판단해 감옥에 수감했던 역사도 있다. 한 사회의 기득권이 자신들의 이익을 빼앗는다고 여기면서 소수자 집단을 낙인찍고 희생양으로 삼는 사례는 흔하다.

브렉시트Brexit에 찬성한 영국인과 트럼프에게 투표한 미국인에게는 '반이민자 정서'라는 공통점이 있다. 브렉시트 투표 때 나는 영국에 있었다. 그 뒤 미국에 돌아온 나는 동료들에게 트럼프가 대통령에 당선될 수 있다고 말했다. 브렉시트에 찬성한 사람들 중 다수가 영국에 있는 거의 모든 문제의 원인이 이민자라는 비현실적인 주장에 동의했다. 그러니 이민자를 없애면 문제가 해결될 거라고 생각한 것이다. 사회는 그보다 훨씬 더 복잡한데도 말이다. 흥미로운 것은 이민자들과 의미 있는 교류를 하는 집단은 다른 반응을 보였다는 점이다. 인구의 거의 50%가 이민자인 런던에서는 브렉시트에 찬성한 비율이 다른 지역보다 매우 낮게 나왔다. 이민자들과 자주 만나는 사람들일수록 그들이 끔찍한 존재가 아니라는 점을 알기 때문이다.

'실제로' 경험하지 않은 차별도 아픈 이유

김승섭 당신은 인종차별 경험을 측정하는 표준화된 설문지를 처음으로 만들었다. 일상에서 누구를 만나 차별을 경험하는지 측정하는 그 설문지는 세계적으로 인종차별과 건강 연구를 본격화하는 계기가 됐다. 지금은 단단한 학술 연구 영역으로 자리 잡았지만, 당신이 연구에 뛰어들 때 상황은 많이 달랐을 것이라고 생각한다.

윌리엄스 당시 많은 사람이 인종 간 건강 불평등은 직업, 임금, 교육 때문일 것이라고 여겼다. 하지만 그 세 가지가 비슷한 경우에도 인종에 따라 건강 상태에서 심각하게 차이를 보였다. 물론 당시에도 인종의 차이가 이런 불평등을 나타나게 하는 요인이란 주장이 있었지만, 그 주장을 뒷받침하는 실증적인 근거가 없었다. 따라서 인종차별을 측정하는 것이 중요하다는 고민을 계속하고 있었다. 그러던 어느 날 국립암연구소가 주최한 학술 대회에서 내 이야기를 듣고서, 한 백인 연구자가 인종차별이 중요한 주제이기는 하지만 그런 예민한 사회적 경험을 측정하는 것은 불가능하다고 지적했다. 그 이야기를 듣고서 나는 설문지를 반드시 개발해야겠다고 결심했다. 그 뒤 네덜란드의 사회학자인 필로메나 에세드Philomena Essed의 흑인 이민자 연구 등을 참고해 인종차별이 경찰에게 부당하게 검문을 당하거나 직장을 구하지 못하게 되는 것 같은 큰 사건에서뿐 아니라, 상대방에게 무례한 대우를 받거나 충분히 존중받지 못하는 일상의 작은 경험에서도 발생한다는 것에 초점을 맞춘 설문지를 만들 수 있었다.

김승섭 당신이 차별 연구에 기여한 중요한 성과 중 하나는 '강화된 경계심 측정Heightened Vigilance Scale' 설문지를 개발한 것이다. 사람들은 보통 차별을 두고 특정한 경험이나 사건이라고 생각하지만, 이 설문지를 이용한 연구로 차별이 우리 몸에 미치는 영향이 따로 떨어진 사건들이 아니라 연속적인 상태라는 점을 알 수 있었다. 소수자들은 차별을 경험하지 않더라도 자신의 행위와 무관하게 무시당할 수 있다는 생각 때문에 긴장하고 그 긴장은 삶을 지배한다. 나는 이러한 관점이 기존에 진행된 일반적인 차별 경험과 건강에 대한 연구로는 파악하기 어려운 중요한 이야기를 들려준다고 생각한다.

윌리엄스 '강화된 경계심 측정' 설문지로 실제 차별 경험이 아니라 차별을 경험할 것 같다는 우려만으로도 건강이 나빠질 수 있다는 사실을 보여줄 수 있었다. 가령 집을 떠나기 전에 미리 오늘 어떤 일을 당할지 걱정하고 무시나 모욕을 당하지 않기 위해 자신의 옷차림에 신경을 써야만 하는 등의 스트레스가 삶을 해칠 수 있다는 것이다. 이 설문지로 인해 1990년대 중반 내가 가지고 있었던 중요한 질문에 답할 수 있었다. 당시 여러 도시에서 진행된 연구에 따르면 정해진 시간마다 혈압을 측정했을 때, 낮에는 젊고 건강한 흑인과 백인의 혈압이 크게 차이 나지 않았지만 밤에 잠을 잘 때면 백인의 혈압 감소폭이 흑인보다 더 컸다. 밤에도 흑인의 혈압이 많이 떨어지지 않는 것은, 늘 자신을 보호하기 위해 정신을 차리고 있어야 하는 긴장에 따른 스트레스가 원인일 수 있다. 마치 잠이 들었을 때도 온전히 긴장을 놓지 못하고 한쪽 눈을 뜨고 있는 것과 같은 상태이다. 최근에는 낮에 차별을 경험한 흑인들의 경우 밤에도 혈압이 올라간다는 연구 결과가 여럿 나왔다. 차별적인 환경은 삶의 모든 시간에 악영향을 줄 수 있다.

김승섭 공동체에서 발생한 차별과 폭력의 경험은 그 구성원 모두에게 영향을 미친다. 당신이 2018년 공저자로 출판한 논문에는 지난 3개월 동안 비무장 흑인이 경찰에 의해 살해당한 사건이 발생한 주에 사는 흑인들은 정신 건강이 통계적으로 유의하게 악화된다는 내용이 나온다.[19] 직접 폭력을 당하지 않아도, 피해자의 가족이 아니어도 폭력적인 공동체에서 사는 일은 몸을 아프게 할 수 있다는 이야기이다.

윌리엄스 여기서 중요한 것은 무장한 흑인이 경찰에 의해 죽임을 당했을 경우에는, 인근 흑인 주민들에게 부정적인 영향이 없었다는 점이다. 오직 비무장 흑인의 경우, 다시 말해 살해를 정당화할 수 없는 사건에서만 그런 효과가 나타났다. 나는 TV를 통해 그런 사건을 목격하면 위협을 느낀다. 내가 아무것도 잘못한 게 없더라도 피해자가 될 수 있다는 두려움이 생겨나기 때문이다.

내가 타인을 차별할 수 있음을 인정하기

김승섭 차별을 하는 사람에 대한 최근 연구에서 주목할 대목이 있다. 스스로는 절대로 타인을 차별하지 않는다고 생각하는 사람들이 무의식적으로 차별적인 행동을 계속한다는 내용이다. 응급실에서 환자의 인종에 따라 진통제 처방을 다르게 한다는 결과가 이미 여러 차례 발표된 바 있다. 연구들은 이러한 문제가 발생하는 이유가 의사의 편견보다도 무의식적인 고정관념인 경우가 많다고 지적한다.

타인의 고통에 응답하는 공부

윌리엄스 우리는 특정한 문화에 영향을 받아 자라면서 어떤 것을 긍정적 혹은 부정적이라고 생각하도록 배운다. 누군가를 만나면 자신이 배워온 것에 따라 그 사람의 인종, 성별, 키, 나이 등 1차 정보를 긍정적·부정적 범주와 연결시키는 것이다. 이 때문에 흑인에 대한 부정적 편견을 가진 문화에서 자란 사람은 무의식적으로 흑인을 부정적 범주에 포함시킬 가능성이 크다. 존스홉킨스 의과대학의 리사 쿠퍼Lisa Cooper는 의료인들의 진료 과정을 녹화한 뒤 연구자들에게 의료인과 환자 사이의 의사소통 수준을 평가하도록 했다. 그 결과 의료인들이 편견을 갖고 있는 특정한 범주의 환자와는 의사소통을 잘 하지 않으려고 한다는 결론을 얻었다. 타인을 범주화해서 이해하는 것은 정상적인 정보처리 과정이지만, 사람마다 성장한 공동체의 환경에 따라 다른 집단에 대한 편견이 무의식에 깊게 새겨질 수 있다. 흑인이라면 흑인에게는 편견이 없을 수 있지만 동성애자나 뚱뚱한 사람, 노인이나 여성에 대해 부정적으로 생각할 수 있는 것이다. 그렇게 자신도 모르게 타인을 차별하게 된다.

김승섭 당신은 한 강연에서 백인 경찰이 무장하지 않은 흑인을 숨지게 하는 과정에서도 그런 무의식적인 고정관념이 작동한다고 말했다. 일각에서는 당신이 경찰 폭력에 대해 너그러운 관점을 가진 것 아니냐고 말하기도 한다.

윌리엄스 미국의 일부 지역에서는 흑인이 폭력적이고 위험하다는 부정적 고정관념이 널리 퍼져 있다. 이런 고정관념은 다른 생각을 할 여유가 없는 급박한 상황에서 의사결정에 큰 영향을 미친다. 흑인에 대한 편견을 가진 경찰은 눈앞에 있는 흑인이 별다른 행동을 하지 않더라도 자신을 위협한다고 생각하고 총을 쏘는 과도한 반응을 보일 수 있다. 백인이 주머니에서 무언가를 꺼내려고 하면 지갑이라고 인식하지만, 흑인이 그러면 총이라고 생각하는 경향이 있다는 심리학 연구 결과도 있다. 문제는 '무의식에 깊게 내재된 이러한 고정관념을 강화하는 문화를 어떻게 바꾸어 낼 것인가'이다.

김승섭 제도적 차별은 법률로 막을 수 있고, 일대일 관계에서 누군가를 차별하는 행동은 혐오 발언 규제 등으로 제어할 수 있다고 생각한다. 하지만 스스로 인지하지 못하는 사이에 차별적 행동으로 드러나는 무의식적인 편견과 고정관념은 어떻게 대응해야 하는가?

윌리엄스 내가 타인을 차별할 수 있다고 인정하는 게 가장 중요하다. "나는 한 번도 누군가를 차별한 적이 없다"라고 말하는 사람이야말로 차별적인 행동을 하기에 최적화된 사람일 수 있다. 무의식적으로 작동하는 편견은 스스로에 대한 경계를 풀 때 더 쉽게 나타난다. '반고정관념 이미지counter stereotype image'를 활용하는

타인의 고통에 응답하는 공부

것도 방법이다. 만약에 모든 여성이 연약하다고 생각한다면, 저녁에 잠들기 전 강인한 여성은 어떤 모습일지 여러 번 상상해 보는 것이다. 그 과정을 통해 부정적인 고정관념을 대체하는 이미지를 만들어 낼 수 있다. 고정관념을 가진 대상을 계속해서 직접 만나 관계를 맺는 것 역시 내재적 편견을 줄이는 데 도움이 된다고 한다. 무엇보다 공동체에 존재하는 부정적 고정관념을 바꾸는 일이 가장 중요하다. 미디어를 통해 고정관념을 바꾸려는 시도가 더 적극적으로 이뤄질 필요가 있다. TV에서 게이나 레즈비언을 매우 매력적으로 그릴 때, 동성애자에 대한 고정관념이 줄어든다는 연구 결과가 있다.

더 나은 기회를 줄 것인가, 장벽을 높일 것인가

김승섭 차별을 극복하기 위한 사회적 노력에 대해서도 이야기하고 싶다. 당신은 테드TED 강연에서 스스로를 소수자에게 더 많은 기회를 주는 "적극적 우대정책affirmative action이 낳은 아기"라고 말했다.

윌리엄스 내가 박사과정을 밟았던 미시간 대학교는 당시 사회학 분야에서 '톱3' 대학 중 하나였다. 하지만 등록금이 매우 비쌌고 이민자였던 나는 돈이 없었다. 그때 '소수자 장학금Minority fellowship'을 받아 등록금과 생활비로 쓸 수 있었다. 그 장학금이 없었다면 나는 이 자리에 올 수 없었을 것이다.

김승섭 적극적 우대정책에 대한 인식은 한 사회가 소수자를 어떻게 대하는지를 보여준다. 한국에서는 교육 환경이 열악한 시골 지역에 거주하는 학생에게 대학 입학 시 가산점을 주는 것이 공정하지 않다며 비난하는 여론이 있다. 각 개인이 성장한 환경과 역사를 고려하지 않는다면 그 말은 타당한 것일 수도 있다. 공정을 논하려면 그런 맥락을 고려하는 게 필수적인데 다수의 기득권은 그렇게 사고하지 않는다.

윌리엄스 가난해서 음식도 제대로 못 먹는 사람과 전문적인 코치에게 훈련받고 좋은 영양상태를 유지하는 사람이 같은 출발선에서 달리기 경기를 한다면 그것을 어떻게 동등한 기회라 부를 수 있나. 플라톤은 "동등하지 않은 사람들을 동등하게 대하는 것만큼 불공정한 일은 없다"라고 말했다. 적극적 우대정책이 없다면 불평등이 계속 유지된다. 적극적 우대정책은 열악한 환경에서 살아가는 이들에게 무대에 서고 성공할 수 있는 기회를 주는 수단이다. 미국에서 적극적 우대정책이 처음 시작되었을 때, 사람들은 그 정책이 인종적 소수자만을 위한 것이라고 여겼다. 하지만 사실은 여성을 위한 정책이기도 했으며, 실제로 이 정책은 여성에게 더 효과적으로 작용했다. 1965년 의과대학 입학생 중 7%만이 여성이었지만, 이제는 50%에 이른다. 그러나 같은 기간 의과대학 입학생 중 흑인은 3%에서 6%로 느는 데 그쳤다. 적극적 우대정책으로 혜택을 받은 여성의 대다수는 백인이었고, 결

타인의 고통에 응답하는 공부

과적으로 백인들이 그 정책의 가장 큰 수혜자가 되었다. 기회의 문이 열렸을 때, 백인들이 그것을 활용할 수 있는 더 나은 조건에 있었기 때문이다. 흑인들은 그 문을 통과하기 위한 준비가 덜 되어 있었다. 하지만 미국에서 적극적 우대정책을 가장 적극적으로 반대하는 사람들은 백인이다. 백인이 가장 큰 혜택을 받았음에도, 이 정책이 인종적 소수자만을 위한 것이라고 생각하면서 반대하는 것이다.

김승섭 마지막 질문을 하겠다. 한 사회가 차별과 배제에 대응하는 방법은 크게 두 가지로 나뉜다. 하나는 우리가 지금까지 이야기한 적극적 우대정책처럼 차별을 줄이기 위해 적극적으로 행동하는 것이고, 또 하나는 멕시코와 미국 국경 사이에 장벽을 세운 것처럼 집단 간 경계를 강화하면서 소수자 집단을 체계적으로 배제하는 것이다. 후자처럼 이주민 같은 소수자를 배제하는 정책은 이미 그 사회에 자리 잡은 주류 집단에게는 실제로 이득이 될 수 있고, 그것은 트럼프의 정책이 특정 계층으로부터 열렬한 지지를 받았던 이유이기도 하다. 그럼에도 우리가 전자를 선택해야 하는 이유는 무엇인가?

윌리엄스 미국을 위대하게 만든 것은 다양성이다. 다양한 배경을 가진 사람이 모여 새로운 사회와 문화를 만들어 왔다. 문제는 몇몇 정치 지도자가 혐오와 공포를 자신의 정치적 자산으로 활용하는 나쁜 정치를 하는 것이다. 사람들은 타인을 두려워하거나 미워할 때 자기보호본능이 강해지고 외부에 공격적인 태도를 취한다. 그 결과 더 많은 사람이 상처 입고 다치게 된다. 물론 설득은 어렵다. 나에게도 이것은 큰 도전이자 풀어야 할 숙제이다.

타인의 고통에 응답하는 공부

벽장을 벗어난
당신의 목소리가 필요하다

정신질환 당사자 운동 강조하는 심리학자 패트릭 코리건

패트릭 코리건Patrick Corrigan 교수는 일리노이 공과대학교 심리학과 석좌교수이다. 그는 정신질환 낙인 연구의 세계적인 대가이다. 400편이 넘는 논문과 18권의 책을 썼고, 동료들과 함께 창간한 학술지『낙인과 건강Stigma and Health』의 편집장을 맡아 운영하고 있으며, '낙인과 역량 강화에 대한 국가 컨소시엄National Consortium on Stigma and Empowerment'의 책임연구자로 일하고 있다. 그리고 그는 오랫동안 우울증을 가지고 살아온 당사자이다.

　그는 자신의 정신질환 경험을 대중 강연에서 나누는 것을 넘어서, 정신질환을 가지고 살아온 사람들의 이야기를 모은 저서『정신질환 낙인을 없애기 위해 자부심을 가지고 드러내기

Coming Out Proud to Erase the Stigma of Mental Illness』 맨 앞에 자신의 이야기를 썼다. 그 글에서 그는 25년이 넘는 시간 동안 자신이 정신질환을 가지고 살아가며 학교와 직장에서 어떠한 시간을 보냈는지, 자신의 가족은 그 시간을 어떻게 함께 경험했는지 회고한다. 그는 말한다. "내게 낙인은 학술 연구의 대상만이 아니라, 개인적 경험이기도 하다."

코리건 교수와의 인터뷰를 준비하며 그가 강연하거나 인터뷰하는 여러 영상을 봤다. 거의 모든 영상에서 코리건 교수가 공통적으로 전하는 이야기가 있다. 심지어 의료진을 대상으로 하는 강의에서도 그는 말한다. "전문가인 여러분이 정신질환이 위험함이나 무능함과 무관하다고, 그건 비과학적 낙인이라고 말할 때, 여러분의 의도와 달리 그 낙인은 강화되기도 합니다. 당사자는 그 이야기를 직접 할 수 없다는 신호처럼 보이니까요." 그가 자신의 정신질환 경험을 공유하는 것은 낙인을 없애기 위한 당사자 운동의 일환인 것이다.

정신질환 낙인 부추기는 미디어

김승섭 한국에서는 정신질환을 가진 사람이 범죄를 저지를 가능성이 크다는 편견이 존재한다. 실제 여러 범죄 보도나 경찰 수사결과 발표에서 조현병을 범죄의 원인으로 설명하는 사례가 많고, 조현병 등을 가진 사람이 강력범죄를 저지르면 정신질환자를 시설에 가둬야 한다는 여론이 거세진다. 그렇게 정신질환은 낙인이 된다. 미국에서도 비슷한 경험들이 많으리라 생각한다.

코리건 총기 소유가 허용되는 미국의 상황은 훨씬 더 심각하다. 정신질환자의 총기 범죄가 발생하면 라디오 프로그램 등에서 내게 연락해 그들이 왜 위험한지 이야기해 달라고 한다. 그때마다 나는 역학 연구 결과를 근거로 정신질환과 범죄의 연관성이 크지 않다고 말하지만 대중들은 그렇게 생각하지 않는다. 정신질환자의 총기 범죄는 심지어 다른 나라에도 낙인효과를 일으킬 정도로 파급력이 크다. 오스트레일리아 연구자의 말을 들어보면, 2012년 미국 코네티컷의 샌디훅 초등학교에서 학생 20명과 교직원 6명을 총기로 살해한 범인이 정신질환을 갖고 있었다는 사실이 알려진 이후 오스트레일리아에서 정신질환 낙인이 늘었다고 한다. 미국에서 정신질환자의 범죄율은 전체 인구보다 약간 높은 정도이다. 공공 데이터를 활용해 범죄 예측인자를 분석하는 연구자들이 있다. 가령 이 방에 100명이 있고 그들의 모든 정보를 안다고 했을 때, 범죄 발생을 예측할 수 있는 가장 주요한 요인이 무엇인지 분석하는 것이다. 일반적으로 가장 주요한 두 요인은 성별과 연령이다. 젊은 남성이 가장 범죄를 일으킬 가능성이 크다. 그렇다고 젊은 남성을 시설에 가두어야 한다고 말하지는 않는다.

김승섭 특히 조현병 환자들이 위험하다는 사회적 낙인이 널리 퍼져 있다. 한국에서 조현병 환자의 범죄율은 범죄 유형에 따라 다르다. 정신질환이 없는 사람보다 높은 범죄율을 보이는 범죄 유형이 있는가 하면, 더 낮은 비율을 보이는 범죄 유형도 있다. 다만 치료를 받고 있는 조현병 환자가 위험하지 않다는 데에는 대다수 전문가가 동의한다.

코리건 정신질환자가 범죄의 가해자보다 피해자가 되는 경우가 많다는 것을 기억했으면 한다. 조현병에 대한 잘못된 사실이 유포되어 있는 것도 문제이다. 나는 학생 때 조현병이 계속해서 악화하는 질병이라고 배웠다. 일단 조현병에 걸리면 그걸로 끝이고 평생 요양원에서 시간을 보내거나 단순 육체노동만 계속해야 해야 한다고 했었다. 그러나 사실이 아니었다. 스위스, 미국 버몬트·아이오와 등에서 20년 가까이 수백 명의 조현병 환자들을 추적·관찰한 연구 결과가 있다. 3분의 1은 조현병으로부터 회복되어 일상을 누렸다. 3분의 1은 당뇨병 환자와 비슷하게 의사의 상담을 받으며 계속 약을 먹기는 하지만, 스스로를 돌보며 원하는 일을 하면서 지냈다. 나머지 3분의 1이 계속 증상이 있어 힘들어하는 조현병 환자였다. 결론적으로 조현병 환자의 3분의 2는 적절한 치료만 받을 수 있다면 자신의 삶을 온전히 꾸려나갈 수 있다.

김승섭 당신의 논문을 보면 지난 30년 동안 미국뿐 아니라 서구에서 정신질환 낙인은 오히려 악화했다. 과거 그 어느 때보다도 정신질환에 대한 과학적 연구가 활발해지고 있는 시기에 상황이 나빠진 이유는 무엇인가?

코리건 미디어에서 정신질환을 가진 사람의 총기 범죄 사건 등을 부각해 왔기 때문이라고 생각한다. '섬광기억flashbulb memory'이라는 인지심리학 용어가 있다. 우리가 대화를 나누고 있는 시카고에서는 매주 8명가량이 총기 사고로 죽지만 그 사실을 크게 신경 쓰는 사람은 거의 없다. 그런데 어느 날 20명이 한꺼번에 숨지면 그 사건은 강력한 기억으로 남는다.

정신질환 당사자 벽장에 가두는 '자기 낙인'

김승섭 당신이 정신질환 낙인을 연구하게 된 이유는 무엇인가?

코리건 정신질환 낙인이 정신질환 자체보다 더 큰 문제라는 것을 알게 됐고, 그 상황을 바꾸고 싶었다. 나는 재활심리학자로서 환자들이 일터와 학교로 돌아가 자립할 수 있도록 돕는 일을 했었다. 하지만 정신질환을 가진 이들이 자립하기란 너무나 어려웠다. 고용주와 집주인 들은 정신질환을 가진 이들에게 일자리나 집을 내주지 않았고, 학교에서는 이들을 교육하려 하지 않았다. 내가 정신질환을 가지고 있다는 점도 영향을 미쳤다. 물론 내가 정신질환을 가진 다른 사람들만큼 차별받았다고 말할 수는 없다. 그 사실을 오랫동안 비밀로 했기 때문이다. 하지만 지금은 책과 강연을 통해 내게 우울증이 있다는 사실을 여러 차례 밝혔고, 그 사실은 더 이상 비밀이 아니다. 내가 정년을 보장받은 교수이고 정신질환 낙인이 내게 큰 피해를 주기 어렵다고 판단했기 때문에 공개할 수 있었다고 생각한다.

김승섭 당신은 정신질환과 관련해 서로 다른 두 가지 낙인이 있다고 말한다. 하나는 정신질환이 없는 사람들이 정신질환을 가진 사람들에 대해 갖는 '대중 낙인public stigma'이고 또 하나는 정신질환을 가진 사람이 스스로에 대해 갖게 되는 '자기 낙인self stigma'이다.

코리건 사회는 유색인종, 여성, 동성애자, 휠체어 사용자와 같은 소수자에 대한 고정관념을 만든다. 그 고정관념에서 편견이 발생하고 편견은 차별적인 행동으로 이어진다. 정신질환을 가진 사람에 대한 고정관념은 그들이 무능력하고 위험하다는 것이다. 편견은 그런 고정관념에 동의하는 것이고, 차별은 "당신을 고용하지 않겠다", "당신이 학교에 오지 못하게 하겠다"와 같은 말과 행동으로 이어진다. 일련의 과정이 모두 대중 낙인이다. 대중 낙인은 차별로 이어진다. 반면 정신질환을 가진 사람이 스스로를 위험하고 무능력하다고 생각하는 자기 낙인은 수치심으로 이어진다. 우울증의 끔찍한 역설은 스스로가 수치스럽다고 느끼는 것을 잊을 만큼 심각하게 우울해지기는 어렵다는 점이다.

그로 인해 당사자는 더욱 고통스러워진다.

김승섭 낙인이 가져오는 가장 나쁜 결과 중 하나는 정신질환으로 고통받는 이들이 병원에 가길 꺼리게 된다는 점이다. 한국에서는 정신질환 진단을 받은 사람 중 10%만 실제 치료를 받는다는 통계가 있다. 그렇다 보니 증상이 매우 심각해졌을 때만 병원에서 치료를 받고 결국 장기 입원으로 이어진다. 2016년 기준으로 한국 조현병 환자의 평균 입원 기간은 303일이다. OECD 회원국 평균의 6배가 넘는다.

코리건 한국 사람들이 정신질환을 수치스럽게 느끼기 때문일 것이다. 부모들은 자녀가 정신질환을 가진 사실을 알게 되면 당황스러워 아무런 말도 하고 싶어 하지 않는다. 그렇게 외면하며 치료하지 않는 방식으로 수치심을 없애려 하는 것이다. 치료를 받지 않으면 아무도 알지 못하니까 말이다. 사회가 그런 낙인을 만든다. 내 연구는 대부분 미국에서 진행되었기 때문에, 한국 사회에서 만든 낙인을 줄이는 데 무엇이 효과적이고 무엇은 효과적이지 않은지 말하려면 또 다른 고민이 필요하다.

김승섭 정신질환 당사자의 목소리가 충분히 전달되지 않은 사회에서 사람들은 자기 낙인에 대해 무심한 경우가 많다. 자기 낙인을 줄이고 적절한 치료를 받으려면 어떻게 해야 하는가?

코리건 낙인 때문에 정신질환을 가지고 있다는 사실을 비밀로 하는 것은 스스로를 벽장 안에 가두는 것과 같다. 많은 정신질환자가 점심시간에 몰래 회사에서 빠져나와 의사를 만나러 간다. 미국장애인법에는 "정당한 편의reasonable accommodation"라는 규정이 있다. 이 규정에 따라 휠체어 사용자들은 건물을 이용할 수 있도록 경사로를 제공받아야 한다. 마찬가지로 정신질환자들은 의사를 만날 수 있는 기회를 보장받아야 한다. 필요할 때 휴식을 취하고 약을 먹을 수 있고 더 조용한 작업장에서 일할 수 있게 해줘야 한다. 하지만 당사자가 정신질환이 있다고 말하지 않으면 정당한 편의를 제공받지 못하게 된다. 정신질환을 비밀로 유지하는 것은 건강을 해치는 일이다.

사회적 관계가 늘어날수록 낙인은 줄어든다

김승섭 당신은 정신질환 낙인을 없애는 데 당사자 운동이 매우 중요하다는 입장을 가지고 있다. 유튜브에 공개한 의료인 대상 강연에서는 의료인이 정신질환을 가진 사람들의 편에 서서 낙인이 잘못되었다고 대신 말하는 것은 바람직하지 않은 일일 수도 있다고 주장했다.

코리건 당신과 같은 연구자가 정신질환은 위험하지 않다고 말할 때, 사람들은 그걸 세상 물정을 모르는 '먹물 연구자egghead'가 하는 말이라고 생각하고 만다. 낙인을 줄이는 데 효과적이지도 않고 종종 상황을 악화시키기도 한다. 그러나 정신질환을 가진 사람들이 직접 말을 하기 시작하면 훨씬 더 큰 신뢰를 얻을 수 있다. 낙인을 줄이려는 교육이나 캠페인에 돈을 쓰기보다는, 정신질환을 가진 사람들이 직접 자신들의 목소리를 내는 활동을 지원해야 한다. 정신질환 당사자가 직접 "나도 똑같은 사람이고, 바로 이 자리에 있다"라고 말할 수 있게 도와야 한다. 미국 동성애 커뮤니티의 경험이 훌륭한 모범 사례다. 한때 미국 사람들은 동성애자가 소아성애자라는 고정관념으로 이들이 선생님이 되어서는 안 된다고 생각했다. 당시에도 연구자들이 잘못된 낙인이라고 지적했지만 사람들의 생각은 바뀌지 않았다. 동성애자들이 직접 나서서 "입 다물고 나를 봐라. 나는 소아성애자가 아니다"라고 직접 말한 뒤에야 그러한 고정관념이 사라지기 시작했다.

내 아이들은 성소수자에 대한 고정관념이나 낙인 없이 성장했다. 그건 단지 아이들이 학교에서 성적 지향에 대한 합리적인 설명을 들었기 때문이 아니다. 그보다는 두 아이에게 동성애자 삼촌이 있었고, 가까운 동성애자 목사가 있었고, 부모와 친구로 지내는 동성애자 어른이 있었기 때문이다. 어떤 사람이 동성애자를 혐오하더라도, 옆자리에서 일하는 동성애자에게 "당신이 역겹다"라고 말하기는 쉽지 않다. 그 점이 정말 중요하다고 생각한다. 그런 만남은 힘이 있다. 단기적으로는 혐오 발언을 막고, 장기적으로는 동성애자에 대한 태도를 바꾸는 데 가장 효과적이다. 정신질환 역시 당사자가 사회에 나오고 존재를 드러내야 낙인을 줄일 수 있다.

김승섭 한국 사회에 꼭 필요한 고민이라고 생각한다. 한국에서는 현재 정신질환 낙인을 없애는 활동에 나서는 대다수가 정신과 의사들이다.

코리건 미국에서도 그랬었다. 하지만 영향력 있는 당사자 단체들이 생겨나 "나를 위해서 말하지 말라. 내가 직접 말하겠다"라고 하기 시작했다. 과거에는 성소수자를 조롱하는 의미였던 '퀴어queer'라는 말을 당사자들이 스스로를 지칭하기 위해 직접 사용하며 그 의미가 달라진 역사가 있다. 마찬가지로 정신질환 당사자들도 낙인을 없애는 과정에서 과거 자신들을 비하했던 말들을 적극적으로 사용했다. 예를 들어, '매드mad'라는 말에는 미쳤다는 의미가 있지만, 정신질환을 가진 사람들이 당사자 단체와 활동을 '매드 네이션mad nation', '매드 프라이드mad pride'라고 부르기 시작한 것이다.

김승섭 오늘날 정신의학 연구자들은 정신질환을 뇌질환이라고 생각한다. 이를 뒷받침하는 과학적 근거들이 점점 늘어나고 있다. 이에 대해 어떻게 생각하나?

코리건 우울증, 조현증을 포함한 정신질환이 뇌질환이라는 점을 부정하지 않는다. 다만 그걸 강조하는 것은 정신질환에 대한 대중 낙인을 줄이는 데 효과적이지 않다. 적어도 영어권 학자들 사이에서는 정신질환을 뇌질환이라고 교육하는 것이 오히려 낙인을 악화시킨다는 데 많은 이가 동의하고 있다. 영국, 캐나다, 오스트레일리아에서 그런 방식의 접근이 낙인을 강화하는 결과를 낳았다. 정신질환이 뇌질환임을 강조하는 말을 들은 사람들은 '저 사람, 겉으로는 괜찮아 보여도 실제로는 뇌에 문제가 있다는 거잖아. 그럼 좋아지기 어렵겠는걸' 하고 생각할 수 있다.

김승섭 현재의 과학적 발견을 전달하는 것과 정신질환에 대한 낙인을 줄이기 위해 대중과 소통하는 전략을 적절히 구분해야 한다는 이야기인가?

코리건 사실 자체를 전달하는 것만으로 낙인이 줄어든다는 것은 순진한 생각이고, 경험적으로도 옳지 않은 방식이다. 유색인종에 대해서도, 성소수자에 대해서도 그런 방식은 효과가 없었다. 실제로 당사자가 벽장 밖으로 나가 사람들을 직접 만나고 사회적 관계를 맺지 않으면, 낙인이 줄어들기 어렵다.

김승섭 앞으로의 관심사는 무엇인가?

코리건 여러 가지가 있지만, 그중 하나는 낙인의 교차성 연구이다.

누군가의 등에 올라타서 문제를 해결해서는 안 된다. 어떤 사람들은 정신질환이 약물중독보다는 낫다고 말하곤 했었다. 그렇게 약물중독인 사람을 비하하는 방식으로 정신질환 낙인을 줄이려 하면 안 된다. '정신질환자는 약물중독자나 HIV 감염인과 다르다'는 식으로 말하는 것이 설사 정신질환 낙인을 줄이는 데 효과적이라고 할지라도, 그런 화법을 사용해서는 안 된다는 것이다. 만약 정신질환을 가지고 있는 HIV 감염인이 있다면 여러 낙인이 그 사람의 삶에 어떻게 영향을 주는지를 이해하고, 사회에서 교차성을 감안하며 대응할 수 있는 길을 찾아야 한다.

타인의 고통에 응답하는 공부

이동, 낙인, 정치, 합리성

장애인 이동권 투쟁을 바라보는 네 가지 키워드

전국장애인차별철폐연대(전장연)가 '장애인권리예산' 확대를 요구하며 2021년 12월 3일 시작한 '지하철 행동'은 정부와 서울시의 냉대 속에 이후 1년을 훌쩍 넘게 이어졌다. 2023년 4월 14일 서울 종로구 노무현시민센터에서 전국장애인이동권연대와 전장연이 공동으로 주관한 「장애인권리예산 투쟁 1년: 지하철 행동과 시민-언론의 역할」 좌담회가 열렸다. 이 글은 그날 좌담회에서 발제한 내용을 지면에 옮긴 것이다.

귀한 자리에 토론자로 초청해 주셔서 영광입니다. 저는 한국의 장애인 이동권 투쟁을 지켜보며 들었던 고민을 네 가지 키워드로 나누어 이야기해 보고자 합니다. 그 키워드는 이동, 낙인, 정치, 합리성입니다.

첫 번째 키워드는 이동입니다. 이동권은 버스나 지하철을 탈 수 있는 권리만을 의미하지 않습니다. 모든 인간이 그렇듯, 장애인에게 이동의 권리는 시민으로서 살아가기 위한 최소한의 조건입니다. 이동할 수 없으면 교육받고 노동하고 건강할 권리를 보장받을 수 없으니까요. 보건사회연구원에서 전국의 등록장애인 7,025명을 대상으로 진행한 「2020년 장애인 실태조사」에 따르면 건강검진을 받지 못한 장애인들이 꼽은 가장 큰 이유는 "검진기관까지 이동이 불편해서"(18.4%)였습니다. 몸이 아플 때 병원에 가지 못한 이유를 물었을 때에도 "의료기관까지 이동이 불편함"(29.8%)이라는 응답이 가장 많았고 그다음이 "경제적인 이유"(20.8%)였습니다. 국토교통부에서 작성한 「2020년도 교통약자 이동편의 실태조사」에 따르면 마을버스의 저상버스 도입률은 0%였습니다. 설사 지하철 역에 엘리베이터가 설치되어 있다 할지라도, 휠체어 사용자는 마을버스를 탈 수 없어 집을 나서지 못하고 있습니다. 그러한 상황에서 공부하고 일하고 투표하고 사랑할 수 있는 자유는 필연적으로 박탈당합니다.

두 번째 키워드는 낙인입니다. 휠체어 사용자인 제 친구는 살면서 단 한 번도 저상버스를 이용한 적이 없습니다. 더 정확히 말하면, 저상버스를 타려고 시도한 적이 없습니다. 제가 그 이유를 물었을 때, 친구는 "운전기사님이나 승객들이 자신에게 뭐라고 할지 몰라서, '너 때문에 이렇게 모두가 불편해지는 것 아니냐'고 할까 봐 두려워서"라고 했습니다. 한국 사회에서 수십 년간 낙인을 감당하며 장애인으로 살아온 그가 저상버스 탑승을 두려워하는 것은 어찌 보면 당연한 일입니다. 2017년 『장애정책연구』에 출판된 한 연구는 미국의 장애인 4,161명을 대상으로 대중교통을 이용하는 과정에서 어떠한 어려움이 있는지 물었습니다.[20] 이들이 겪는 어려움은 "장애인이 정류장으

　　　　　　　타인의 고통에 응답하는 공부

로 갈 수 있는 접근 방법의 부재"(26.0%)와 같은 물리적 환경만 있는 것이 아니었습니다. 그만큼 큰 어려움으로 작용했던 것은 "운전기사의 부적절한 태도"(26.7%)였습니다. 이 결과를 두고 운전기사 개인의 자질을 탓하는 것은 옳지 않습니다. 운전기사의 태도는 기본적으로 그 사회의 인식을 반영하는 지표일 테니까요. 이동을 막는 물리적 장벽이 사라지더라도, 낙인과 혐오가 만연한 사회에서는 장애인이 자신의 집과 시설에 갇혀 있게 됩니다.

세 번째 키워드는 정치입니다. 작년부터 진행된 이동권 투쟁을 지켜보며 가장 고통스러웠던 순간은 처음에는 그 불편함을 인내하고 받아들이던 시민들이 투쟁에 나선 장애인들에게 화를 내기 시작하던 때였습니다. 출근을 위해 지하철을 탄 이들이 이동권 투쟁으로 인해 지각하는 일이 반복되자 "왜 선량한 시민에게 피해를 주느냐"라며 욕을 하기 시작했습니다. 그 상황에서 정치는 불편함을 호소하는 목소리에 기름을 부었습니다. 2022년 3월, 대선에서 막 승리했던 당시 국민의힘 대표는 장애인 이동권 투쟁을 "서울 시민의 아침을 볼모로 잡는 부조리"라고 규정했고, 정부에서는 장애운동 자체를 적대시하며 처벌하고 무너뜨려야 할 대상으로 여겼습니다. 한정된 자원으로 운영해야 하는 국가 살림에서 모든 요구 사항을 받아들일 수 없는 것은 당연한 일입니다만, 정부와 정치인들은 마땅히 거쳐야 할 경청과 조율이라는 과정을 생략한 채 장애인에 대한 증오를 키우는 데 역량을 집중했습니다. 장애인과 시민을 분리시키고 그들이 서로의 가슴에 깊은 상처를 내기를, 그렇게 여론의 불만이 점점 더 커져 장애인이 '존중받을 수 있는 시민'의 범주에서 멀어지기를 기다렸습니다.

『편견The Nature of Prejudice』을 저술한 고든 올포트Gordon Allport는 장애인과 같은 소수자가 외부인과 만날 때, 어떤 조건이 갖추어져야 서로의 삶에 대한 이해가 증진되는지 연구했습니다. 어떤 만남은 편견과 혐오의 재생산으로 이어지기도 하니까요. 만남이 상호 이해로 이어지기 위한 네 가지 조건 중 하나는 그 만남이 위로부터의 지지를 받아야 한다는 것입니다. 흑인과 백인이 한 공간에서 생활하더라도 인종차별에 단호하게 반대하는 교장이, 기업주가, 대통령이 없다면 그 만남은 다른 인종에 대한 편견의 확대로 이어집니다. 저는 한국의 정치가 지난 2년 동안 이동권 투쟁의 목소리를 방관했다는 몇몇 사람의 주장에 동의하지 않습니다. 그보다는 가장 약한 사람들끼리 서로에게 상처를 입히고 싸우게 만드는 환경을 조성해 장애인에 대한 사회적 낙인을 악화시킨 적극적 개입이었다고 보는 게 타당하다고 생각합니다.

네 번째 키워드는 합리성입니다. 장애인 이동권 투쟁을 두고 일각에서는 "생떼를 쓴다", "억지를 부린다"라고 주장하기도 합니다. 그 투쟁이 주장하는 변화의 내용과, 이를 요구하는 방식이 모두 합리적이지 않다는 것이지요. 저는 직업병 피

타인의 고통에 응답하는 공부

해자, 성폭력 생존자, 성소수자와 관련된 소송에서 전문가 소견서를 쓰거나 증언한 적이 있습니다. 그럴 때면 상대측에서 고용한 대형 로펌 변호사들은 놀라울 만큼 성실하게 일하며, 논리적인 문장으로 자신들의 주장을 서술하고, 생존자의 약점을 찾아 비난하고, 권위 있는 외국 대학에서 은퇴한 교수들과의 협업을 통해 자신들의 주장을 뒷받침하는 근거를 만들어 가져오곤 했습니다. 근거의 무게로 주장의 합리성을 판단하는 법정에서 자본과 권력을 가진 사람들은 우아한 얼굴로 합리적인 주장을 하고, 종종 승소합니다.

그러나 어떤 이들은 자신이 살아온 고된 역사와 몸 깊숙이 새겨진 상처 말고는 자신의 주장을 뒷받침할 근거를 갖지 못합니다. 근거는 언어의 형태를 한 지식으로 표현되는데, 그 지식의 생산에는 자본과 시간이 들어가기 때문입니다. 이동권 투쟁에 나선 장애인을 비난하는 정부와 정치권의 모습처럼, 공동체가 오랫동안 누적된 차별의 역사를 지워버리고 개인에게 모든 책임을 부과할 때, 차별의 피해자이자 생존자인 당사자는 자신의 삶을 설명할 언어와 기회를 빼앗깁니다. 그러한 조건 위에서 합리성과 억지를 구분하는 '합리적인' 기준은 무엇이어야 할까요.

2

지워진 존재, 응답받지 못하는 고통

#1 측정되지 않아 존재하지 않는 사람들

미국, 영국, 캐나다 등의 국가에서 진행하는 대규모 조사에는 종종 연구 참여자의 성적 지향이나 성별 정체성을 묻는 질문이 포함되어 있다. 성소수자가 어떠한 삶을 살아가고 있고, 그들의 건강 상태가 어떠한지를 탐구할 수 있는 공공 데이터가 존재하는 것이다. 이런 데이터를 이용하면 학술적으로 더 엄밀한 연구가 가능하다. 외국의 연구자들은 공공 데이터를 이용해 성소수자가 살아가는 환경과 건강을 분석하고, 그들에게 필요한 정책과 법을 제시하는 근거로 사용한다.

한국에는 그런 데이터가 없었다. 그런데 공공 데이터의

부재를 정확히 지적하기 위해서도 엄밀한 학술 연구가 필요하다. 우리 연구팀은 2021년 통계청 승인 통계를 검토해, 전국의 개인 및 가구를 대상으로 실시한 조사 통계 129건 중에서 연구 참여자의 성적 지향 및 성별 정체성 문항이 포함된 경우가 있는지 확인했다.[1] 그 문항을 포함한 조사는 단 하나도 없었다. 성소수자 차별 금지를 포함한 포괄적 차별금지법 제정이 이토록 정치적 화제가 되는 나라에서, 연구자들은 공공 데이터를 이용해 성소수자의 규모를 추정해 볼 수조차 없다.

2015년 국가인권위원회의 「성적지향·성별정체성에 따른 차별 실태조사」가 발표되던 때였다. 한국에서 국가기관이 조사한 성소수자 차별에 대한 첫 보고서를 공유하며, 오랜 시간 성소수자 인권운동을 해오던 활동가가 자신의 경험을 말했다. 언제인가 한 중앙부처 공무원이 그에게 물었다. "한국에서 성소수자가 진짜로 차별을 받아요? 차별을 받는다는 근거가 있나요?" 아무런 악의 없이 정말로 궁금하다는 표정으로 물어보는 그 질문에 그는 도대체 어디서부터 어떻게 말을 해야 할지 몰라 막막했다고 했다.

포괄적 차별금지법이 부재하고, 국민건강보험으로 성전환 수술을 받을 수 없고, 동성결혼이 불가능하고, 아직까지도 군대에서 동성애자를 색출해 처벌하는 일이 발생하는 나라에서 그런 질문이 나오는 것은, 한국 사회가 성소수자를 동등한 시민으로 인정하지 않으며 보이지 않는 존재로 만들었기 때문이다. 사회적 약자들은 자신이 겪는 차별이 실재한다는 말을 하는 것조차 종종 버겁다.

#2 "그 수술을 받지 못해 죽은 사람들이 얼마나 많은지"

보건학은 응용과학이다. 이 학문에는 현실적 목표가 있다. 인간이 보다 평등하고 온전하게, 그리고 건강하게 살 수 있는 시스템을 구축하는 일이다. 예방할 수 있는 질병으로, 피할 수 있었던 죽음으로 고통받는 이들과 어떻게 학문으로 연대할 것인가 하는 질문은 보건학의 한가운데에 있다. 보건학자는 과학적 방법론을 이용해 시스템과 고통 사이의 인과성을 찾는다. 보건학의 학문적 탐구는 부조리한 현실을 바꾸어 내기 위한 과학적 근거 생산을 목적으로 한다.

　한국에서는 트랜스젠더의 의료 이용에 대한 논문이 전무했다. 나는 의과대학에 다니는 동안 트랜스젠더 의료에 대해서는 단 한마디도 들어본 적이 없었다. 한국의 의과대학 교육에서 트랜스젠더 환자는 존재하지 않았다. 트랜스젠더의 건강 연구를 진행하면서, 연구팀이 목표로 했던 현실적 변화 중 하나는 성전환 수술을 국민건강보험 급여 항목에 포함시키는 것이었다. 2016년 당시 마침 '문재인 케어'라는 이름으로 건강보험 개편 논의가 한창 진행되고 있었다.

　한국에서 경제적 문제로 인해 수술을 받지 못해 어려움을 겪는 트랜스젠더의 비율을 추산해 내고, 국가에서 그 수술을 지원하는 것이 왜 중요한지 확인하려면 미국, 캐나다를 포함한 외국 사례를 검토하는 학술적 작업이 필요했다. 몇 년에 걸쳐 연구를 진행했고, 트랜스젠더의 의료접근성과 관련해 한국에서 진행된 기존 연구를 정리하는 문헌 고찰 연구[2], 제도적 문제점을 정리하고 국가 간 정책을 비교 분석한 논문[3], 심층 인터뷰를 분석한 질적 연구[4], 설문조사를 분석해 의료 이용의 어려움을 드러낸 역학 연구 논문[5]을 출판했다. 2017년 당시 나는 이제 충분한 학술적 근거를 갖췄다고 판단하고, 연구 결과를 세상에 알리고 현실적인 변화를 만들어 내려면 무엇부터 해야 하는지 고민했다.

연구 결과를 세상에 알리고자 이 주제에 관심을 기울여 온 『한겨레21』에 연락해 트랜스젠더 인권단체 '조각보' 활동가분들과 함께 연구 결과를 토론한 내용이 특집 기사로 나왔다.[6] 그리고 성전환 수술과 관련된 국가 정책을 변화시키는 길을 찾고자 국회와 정부에서 일하는 여러 사람에게 연락했지만, 적극적으로 호응하는 이들은 없었다.

정부에서 오랜 기간 일해서 건강보험 정책을 잘 아는 후배를 만나 물었다. "한국 사회에서 성전환 수술 보험 적용이 쉬운 변화라고 생각하지는 않았지만, 예상했던 것보다 더 막막하다. 네 생각에 가장 큰 장벽은 무엇이라고 생각해?" 한참을 생각하던 후배가 세 가지 장벽을 이야기했다.

첫 번째 장벽은 보험을 적용받을 트랜스젠더의 숫자와 국가에서 지출할 비용의 규모를 추정하기 어렵다는 점이었다. 두 번째는 한국에서 성전환 수술을 당사자의 생사에 영향을 미치는 수술로 생각하지 않는다는 점이었다. 건강보험 급여 항목에 포함되기 위해 대기 중인 여러 질병과 치료법 들이 있는데, 그 심사 과정에서 중요한 기준 중 하나는 '그 질병이 얼마만큼 치명적인가', 즉 '치료를 받지 않으면 당사자의 생명이 얼마만큼 위협받는가'이기 때문이다. 세 번째는 아직까지도 많은 사람이 성전환 수술을 미용 성형처럼 생각하고 있다는 점이다.

트랜스젠더 집단의 규모 자체가 추산된 적 없는 한국 사회에서는 현재까지 트랜스젠더의 숫자를 정확히 말하기 어렵다. 다만 외국의 연구 결과를 한국에 적용해 보면, 최소 20만 명의 트랜스젠더가 한국에서 살아가는 것으로 보인다.[7] 그 가운데 성전환 수술을 받은 이들의 대다수는 한국이 아닌 태국 등의 나라에서 수술을 받았지만, 요즘은 한국에서도 산부인과와 성형외과 의사들이 수술을 집도하는 경우가 늘어나고 있다.

2019년 하버드 대학교 보건대학원에서 연구년을 보내던 당시 매사추세츠 주립대학교 애머스트 캠퍼스로부터 초청을 받아 성소수자 관련 강연을 한 적이 있다. 강연 당일, 미국인 트랜스젠더 의대생이 소식을 듣고 멀리서 찾아왔다. 한국에는 국민건강보험이라는 제도가 있지만 성전환 수술은 보험 급여 대상에 해당되지 않는다는 내 말에, 그 학생이 이유를 물어 앞서 열거한 장벽들을 언급했다. 그랬더니 학생은 그 수술을 받지 못해 고통받는 트랜스젠더의 삶에 대해 너무 무지한 것 아니냐고, 고환을 제거하거나 가슴을 잘라내는 수술을 미용이라고 생각하는 게 어떻게 가능하냐고 따지듯 되물었다. 그러고도 화가 가라앉지 않는지 말을 멈췄다가 중얼거렸다. 그 수술을 받지 못해 죽은 사람들이 얼마나 많은지 다들 모르는 것이라고.

#3 연구자가 사회운동을 바라보는 자세

쌍용자동차 해고 노동자들의 투쟁에 동료 시민으로서, 연구자로서 함께하는 동안에도 나는 그들이 직장으로 복귀할 수 있을 거라고 기대하지 않았다. 다만 부당하고 폭력적인 정리해고로 인해 고통받는 노동자들이 자살로 세상을 떠난 동료들을 마음에 품고 싸우는 과정에서 힘이 되고 싶었다. 그 고통 속에서 놀라울 만큼 따뜻하고 굳건하게 싸움을 이어가는 김득중, 김정욱 같은 노동조합 활동가들을 존경했고 그 사람들이 외롭지 않기를 바랐다. 쌍용자동차 해고 노동자의 건강에 대한 논문을 국내 학술지에 투고했을 때였다. 정책적 대안을 기술하는 부분에서 '복직'에 대한 언급을 했다. 그러자 한 심사자가 심사평에 다음과 같은 코멘트를 남겼다.

해고자의 건강을 호전시키는 개입으로 '복직'을 제안하고 있는데, 복직, 재고용, 재취업의 의미가 다 다르므로 정확한 용어를 구분해서 사용하면 좋겠습니다. 복직은 원래의 일자리로 돌아가는 것을 의미하는 것 같은데 현실적으로 가능하지 않을 것 같습니다.

그 심사자의 나머지 심사평이 통찰력 있고 사려 깊었기에, 그 지적이 더욱 무겁게 다가왔다. 아무리 쌍용자동차 해고 노동자들이 경험한 정리해고에 부당한 지점이 있고 그들이 복직을 목표로 투쟁하고 있다 할지라도, 정책적 대안을 기술하는 부분에서는 현실적 고려를 해야 한다는 말에 공감이 갔다. 맞는 말이었다.

'복직 투쟁이 한창 진행 중인데 해고 노동자들의 삶과 건강을 다룬 논문에서 현실 가능성을 이유로 복직을 정책적 제언에서 아예 제외하는 게 타당한 결정일까?'라는 생각에 제1저자인 박사과정 학생과 머리를 맞대고 고민을 계속하고 있었다. 그런데 놀랍게도 며칠 뒤 해고 노동자들을 순차적으로 복직시키겠다는 노사 합의가 이뤄졌다. 심사자에게 답변서를 쓰면서 그 내용을 보도한 신문 기사를 인용했고, 논문은 게재가 확정되었다.[8] 그리고 2020년 김득중 지부장을 마지막으로 복직 투쟁을 이어온 해고 노동자들은 모두 회사로 돌아갔다. 나와 논문 심사자의 짐작이 잘못되었던 것이다.

삼성반도체 백혈병 피해자들과 함께 싸우는 반올림의 활동을 지원하고, 소송에서 이들의 질병이 왜 직업병인지를 설명하는 전문가 소견서를 제출하기도 했다. 그러나 한국 사회에서 노동자가 암에 걸렸을 때 산업재해로 인정받는 일이 얼마나 어려운지, 그것도 한국에서 가장 큰 대기업을 상대로 재판에서 이긴다는 게 얼마나 험난한 일인지 알고 있었다. 게다가 반도체 분야는 한국이 세계적으로 이끌고 있는 산업인지라, 국내외를 막론하고 반도체 노동자에게 발생한 암에 대한 연구도 거의 없었고 직업병으로 인정받은 사례도 매우 드물었다. 그런 상황에서 삼성반도체에서 일했던 노동자들이 백혈병을 산업재해로 인정받는 장면을 나는 상상하지 못했었다. 그저 이런 일이 반복되어서는 안 되니 무슨 일이든 해야 한다고 생각했고, 그 힘겨운 시간을 견뎌내는 피해자들과 반올림 활동가들을 응원하고 싶었다. 그런데 결국 반올림은 여러 재판에서 승리하며 산업재해 인정이라는 중대한 성과를 거두어 냈다.

사회적 약자들의 싸움에 연대하면서 깨달은 바가 있다. 실현 가능성이 낮다는 이유로 당사자들의 투쟁을 함부로 평가절하해서는 안 된다. 연구자는 이미 존재하는 사실관계에 따라서, 그 데이터에 기반해 세상을 이해한다. 그런 합리성은 종종 보수적인 현실 인식으로 이어진다. 그러나 역사는 주어진 조건을 받아들인 사람들이 아니라, 현실의 질서에 도전하며 판에 균열을 만들어 낸 이들이 열어왔다. 많은 경우, 연구자의 언어는 그 변화를 사후적으로 따라갈 뿐이다.

#4 당신은 연구자입니까, 활동가입니까

2015년 처음으로 쌍용자동차 해고 노동자들에 대한 연구를 한

타인의 고통에 응답하는 공부

이후에, 노동조합에서 드문드문 연락이 왔다. 정리해고를 당한 사업장에서 수년째 복직 투쟁을 이어가던 이들은 외롭고 고통스러운 시간을 감당하는 동시에 세상으로부터 자신들의 싸움이 잊히지 않을까 걱정할 수밖에 없었다. 그런데 첫 연구 결과가 많은 언론에 보도되면서 해고 노동자들의 싸움이 힘을 받았다. 그 이후 노동조합은 투쟁의 동력이 약해지거나 방향이 막막해질 무렵이면 다시 연구를 해줄 수 없겠느냐고 연락을 해오곤 했다.

상황이야 충분히 이해할 수 있었지만, 대답은 간단하지 않았다. 나는 쌍용자동차 해고 노동자들의 집회에 참석하고 김득중 지부장이 단식을 할 때는 공장 앞으로 찾아가 24시간 동안 함께 단식을 하기도 했지만, 그건 연구자로서의 활동이 아니었다. 한국 사회에서 함께 살아가는 시민으로서 그들의 싸움에 연대를 표하는 일이었으니까.

연구의 영역에서 해고 노동자들을 만나게 되면, 나는 스스로가 사회운동가가 아니라는 점을 명확히 했다. 나는 어디까지나 과학적 방법론을 활용해 어떤 문제를 분석하고 해결 방안을 찾는, 공부를 업으로 하는 연구자이기 때문이다. 2015년 첫 연구를 할 때도 그 결과물이 해고 노동자들의 투쟁에 도움이 되길 바랐지만, 연구자로서의 본분을 잃게 될까 항상 긴장했다. 내게 그 본분의 핵심은 학술적 연구 성과를 논문이나 책으로 출판하는 일이었다. 그 중심이 흔들리면 안 된다고 스스로

2009년 정리해고 이후 김득중 지부장이 '마지막 복직자'로 공장에 돌아간 2019년 7월 1일까지 그의 동료 30명이 세상을 떠났다. 그 10년의 시간 동안 김득중 지부장은 동료의 장례를 치르고 숱한 노숙의 날을 견디며 복직 투쟁을 이끌었다. 2018년 몸이 온전할 리 없던 그가 네 번째 단식 투쟁을 하던 때, 뭐라도 함께해야겠다는 생각에 평택 쌍용자동차 공장 앞을 찾아가 24시간 단식을 함께했다(2018년 5월 8일).

타인의 고통에 응답하는 공부

를 계속 다잡았다.

#5 주목받지 못하는 고통

연구자가 고통받는 이들의 삶과 건강에 대한 연구를 하더라도, 모든 고통이 동등하게 주목받지는 않는다. 2015년 쌍용자동차 해고 노동자에 대해 연구를 진행하던 당시, 나는 해고 노동자의 아내가 겪었던 고통에 대해서는 고려하지 못했다. 해고 노동자와 가족 들이 모여 서로의 상처를 치유하는 공간이었던 '와락'에서 아내분들을 만나 인사하면서도 그분들을 고통의 '당사자'로 생각하지 않았던 것이다.

그게 왜 잘못된 생각인지 알게 된 것은 2017년 해고 노동자의 아내분들을 만나 이들이 겪었던 시간에 대해 듣고 조사하기 시작하면서부터였다. 연구에 참여한 해고 노동자의 아내 25명 중 12명(48.0%)이 지난 1년 동안 자살을 진지하게 생각한 적이 있다고 했다. 이는 전체 국민의 응답을 대표할 수 있는 「국민건강영양조사」에 참여한 비슷한 나이대의 여성에 비해 8배 이상 높은 수치였다. 70%가 넘는 이들이 "지금도 남편의 해고 때문에 세상으로부터 소외감을 느낀다"라고 답했다. 물론 설문이 진행된 2017년에도 이들의 남편들이 계속 투쟁하며 하염없이 복직을 기다리고 있었던 것은 사실이다. 하지만 2009년 정리해고가 결정되고 8년이나 지난 시기였다는 점을 감안하면 놀랍고 위험한 결과였다.

해고 노동자들에게는 정리해고로 인한 경제적 어려움만큼이나, 그 과정에서 갑자기 '산 자'와 '죽은 자'로 나뉘어 어제까지 형, 동생 관계였던 '산 자'들이 "나라 망치는 빨갱이"라고 욕하는 것을 경험하며 생겨난 트라우마가 큰 상처였다. 그런데 해고 노동자의 아내들도 같은 상처를 가지고 있었다. 어제까지 같은 아파트에서 언니, 동생 하며 함께 다니던 이들이 남편의 '생존' 여부가 갈리자 길에서 마주쳐도 눈맞춤을 피했던 것이다. 그 인간적 배신감이 때로는 남편의 정리해고 자체보다 더 아팠다.

남편들이 투쟁하는 동안 집안을 감정적·경제적으로 돌보는 것은 아내들의 몫이었다. 이들은 정리해고와 그 이후 투쟁 과정에서 아이들이 상처받지 않도록 돌보며 생계를 위해 일자리를 찾아다녔다. 그러는 동안 시댁에서는 "너라도 남편 마음 편안하게 해줘야 되지 않겠냐?"라며 격려 아닌 격려를 했고, 친한 친구들은 "그렇게 힘들면 남편과 이혼을 하든지 해라"라며 조언 아닌 조언을 했다. 결국 이들은 스스로를 고립시켰고, 상처는 안에서 곪아 터지고 있었다. 그런데 아내들에게 "당신은 괜찮은가요?"라고 묻는 사람은 많지 않았다.

#6 "생리 기간 동안 하루에서 이틀밖에 지속되지 않는다"

2018년 백화점·면세점 화장품 판매직 노동자 연구를 민주노총 서비스연맹의 활동가들과 함께 진행했다. 그들이 소개해 준 현장 노동자들을 심층 인터뷰하며 작업환경과 건강 문제를 이해

타인의 고통에 응답하는 공부

할 실마리를 찾고자 했다. 그 과정에서 한 여성 노동자가 흘리듯이, 생리할 때 더 힘들다는 말을 했다.

직원들은 고객용 화장실 이용이 금지되어 있었고, 직원용 화장실은 건물 지하나 멀리 떨어진 곳에 하나밖에 없었다. 겨우 직원용 화장실에 가더라도 칸이 부족해 오래 기다려야 했다. 그런 상황에서 오랜 시간을 혼자 일하는 노동자들은 자리를 비우기 어려워 화장실에 가지 않으려 애썼다. 그런데 화장품 판매직 노동자 중 90%가 넘는 여성 노동자들은 화장실에 가지 못할 경우, 생리대를 교체하기 어려웠다.

학교로 돌아와 기존 연구들을 살펴봤다. 여성 노동자의 직장 내 생리 위생menstrual hygiene을 다룬 학술 논문을 찾기가 어려웠다. '아니, 어떻게 이 주제의 연구가 이토록 없는 걸까?' 생각하며 우리는 설문지에 지난 6개월 동안 생리대를 교체하지 못한 적이 있는지 묻는 질문과 생리대를 교체하지 못해 피부질환을 겪은 적이 있는지 묻는 질문을 만들어 넣었다. '혼자 일하는 시간이 늘어남에 따라 생리대 미교체 경험이 증가하는데, 그 이유는 매장을 비워놓고 화장실에 가지 못하는 비율이 높기 때문이지 않을까'라는 가설을 데이터로 검토하기 위해서였다.

연구팀은 그와 함께 생리대 미교체 경험이 직장에서 근무하는 여성들의 우울 증상에 영향을 줄 수 있지 않을지 고민했다. 생리대 미교체 경험과 우울 증상의 연관성은 가능성 있는 가설이지만 이를 검증하기 위해서는 훨씬 더 엄밀한 데이터가 필요했기에, 나는 우리 연구에서는 다루기 어렵겠다고 생각했다. 그러나 논문의 제1저자였던 박사과정 학생이 이 가설을 다룬 결과를 꼭 세상과 나누고 싶어 했다. 정 그렇다면 뜻대로 투고하고 심사평을 기다리자고 했다. 국제 학술지에 투고한 이 논문을 두 명의 심사자가 평가했는데 한 명의 심사평은 내가 살면서 받아본 심사평 중 가장 호의적인 것이었지만, 또 한 명의 심사평은 논문의 학술적 가치가 부족해 출판해서는 안 된다는 내용이었다. 결국 그 학술지의 편집자는 논문 게재를 거절했다. 논문 게재 거절이야 다반사이지만, 후자의 심사평 중 한 가지 코멘트를 받아들이기 어려웠다.

> 생리대 미교체로 인한 경험이 사회심리적 스트레스의 원인이 되더라도, 그 영향은 한 번의 생리 기간 동안 하루에서 이틀밖에 지속되지 않는다(Even if the experience might work as a psychosocial stress, that impact continues only one or two days in one menstrual cycle).

나는 연구자로서 생리대 미교체 경험과 우울 증상의 연관성을 이 논문에서 빼야 한다는 지적에 전적으로 동의했지만, 심사자가 내세운 근거에는 동의할 수 없었다. 제1저자인 박사과정 학생과 공저자인 하버드 대학교의 교수, 두 여성 연구자와 상의한 끝에 심사평에 항의하는 편지를 쓰기로 했다.

여성의 생리 기간은 평균 5일로 알려져 있고, 8일까지도 지속되는 경우가 있다. 여성 노동자들이 원할 때 화장실에 갈 수 없어 생리대 교체가 불가능하다는 것은 생리를 시작하기 전에도 중요한 스트레스로 작용할 수 있다. 우리는 심사자가 여성 노동자의 생리 위생에 대해 충분한 이해를 가지고 있는지 의심스럽다.

학술지의 편집자는 이 항의에 "논문 심사 결과는 바뀌지 않는다"라며 형식적이고 짧은 답장을 했고, 그 이후 논의는 더 이상 진행되지 않았다. 우리는 심사자가 이 문제를 한 번도 고민해 본 적 없는 남성일 것이라 짐작했다. 이후 이 논문은 생리대 미교체와 우울 증상에 대한 결과를 제외한 형태로 다른 학술지에 출판되었다.[9]

'오줌권'을 위한 투쟁은
아직 끝나지 않았다

화장실로 살펴보는 차별과 배제의 역사

목이 말라도 물을 마시지 못했습니다. 화장실을 갈 수 없었기 때문입니다. 컨베이어벨트가 돌아가는 동안 이들을 대신해 줄 사람은 없었습니다. 닭을 자르고 포장하는 라인의 속도가 느려지거나 멈추면, 일이 지연되는 시간만큼 손해가 생기는 현장이었습니다. 관리자들은 노동자들이 가급적 화장실에 가지 못하게 하거나, 화장실에 가는 횟수를 최대한 줄이려 했습니다. 저임금을 받으며 더럽고 위험한 이 공장에서 일하는 사람 상당수는 취업비자가 없는 미등록 이주 노동자였습니다. 이들은 혹시라도 관리자에게 밉보여 일자리를 잃을까 봐 전전긍긍했습니다. 화장실을 가지 않기 위해 온갖 방법을 찾아야 했지요. 어떤

타인의 고통에 응답하는 공부

노동자는 기저귀를 차고 일하기도 했습니다. 2016년 옥스팜 아메리카에서 발표한 보고서 「휴식 없음: 화장실에 가지 못하는 닭 가공 노동자들」에 담긴 현실입니다.[10]

이와 비슷한 사례는 오늘날 한국에서도 찾아볼 수 있습니다. 2018년 국회 환경노동위원회 고용노동부 국정감사에서는 병원 중환자실에서 일했던 21년 차 간호사가 참고인으로 나왔습니다. 그 간호사는 인력이 부족한 상황과 계속되는 장시간 노동 속에서 도저히 화장실에 갈 짬이 나지 않았다고 말했습니다. 그녀 역시 어쩔 수 없이 환자들이 사용하는 성인용 기저귀를 차고 일해야 했습니다.

21세기를 살아가는 미국과 한국의 노동자들이 화장실을 자유롭게 이용하지 못한다는 것은 헌법에 보장된 노동권이 실제로 작동하고 있는지를 질문하게 합니다. 상시적 인력 부족과 관리직의 '갑질'이 계속되는 현실에서 화장실은 종종 존재하지 않는 것과 마찬가지였습니다.

실제로는 존재하지 않는 화장실

2018년 저희 연구팀은 민주노총 서비스연맹과 함께 면세점·백화점에서 일하는 화장품 판매직 노동자 2,809명을 대상으로 연구를 진행했습니다. 화려한 매장에서 값비싼 화장품을 파는 노동자들이 화장실을 이용하지 못하고 있었습니다. 연구에 참여한 노동자 중 59.8%가 "지난 일주일 동안 필요할 때 화장실을 이용하지 못한 적이 있다"라고 답했는데, 가장 흔한 이유는 "매장 인력이 부족하다"와 더불어 "화장실이 멀다"였습니다.

이는 회사에서 판매직 노동자에게 각 층에 가까이 있는 '고객용 화장실' 사용을 금지했기 때문이기도 합니다. 고객용 화장실과 달리 직원용 화장실은 칸수도 적고 거리도 멀어 사용하기 힘들었습니다. 매장을 지킬 사람이 부족한 상황에서는 더욱 그러했지요. 화장실에 가지 못하기 때문에 생겨나는 문제는 생각보다 훨씬 다양하고 심각했습니다. 연구에 참여한 여성 노동자 중 39.9%가 "지난 6개월 동안 필요할 때 생리대 교체를 못한 적이 있다"라고, 20.6%가 "지난 1년 동안 방광염으로 진단받거나 치료받은 적이 있다"라고 응답했습니다.

고혈압을 가지고 있는 한 노동자는 의사를 만나 약 처방을 바꿔달라고 부탁했습니다. 염분과 수분을 소변으로 내보내 혈압을 조절하는 이뇨제를 먹을 수 없었기 때문이지요. 당뇨병 때문에 화장실에 자주 가야 했던 동료는 결국 직장을 그만두었다고 했습니다. 화장실에 가는 시간을 늦추기 위해 물을 먹지 않는 일은 일상이었습니다. 고객을 응대하며 계속 말을 해야 하는 판매직 노동자들에게는 쉽지 않은 일이었지요. 그러다 성대결절로 치료받는 노동자가 점점 많아졌습니다.

"쌀 것이냐 말 것이냐, 그것이 문제로다(To pee or not to pee, that is the question)." 1973년 어느 날 하버드 대학교 로웰홀 앞으로 이러한 문구가 적힌 피켓을 든 여성들이 모였습니다.

타인의 고통에 응답하는 공부

흑인 여성 변호사이자 사회운동가였던 플로린스 케네디^{Florynce} Kennedy가 건물 계단 위에서 짧은 연설을 마치자 그 자리에 있던 하버드 대학교 여학생들이 손에 든 유리병 속 내용물을 계단에 쏟기 시작했습니다. 마치 소변처럼 보이는 노란색 물이었습니다. 훗날 '1973 하버드 소변 투쟁The Harvard Pee-In of 1973'이라고 불리게 된 이 사건은 한 여학생이 플로린스 케네디에게 전화를 하면서 시작되었습니다.[11]

로웰홀에서 하버드 입학시험을 치렀던 그 학생은 시험 중간에 화장실을 갈 수 없었습니다. 로웰홀에 여자 화장실이 없었기 때문이지요. 학교에서는 여학생들에게 길 건너편에 있는 화장실을 이용하라고 했습니다. 그 화장실에 다녀오려면 15분 가량 걸렸습니다. 제한된 시간에 시험을 치러야 하는 상황에서 이는 명백한 차별이었습니다. 남학생들은 아무 걱정 없이 건물 내 화장실을 이용할 수 있었습니다. 학교 관리자가 여성은 이용할 수 없다고 명시했던 화장실이었지요.

하버드 대학교는 1636년 설립 이후 1945년 첫 여학생이 입학하기까지 300년 넘게 남학생들만이 공부할 수 있는 학교였습니다. 1902년 지어진 로웰홀에 여성 화장실이 없었던 것도 그때까지 여학생이 없었기 때문이지요. 계단에 선 플로린스 케네디는 그것이 결코 변명이 될 수 없다고 말했습니다. 그 이야기는 그동안 이 대학에서 비서나 직원으로 일해온 수많은 여성을 보이지 않는 존재로 만드는 말이라고요. 그들도 방광을 가지고 태어났다고요. 그리고 또 묻습니다. 베트남전쟁 반전시위에 동참했던, 그 많던 남학생들이 왜 인간의 가장 기본적 권리인 자유로운 화장실 이용에 대한 여성들의 시위에서는 보이지 않느냐고요.

　오늘날 대학이나 공연장 같은 공공장소에 여성 화장실이 반드시 필요하다는 데 반대하는 사람은 아무도 없을 것입니다. 그러나 여성 화장실을 어떤 규모로 만들어야 하는지에 대한 답을 찾는 과정은 복잡하고 지난했습니다. 20세기 초 미국과 유럽의 공공장소에 설치된 화장실은 모두 '실제로는' 남성 전용이었습니다. 남녀 공용이라 해도 여성에 대한 아무런 배려가 없는 화장실을 여성들이 이용하기는 어려웠습니다.[12] 당시 권력을 가진 남성들은 여성용 공중화장실이 과도하고 사치스러운 시설이라고 생각했습니다. 여성용 공중화장실이 필요하다는 주장에 권력자들은 공공장소에 여성 화장실이 '있기만' 하면 된다고 생각했지요. 존재 여부만으로 평등을 따진 셈입니다.

　이후 남성 화장실보다 훨씬 더 작은 크기로 만들어진 여성 화장실에 대한 불만이 늘어나자, 남녀 화장실 면적을 동일하게 디자인하는 관행이 생겼습니다. 이는 남녀 신체의 차이를 고려하지 않은 방법이었습니다. 면적이 동일할 때 그 안에 들어갈 수 있는 변기 수는 남성 화장실에 비해 여성 화장실에서 더 적습니다. 동일하게 해야 할 것은 면적이 아니라 변기 수라는 주장이 나온 이유입니다. 그러나 변기 수가 동일한 것으로도 충분하지 않습니다. 연구마다 측정값이 다르긴 하지만 기존 연구들은 일관되게 여성의 화장실 평균 이용 시간이 남성의 2배가 넘는다고 보고하고 있습니다. 또한 여성에게 화장실은 종종 생리대를 교체하는 공간이기도 합니다.

몸과 경험의 차이를 감안해 남녀가 화장실을 평등하게 이용하고 있는지를 검토하려면, '그 평등을 측정하는 척도가 무엇이어야 하는가?'라는 질문에 답해야 합니다. 화장실의 존재 여부, 면적, 변기 수를 따지는 과정을 거치며 오랜 시행착오 끝에 마침내 도달한 결론은 남성과 여성이 화장실 앞에서 기다리는 시간이 동일해야 한다는 것이었습니다. 이 같은 문제의식은 2006년 공중화장실법 개정으로 이어졌습니다. 수용 인원이 1,000명이 넘는 건물이나 고속도로 휴게소에 있는 공중화장실 여성용 변기 수를 남성용보다 1.5배 이상 많이 설치하도록 바뀌었습니다.

바람직한 변화이지만 이 조치로 충분한지는 의문입니다. 아직까지도 사람들이 붐비는 휴게소나 공연장에서는 여성 화장실의 줄이 더 긴 경우를 흔하게 볼 수 있습니다. 모든 공중화장실에 개정법이 적용되지도 않았습니다. 대표적으로 2013년 한국화장실협회가 전국 공중화장실 120개소를 선정해 조사한 결과를 보면, 남성용 변기 1개당 여성용 변기는 0.82개로 여전히 여성용 변기 수가 적었습니다.[13] 그러나 이처럼 여성용 공중화장실이 생겨나고 여성의 몸과 경험을 감안해 제도가 변화된 것은 분명 중요한 진보였습니다.

투쟁에서 지워진 존재, 트랜스젠더

그 과정에서 얼굴 없고 이름 없는 존재로 취급된 이들이 있었습니다. 그들에게 성별 분리가 확고한 화장실은 생리현상을 해결하는 장소가 아니라, 성별을 검열하는 사회적 장치로 작동했습니다. 출생 시 법적 성별과 스스로 생각하는 성별이 다른 트랜스젠더였습니다.

저희 연구팀에서 2017년 진행한 설문조사에 응답한 트랜스젠더 256명 중 지난 5년 동안 화장실을 이용할 때, 제지당하거나 모욕적인 발언을 들은 적이 있다고 답한 비율은 각각 26.2%, 27.0%였습니다. 화장실에서 물리적 폭력을 경험한 경우도 5.1%였지요.[14] 이런 상황에서 많은 트랜스젠더가 시선의 폭력을 피하기 위해, 때로는 언어적·물리적 폭력을 피하기 위해 화장실 이용을 포기하곤 합니다.

미국에서 연구년을 보내며 감탄한 것 중 하나는 사회 곳곳에서 '우리는 트랜스젠더인 당신을 환영한다'는 메시지를 볼 수 있다는 점입니다. 그 대표 사례가 화장실입니다. 학회 장소나 하버드와 같은 대학 건물의 화장실뿐 아니라, 커피숍이나 미술관에서도 그런 메시지를 쉽게 만날 수 있습니다.

보스턴 파인아트뮤지엄의 여성 화장실 표지판의 '스스로 규정self-identified'이라는 표시는 성별 판단은 당사자가 하는 것이

미국 3대 미술관 중 하나인 보스턴 파인아트뮤지엄의 여성 화장실 표지판이다. 성별이란 무엇이고 남성·여성은 누가 어떻게 규정할 수 있는가에 대한 뜨거운 논쟁이 계속되는 시기에, 이 미술관은 과거의 안전한 표지판을 버리고 적극적으로 자신들의 생각을 표출하는 길을 선택했다. 이 화장실 표지판은 성별은 타인이 아닌 "스스로 규정self-identified"한 바에 따른다는 점을 명확히 하고 있다. 그 옆의 장애인 화장실 표시를 앞으로 달려나가는 휠체어 사용자의 역동적인 모습으로 표현한 것 역시 인상적이다.

라는 점을 명확히 하고 있습니다. 이는 미국 사회가 트랜스젠더를 보이지 않는 존재로 만들었던 과거와 어떻게 단절하고자 하는지를 말해주고 있습니다.

물론 이러한 화장실은 미국 내에서도 논쟁이 될 때가 있습니다. 보스턴 파인아트뮤지엄처럼 스스로 정한 성별 정체성에 따라 화장실을 이용하도록 할 경우, 일부 여성은 공중화장실에 '낯선' 트랜스여성이 들어올 수 있다는 점을 탐탁지 않게 여기기도 하니까요. 특히 한국처럼 여성이 화장실에서 폭행당하거나 살해되는 사건이 계속해서 발생하는 사회라면 더욱 그럴 수밖에 없습니다. 한국 여성에게 공중화장실은 불법 촬영과 폭력을 걱정해야 하는 불안한 공간이니까요.

그 불안 앞에서 조심스럽지만, 질문해야 한다고 생각합니다. "트랜스여성을 배제하는 방식으로 안전한 여성 화장실을 만들 수 있는가?"라고요. 폭력의 원인이 되는 구조에 대한 문제 제기가 아닌, 또 다른 소수자를 배제하는 방식으로 '안전을 확보'하는 것이 과연 정당하고 실효성이 있을지에 대해서요. 2016년 강남역 화장실 살인사건으로 사망한 여성을 추모하는 시민들이 붙인 포스트잇 내용을 모은 책 『강남역 10번 출구, 1004개의 포스트잇』에는 다음과 같은 메모가 등장합니다. "오늘도 억지로 '남장'을 해서 살아남았다(당신을 기억하는 트랜스 '여성'이)."[15]

'오줌권'이야말로 인간에게 가장 중요한 권리

'인간이란 무엇인가?'라는 물음에 답하는 방법은 여러 가지가 있을 것입니다. 그 질문이 인간이라는 생명체의 공통점을 묻는 것이라면, 인간을 배설하는 존재라고도 말할 수 있지 않을까요. 살아 있는 한 대변과 소변을 보지 않는 인간은 없으니까요. 이런 맥락에서 장애학 연구자이자 인권변호사인 김원영 씨는 책『실격당한 자들을 위한 변론』에서 미리 눌 수도, 조금씩 나눠 눌 수도 없기에 "모든 권리 가운데 '오줌권'이야말로 인간에게 가장 중요한 권리" 아니겠느냐고 묻습니다.[16]

일하고 살아가는 공간에 나를 위한 화장실이 존재하지 않거나 설사 화장실이 있더라도 그걸 이용할 수 없다면, 그것은 그 공간이 나를 인간으로서 존중하지 않는다는 의미입니다. 그 사회가 "당신은 여기서 환영받지 못한다"라고, "당신을 존엄한 인간으로 인정하지 않는다"라고 가학적인 신호를 보내는 것이지요. 이러한 현실은 아직 '준비'가 되지 않았다는 이유로 소수자들이 사회 곳곳에 진출하지 못하도록 막는 '합리적인' 근거가 되어, 그들을 보이지 않는 존재로 만드는 데 기여하기도 합니다. 오랜 기간 화장실의 부재는 일터와 대학과 국회를 비롯한 공공 영역에서 여성을 배제하는 근거로 작동했습니다. 오늘날 이러한 배제의 논리는 트랜스젠더나 장애인에게도 똑같이 적용되고 있습니다.

화장실은 그 사회의 권력관계가 고스란히 드러나는 장소

입니다.[17] 그렇기에 화장실에 새로운 질서와 원칙을 구현하는 것은 그 사회가 무엇을 지향하고 있는지를 보여주는 증거이기도 합니다. 누군가의 인권을 다음으로 미룰 수 없는 것처럼, 여성과 트랜스젠더와 장애인과 그 밖의 수많은 다양한 소수자가 화장실을 이용할 권리 역시 다음으로 미룰 수 없습니다. 그 누구의 '오줌권'도 소외되지 않는 화장실이 필요합니다.

타인의 고통에 응답하는 공부

한국 사회의
'상아 없는 코끼리'는 누구인가

생존경쟁 속 인간에 대한 최소한의 예의를 묻다

아프리카 남동쪽에 위치한 모잠비크에서 내전이 시작된 것은 1977년이었습니다. 포르투갈 식민지로 50년 가까운 세월을 보내고 독립을 쟁취한 지 채 2년이 지나지 않은 때였습니다. 사회주의와 자본주의 진영 간 '냉전의 대리전'이기도 했던 모잠비크 내전은 이후 15년간 계속됩니다. 전쟁은 소련이 해체되고 냉전이 종결된 1992년에야 끝났습니다. 병원과 학교를 비롯한 수많은 시설이 파괴되었을 뿐 아니라, 100만 명이 넘는 사람들이 기근과 전쟁으로 사망한 뒤였습니다.

이 비극으로 인해 희생된 것은 인간만이 아니었습니다. 특히 어떤 동물에게 이 내전은 가혹했습니다. 바로 모잠비크에

살던 코끼리였지요. 거대한 몸집에서 나오는 고기는 병사들을 위한 식량이 되었고, 길게 뻗어 나온 상아는 비싼 가격에 팔 수 있어 '무기'가 되었습니다. 코끼리는 전쟁을 치르는 동안 양측 군대 모두에게 표적이 되었습니다. 사실상 학살이었지요. 전쟁을 치르기 전 코끼리 4,000여 마리가 살았던 모잠비크 고롱고사 지역에는 이제 겨우 500여 마리만 남았습니다. 전쟁을 거치며 그 숫자가 8분의 1로 준 것이지요.

자연 상태에서는 상아가 있는 코끼리의 생존 가능성이 더 높습니다. 상아는 물을 먹을 때 땅에 구멍을 파고 자기 영역을 지키는 싸움을 하기에 효과적인 도구이니까요. 그런데 내전 기간에 대규모 밀렵이 진행되며 상아가 있는 코끼리가 가장 먼저 죽어갔습니다. 결국 코끼리는 상아를 포기하기 시작했습니다. 2018년 11월 게재된 『내셔널 지오그래픽』기사에 따르면 고롱고사 국립공원에 거주하는 아프리카 코끼리 가운데 전쟁에서 살아남은 암컷 코끼리의 51%는 상아가 없었습니다. 전쟁 과정에서 상아가 있는 코끼리들이 학살당한 결과였지요.[18]

피부색은 왜 다양해졌을까

전쟁은 그것을 경험하지 않은 코끼리에게도 막대한 영향을 미쳤습니다. 전쟁이 끝난 뒤 태어난 5~24세 암컷 코끼리 중에서도 상아가 없는 경우가 32%에 달했습니다. 이런 현상은 대규모 밀렵이 진행되었던 잠비아, 탄자니아, 우간다 같은 주변 국가에서도 발견되고 있습니다. 밀렵이라는 생존의 위협으로 인해 아프리카 코끼리는 상아가 없는 동물로 변화하는 중입니다.

생명체의 이러한 형질 변화를 이해하기 위해 인류는 '진화'라는 놀라운 개념을 찾아냈습니다. 1859년 출판한 『종의 기원』에서 찰스 다윈은 생명체가 세대를 거치며 어떻게 형질을 바꾸고 새로운 종으로 분화하는지에 대한 설명으로 "생존경쟁을 통한 자연선택"을 제시했습니다. 다윈의 아이디어를 고롱고사 지역의 코끼리에게 적용해 봅시다. 우연한 변이로 인해 아프리카 코끼리의 약 4%는 상아가 없이 살아갑니다. 밀렵 때문에 상아가 있는 코끼리들이 생존경쟁에서 절대적으로 불리해지면서 상아가 없는 코끼리들이 살아남아 번식에 성공할 가능성이 높아집니다. 이 과정이 계속해서 축적된다면 결국 상아 없는 코끼리만 세상에 남게 됩니다. 밀렵 때문에 생겨난 극단적인 자연선택을 통한 진화 압력은 고롱고사에서 살아가는 상아 없는 코끼리의 비율이 급증하는 결과로 이어지고 있습니다.

인간의 다양한 피부색에 대해서도 진화의 관점에서 질문을 던져볼 수 있습니다. 인간을 흔히 피부색에 따라 거칠게 백인종, 황인종, 흑인종으로 구분하지만 모든 인간은 호모 사피엔스라는 하나의 종에 속한 생명체입니다. 600만 년 전 같은 조상으로부터 분화된 인간이 왜 지금처럼 다양한 피부색을 가지게 되었을까요. 이 질문은 생물학적으로 중요한 것은 물론이고, 피부색에 따른 여러 낙인과 차별이 여전히 널리 퍼져 있는 오늘날 정치적으로도 중요한 질문입니다.

피부색은 피부에 존재하는 멜라닌색소의 양에 따라 결정됩니다. 우리는 뜨거운 햇볕이 내리쬐는 날이면 자외선을 차단하기 위해 선크림을 바릅니다. 피부가 상하는 것을 막고 더 나아가 햇빛 노출로 인한 피부암을 예방하기 위해서이지요. 자외선은 동시에 우리 몸에 꼭 필요한 비타민D를 합성하는 데 필수 요소이기도 합니다. 비타민D는 뼈를 형성하는 데 핵심 구실을 하는 물질로, 비타민D가 체내에서 부족할 경우 뼈가 변형되는 구루병뿐 아니라 심장병, 대장암 같은 여러 질병에 걸릴 확률도 증가해 사망 위험이 높아집니다.

인간의 피부색을 결정하는 멜라닌색소는 선크림처럼 자외선 흡수를 방해합니다. 멜라닌색소가 풍부한 흑인의 경우, 백인과 같은 양의 비타민D를 합성하려면 자외선에 5배가량 더 노출되어야 합니다. 햇빛 노출량이 많은 적도 부근 지역에 피부색이 진한 사람들이 많은 것은 이와 무관하지 않습니다. 이 지역에서는 멜라닌색소가 많아도 비타민D를 합성하는 데 필요한 햇빛을 충분히 받을 수 있고, 멜라닌색소가 많아야 피부암에 덜 걸릴 수 있으니까요. 이는 반대로 위도가 높은 러시아나 북유럽 지역에 상대적으로 백인이 많은 이유이기도 합니다. 햇빛에 적게 노출되는 지역에서는 피부색이 연한 이들이 생존할 가능성이 높았고, 수만 년 동안 그런 자연선택의 과정을 거치며 결국 연한 피부색을 지닌 이들이 다수가 된 것입니다. 즉,

타인의 고통에 응답하는 공부

피부색은 어떤 인종이 다른 인종보다 우월한지를 보여주는 지표가 아니라 일조량에 따른 진화의 결과물입니다.[19]

말라리아에 적응한 인간의 몸

자연환경에 따른 인간 몸의 진화를 보여주는 좀 더 명확한 증거는 말라리아가 적혈구에 남긴 흔적입니다. 말라리아는 모기를 매개로 한 기생충 질환으로 오늘날에도 전 세계에서 매년 200만 명이 넘는 사람이 감염되고, 그중 수십만 명의 목숨을 앗아 가는 질병입니다. 세계보건기구에서 발표한 통계에 따르면 2021년 한 해 동안 전 세계에서 말라리아로 사망한 사람의 수는 61만 9,000명에 달합니다. 그런데 그 통계에서 주목할 점이 있습니다. 다름 아닌 사망자 중 59만 3,000명이 아프리카인이었다는 점입니다.[20]

1949년 영국 런던 대학교의 유전학 교수인 존 스콧 홀데인John Scott Haldane은 신기한 사실을 발견합니다. 말라리아가 흔한 지역과 '겸상적혈구병Sickle Cell Disease'이 분포하는 지역이 지리적으로 유사했던 것입니다. 겸상적혈구병은 적혈구가 변형되어 빈혈을 초래하는 병입니다. 산소를 운반하는 헤모글로빈의 유전자에 변형이 생겨서 적혈구가 찌그러진 낫 모양으로 변화하게 되지요. 정상 적혈구는 평균 120일을 사는데, 낫 모양 적혈구는 그 수명이 20일에 불과합니다. 그로 인해 체내 적혈구 수가 급감해 빈혈이 발생하고, 청소년기 성장에도 큰 장벽으로 작용할 뿐 아니라, 낫 모양의 적혈구가 쌓이며 혈관이 막힐 위험 탓에 사망률 역시 증가하지요.

전혀 다른 병처럼 보이는 말라리아와 겸상적혈구병을 잇는 중요한 연결고리는 바로 이 적혈구의 형태입니다. 낫 모양으로 변한 적혈구에는 말라리아 사망의 주요 원인인 '열대열 말라리아 원충'이 기생하기 어렵기 때문에, 겸상적혈구병을 가진 경우, 말라리아로 인한 사망으로부터는 상대적으로 안전해집니다. 이러한 장점이 있음에도 겸상적혈구병은 그 자체로 생존을 크게 위협하는 치명적 질환이었기에 그 병을 가지고 살아가는 것은 생존에 결코 유리하지 않았습니다.

둘 중 하나를 선택해야 하는 진화의 갈림길에서 인간의 몸은 양쪽 이득을 모두 누리는 방향으로 나아갑니다. 겸상적혈구병이 발생하려면 대립유전자 한 쌍이 모두 변형되어야 하는데, 둘 중 하나만 변형되는 '겸상적혈구 형질Sickle Cell Trait'을 가진 사람들의 숫자가 점차 늘어난 것입니다. 이 경우 빈혈도 거의 발생하지 않고 적혈구 안에 말라리아원충이 기생하는 것 역시 어려워집니다. 2016년 출판된 한 논문에 따르면, 미국인 중 아프리카계 흑인에게서 겸상적혈구 형질의 유병률은 9%에 달하지만, 백인에게서는 0.2%에 불과해 40배에 가까운 차이가 납니다.[21] 말라리아로 인한 사망 위험이 높았던 아프리카 사람들에게 겸상적혈구 형질은 생존경쟁에서 살아남는 과정에서 인간의 몸에 남은 진화의 흔적이었던 것입니다.

새로운 위협, 야간 노동

인간의 몸은 거주하는 지역의 자연환경에 적응하며 생존 확률을 높이기 위해 오랜 시간 변화해 왔습니다. 산업혁명에서 시작된 급격한 변화는 인간의 몸을 이전과는 전혀 다른 환경으로 내몰았습니다. 인간의 몸은 아직 그 변화에 적응하지 못했지요. 그런 맥락에서 가장 주목할 만한 변화는 야간 노동의 증가입니다. 물론 기록에 따르면 과거 로마제국 시대에도 노예들은 밤에 일하곤 했습니다. 하지만 대규모 야간 노동이 본격적으로 시작된 것은 산업혁명을 거친 20세기 이후입니다. 특히 1879년 토머스 에디슨이 발명한 백열전구가 밤을 무력화하는 결정적 구실을 했습니다. 오늘날 야간 노동을 하는 곳을 찾기란 어렵지 않지요. 공장은 물론이고 병원, 방송국, 대중교통, 콜센터, 물류 창고 등 야간 노동은 우리의 일상 곳곳에 존재합니다.

오랜 시간 인간의 몸은 낮에는 햇빛 아래에서 일하고 밤에는 어둠 속에서 수면을 취하도록 진화되어 왔습니다. 야간에 불빛에 노출된 채 노동하는 일은 인간 세포의 생체시계를 무너뜨리고 호르몬을 교란시켜 암 발생 위험을 높입니다. 이를 보여주는 여러 연구 결과에 기반해 2008년 덴마크에서 역사적인 결정이 발표됩니다. 덴마크 직업병판정위원회는 항공기 승무원으로 20년 넘게 일하며 매주 한 번 이상 야간 노동을 계속해왔던 여성에게 발생한 유방암을 산재보험으로 보상하라고 결론 내렸습니다. 이 결정 이후 야간 노동으로 인한 질병이 직업병으로 인정받는 경우가 점차 늘고 있습니다.

　야간 교대 노동이 발암 요인이라는 근거는 학술적으로도 확고해지고 있습니다. 세계보건기구 산하 국제암연구소는 2007년 생체리듬을 파괴하는 "교대제 근무shift work"를 납과 같은 등급인 유력한 발암물질IARC 2A(Probable Carcinogens)로 분류했습니다. 전 세계 노동인구 중 20% 정도가 야간 노동이 수반되는 교대제 근무 업종에 종사하고 있다는 점을 감안할 때, 놀라운 결정이었지요. 2019년 7월에는 여기서 한발 더 나아갑니다. 국제암연구소에서 주최한 회의에 참석한 과학자 27명은 2007년의 분류 결정 이후 출판된 논문을 재검토한 후, 다음과 같이 결론 내렸습니다. 이들은 교대제 근무를 여전히 유력한 발암물질로 분류하는 게 타당하다며, 그 의미를 좀 더 명확하게 하기 위해 발암물질의 이름을 "야간 교대제 근무night shift work"로 바꿉니다.[22] 주변에서 흔히 볼 수 있어 그 위험을 감지하지 못할 뿐, 야간 교대제 근무는 유력한 발암물질입니다.

　혹자는 이렇게 질문할 수도 있습니다. "만약 현대인이 야간에만 노동을 계속한다면 몸이 그 상황에 적응할 수 있지 않을까?"라고요. 이 질문에 답한 학자가 있습니다. 파리 제5대학교 시몽 폴카르드Simon Folkard 교수는 야간 교대제 근무를 다룬 기존 연구들을 모아 검토한 후 2008년 학술지 『국제시간생물학』에 그 결과를 발표합니다.[23] 논문에 따르면 멜라토닌 호르몬 증감을 기준으로 생체시계 변화를 관찰한 결과, 야간 노동을 하는 노동자 중 야간 노동에 온전히 적응한 것으로 드러난 비율은 3%가 안 되는 극소수였습니다. 수백만 년 변화를 거치며 형성된 인간의 몸은 새로운 위협인 야간 노동과 계속해서 충돌하고 있는 것이지요.

인간은 대다수가 100년이 채 안 되는 시간을 살아갈 뿐이지만 그 몸에는 지난 수백만 년 동안 겪은 생존경쟁과 자연선택의 역사가 새겨져 있습니다. 동시에 우리 몸이 현재 보내는 시간은 조상과 후대를 잇는 진화라는 거대한 흐름의 일부이기도 합니다. 감지하기 어려운 미세한 변화일지언정 우리가 살아가는 세월 동안에도 진화의 힘은 작동하고 있습니다.

오늘날 한국 사회에서 생존을 결정하는 것

보건학자로서 다윈의 생각을 한국 사회에 가져와 봅니다. 오늘날 '자연'선택을 통한 생존경쟁에서 살아남고 있는 인간은 누구인가 하는 질문이지요. 이 질문에 답하는 일은 고롱고사 코끼리의 상아가 사라지고 있는 이유를 찾는 것보다 훨씬 더 복잡하고 어렵습니다.

오늘날 인간은 지난 수백만 년과 결이 다른 생존경쟁을 하고 있기 때문입니다. 적어도 오늘날 한국인의 생존을 결정하는 강력한 외부적 조건은 말라리아와 같은 자연환경이 아니고, 살아남은 자들의 특성은 상아의 부재와 같은 유전적 요인이 아닙니다. 더 많이 다치고 더 일찍 죽는 사람은 저임금을 받으며 위험한 작업장에서 일하는 이들입니다. 2018년 12월 11일 새벽 3시 태안화력발전소 컨베이어벨트에 몸이 낀 채 사망했던 스물네 살 청년 김용균 씨의 죽음은 가장 위험한 작업장에서 일하다 가장 먼저 죽어가는 수많은 하청 비정규직 노동자의 삶을 고스란히 드러낸 사건입니다.

같은 인간이지만 경쟁하는 무대 자체가 다른 경우도 많습니다. 어떤 코끼리가 전쟁으로 동료와 부모가 무참히 죽어나가던 고롱고사에서 지내는 동안, 어떤 코끼리는 안전한 국립공원에서 보호받으며 지내는 것처럼요. 같은 시대를 전혀 다른 세계에서 살아가고 있지요. 2011년 『지역보건과 역학』에 발표된 이화여자대학교 정최경희 교수의 연구에 따르면, 한국 사회의 사망 불평등은 심각한 상황입니다.[24] 1995~2000년에 태어난 어린이를 기준으로 1~4세 영유아는 아버지가 중졸 이하의 학력을 가진 경우, 대졸 이상의 학력을 가진 경우와 비교해 사망률이 2.5배 높았습니다. 5~9세의 경우 이 수치는 2.8배로 증가합니다. 이러한 사망률 차이의 가장 큰 원인은 교통사고를 비롯한 사고성 재해입니다. 가난한 가정의 아이들이 위험한 지역에서 살고 있기 때문만은 아닙니다. 이들이 살고 있는 지역이 대개 사고를 당했을 때 즉시 필요한 응급실 치료를 받을 수 있는 의료 환경을 갖추고 있지 못하기 때문이기도 합니다. 가난한 가정의 아이들은 더 자주 다치지만 더 늦게 치료받습니다.

진화의 힘은 옳고 그름에 대한 가치판단을 하지 않습니다.

오직 생명체의 생존과 번식 가능성을 높이는 방향으로 작동하지요. 한 사회가 '인간에 대한 최소한의 예의'를 지켰다면 살아남을 수 있었던 목숨이 계속 부당하게 죽어나가고 있는 상황에서 '살아남은 목격자'인 우리는 계속 질문해야 합니다. 오늘날 한국 사회의 '고롱고사'는 어디인지, 한국 사회에서 살아남은 '상아 없는 코끼리'는 누구인지, 이 부조리한 생존경쟁에서 이득을 취하고 있는 밀렵꾼은 누구인지 말입니다.

가장 아픈 사람이
가장 앞에 나선 싸움 '미투'

용기를 낸 사회적 약자가 겪는 2차 고통

미투 운동을 지켜보며 며칠째 잠을 설친 친구가 힘겹게 말했습니다. "그때 내가 조직에서 미친 사람 취급을 받더라도 '지금 뭐하는 짓이냐? 이건 성희롱이다'라고 말했어야 했는데, 그걸 못했어. 선배들이 사회생활 처음 하냐며 넘어가라고 하니까, 그래야 하는 줄 알았는데." 자신이 싸우지 못하고 넘어갔던 시간이 쌓여 지금 젊은 여성들이 고통받고 있다는 자책이었습니다.

집에 돌아오는 길에 몇 가지 질문이 머릿속을 떠나지 않았습니다. 왜 상처받은 사람들이 자신을 괴롭힌 폭력에 맞서싸우지 못했다는 이유로 괴로워하는지, 왜 피해자들이 사회적낙인과 2차 피해의 부담까지 감수하며 가장 아픈 기억을 폭로

하는 짐을 짊어져야 하는지에 대해서요.

왜 용기를 낸 사람이 가장 많이 아팠을까요

2016년 「정당한 대우를 요구하지 말라고?: 한국 결혼 이민자의 인종차별과 대응과 자가평가 건강」이라는 논문을 『국제건강형평성저널』에 출판했습니다.[25] 2012년 정부에서 시행한 「전국 다문화가족 실태조사」를 바탕으로 결혼 이민자 1만 4,406명의 설문조사 결과를 분석한 연구입니다.

먼저 "당신은 한국에서 생활하며 외국인이라는 이유로 차별이나 무시당한 적이 있습니까?"라는 질문을 통해 차별 경험 유무에 따라 설문 참여자를 두 집단으로 구분했습니다. 그다음 차별을 경험한 결혼 이민자를 "차별하지 말라고 요구"한 적이 있는지 여부에 따라 분류했습니다. 그 결과 설문 참여자는 '차별을 경험하지 않은 집단', '차별을 경험했고 시정을 요구한 집단', 그리고 '차별을 경험했지만 시정을 요구하지 않은 집단'으로 나뉘었습니다.

세 집단에서 자가평가 건강self-rated health이 어떻게 다른지를 검토하고자 연령, 출신 국가, 한국어 능력 수준, 소득 등과 같은 주요 정보를 통제한 상황에서 분석을 진행했습니다. 분석 결과는 짐작과 다르지 않았습니다. 차별을 경험한 결혼 이민자들은 차별 경험이 없는 이들에 비해 건강이 나쁘다고 보고할 위험이 시정 요구를 하지 않았을 경우에는 1.43배, 시정 요구를 했을 경우 1.61배 높게 나타났습니다.

　차별 경험이 인간의 몸을 상하게 할 수 있다는 기존 연구 결과와 일치하는 내용이었습니다. 다만 한 가지 의아한 부분이 눈에 띄었습니다. 차별 시정 요구를 했던 집단에서 건강이 나쁘다고 보고하는 비율이 작은 차이이지만 더 높게 나온 것입니다. 아무 말도 못 하고 차별당했던 이들보다 "이건 잘못된 일이므로 시정하라"라고 말했던 사람들이 더 고통받았다는 의미입니다. 이해하기 어려웠습니다.

　성별에 따라 분석을 진행하고 나서야 그 의문을 해결할 실마리가 보였습니다. 남성 결혼 이민자 집단의 응답은 기존 연구 결과와 유사했습니다. 통계적으로 유의하지는 않았지만, 남성 결혼 이민자 집단에서 차별 시정 요구를 했던 이들은 차

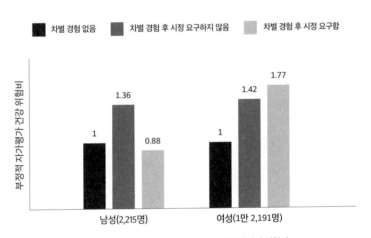

결혼 이민자의 차별 경험과 부정적 자가평가 건강의 위험비.

　　　　　　　　　타인의 고통에 응답하는 공부

별당하지 않은 이들에 비해 자가평가 건강이 오히려 낮게 나타났고, 차별 시정을 요구하지 못했던 이들은 건강이 나쁘게 나왔습니다. 반면 여성 결혼 이민자 집단에서는 예상하지 못한 결과가 나왔습니다. 놀랍게도 차별 시정을 요구했던 이들의 건강 상태가 가장 나쁘게 나타났습니다. 차별을 경험하고도 시정을 요구하지 못했던 이들보다 시정을 요구했던 이들이 더 고통스러운 시간을 보낸 것입니다. 용기를 내어 자신이 경험했던 부당한 상황을 바꾸고자 했던 여성들이 가장 많이 아픈 이 결과를 어떻게 해석해야 할까요?

응답받지 못한 고통이었기 때문입니다

두 가지 해석이 가능합니다. 먼저 여성 결혼 이민자들이 상대적으로 차별에 익숙한 사회적 약자라는 점을 감안하면, 그런 그들조차도 참지 못하고 항의할 수밖에 없을 만큼 심각한 차별을 경험했을 가능성이 있습니다. 또 하나는 차별 시정 요구가 받아들여지지 않았을 가능성입니다. 오히려 "어디서 그런 걸 요구하느냐?"라고, "지금도 감지덕지한 줄 알아라"라고 말하는 폭력에 노출됐을 가능성을 배제할 수 없는 것입니다. 이 연구는 사회적 약자가 부조리에 홀로 맞서 싸울 때, 그들이 겪게 되는 고통이 몸에 새겨진다는 걸 보여줍니다. 차별은 잘못된 것이니 고치라고 용기를 내어 말했던 여성들이 가장 많이 아팠다는 점을 기억해야 합니다.

연구의 한계 중 하나는 여성 결혼 이민자가 차별을 경험했을 때, 도움을 요청할 기관이 있었는지 혹은 다른 누군가의 도움을 받을 수 있었는지 확인할 수 없었다는 점입니다. 제가 기획한 조사가 아닌 국가기관에서 수집한 자료를 분석한 연구였기 때문에, 설문조사에서 묻지 않았던 내용까지 파악할 수는 없었습니다. 그래서 언젠가는 개인이 사회적 폭력을 경험했을 때, 그 주변 사람이나 소속 기관의 대응에 따라 피해자의 건강 상태가 어떻게 바뀌는지 연구해야겠다고 다짐했습니다.

이후 소방공무원의 인권 상황에 대한 연구를 진행하면서 그 고민을 발전시킬 수 있었습니다. 저희 연구팀이 직접 설계한 질문으로 설문조사를 진행할 수 있었기 때문입니다. 그 결과 중 하나가 2019년 『직업건강저널』에 출판한 논문입니다. 저희는 전국 각지에서 일하는 119 구급대원 1,966명의 데이터를 분석한 결과를 「한국 구급대원이 근무 중 경험하는 폭력 경험과 조직의 대응에 따른 우울증상 유병률 연구」라는 제목으로 발표했습니다.[26]

구급대원들에게 지난 1년 동안 민원인으로부터 폭행 피해를 경험한 적이 있는지 물었습니다. 민원인이 각종 이유로 출동한 구급대원을 폭행하는 경우가 실제 발생하고 있었습니다. 구급대원들에게 폭행 피해 경험을 자신이 일하는 기관에 보고했는지, 보고했다면 기관 차원에서 후속 조치가 있었는지를 물었습니다. 그 응답을 이용해 '폭행 피해 경험이 없는 구급대원', '폭행 피해를 경험하고 기관에 보고하지 않았던 구급대원', 그리고 '폭행 피해를 경험하고 기관에 보고했을 때 사후 조치가 있었던 구급대원', '폭행 피해를 경험하고 기관에 보고했지만 사후 조치가 없었던 구급대원' 이렇게 네 집단으로 구분했습니다. 그런 다음 이들의 우울 증상을 표준화된 설문지를 통해 측정·비교했습니다.

짐작할 수 있듯이 폭행 피해 경험이 없는 집단에서 우울 증상 유병률이 가장 낮게 나타났습니다. 폭행을 당했지만 기관에 보고하지 않았던 구급대원의 경우에는 폭행 피해 경험이 없는 이들보다 우울 증상 유병률이 1.67배 높게 나타났습니다. 보고하지 않았던 이유는 다양할 것입니다. 보고해도 소용이 없다는 자포자기일 수도 있고, 기관에 보고할 만큼 심각한 폭행이 아니었을 수도 있겠지요.

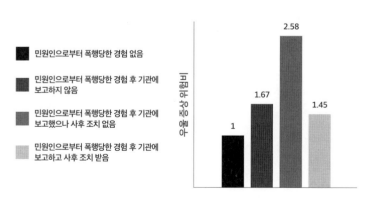

2019년 구급 담당 소방공무원의 우울 증상 위험비(1,966명).

가장 주목해야 할 부분은 기관에 자신의 폭행 피해 경험을 보고했던 두 집단의 분석 결과입니다. 그중 기관의 사후 조치가 없었던 집단에서 우울 증상 유병률이 압도적으로 높게 나타났습니다. 이들 그룹은 우울 증상을 경험할 위험이 폭행을 경험하지 않은 그룹에 비해 2.58배 더 높았습니다. 폭행을 경험했지만 기관의 사후 조치가 있었던 집단과 비교해 보면 그 의미가 더욱 뚜렷해집니다. 사후 조치가 있었던 집단의 구급대원들은 폭행을 경험하지 않은 이들에 비해 우울 증상 유병률이 1.45배밖에 높지 않았습니다. 부당한 폭행을 당한 두 집단에서도 조직의 사후 조치 여부에 따라, 우울 증상 유병률이 70% 가까운 차이를 보였습니다.

기관에서 사후 조치를 한다고 해도 민원인으로부터 폭행을 당했다는 사실 자체는 변하지 않습니다. 하지만 기관에서 어떤 식으로든 사후 조치를 할 경우 구급대원은 내가 속한 조직이 내 편에 서서 행동한다는, 나를 보호해 줄 수 있다는 생각을 하게 됩니다. '나와 함께 일하는 사람들이, 내가 속한 조직이 내가 당한 폭행을 심각한 일로 인식하고 부당한 현실을 함께 바꾸고자 노력하고 있구나' 하고 말입니다.

두 편의 연구가 우리에게 의미하는 바가 무엇일까요. 용기를 내어 부당한 차별이라고 항의했던 여성 결혼 이민자가 가장 많이 아팠고, 근무 중 민원인에게 폭행을 당하고 조직에 보고했지만 아무런 사후 조치를 받지 못한 구급대원이 가장 심각

타인의 고통에 응답하는 공부

한 우울 증상을 보였습니다. 피해자 혼자 부당함에 맞서 싸우는 일이 어떤 의미인지 몸으로 보여주는 결과 아닐까요.

당신과 함께 이야기하겠습니다

2018년 한 대학교 학생회로부터 메일을 받았습니다. 학생들은 미투 운동을 계기로 학과 내에 성평등위원회를 만들었고 학생들을 대상으로 성폭력 피해 경험을 조사하려고 한다며, 자신들이 만든 온라인 설문지 검토를 요청해 왔습니다. 반가운 마음에 링크를 열었는데 그 설문지에는 세 개의 질문만 있었습니다. "성범죄를 경험한 적이 있는가?" "가해자는 누구인가?" "공론화에 찬성하는가?" 물론 중요한 내용입니다. 하지만 성폭력 피해처럼 예민한 경험에 대해 설문하려면 고려하고 주의해야 할 사항이 많습니다. 차별이나 학대처럼 예민한 경험을 측정해야 하는 점을 감안할 때, 이 질문들로는 충분히 의미 있는 결과를 내놓기 어려워 보였습니다. 주변 지인들과 이야기를 나눠보니 이 학생회 친구들처럼 미투 운동을 계기로 성폭력 피해 경험을 조사하고 싶어 하는 사람들이 많았습니다.

　　연구실의 학생들과 상의 끝에 「스피크위드유Speak with you」라는 이름으로 워크숍을 기획했습니다. 하나의 설문지로 모든 조직에서 발생한 성폭력 피해 경험을 측정하는 일은 불가능합니다. 자신이 속한 조직의 상황 등을 고려한 설문지 구성 방법을 배워보는 내용으로 워크숍을 꾸렸습니다.[27] 1인당 1만 원씩 참가비를 받아 한국성폭력상담소에 전액 기부하기로 하고 온라인으로 참가자를 모집했습니다. 불과 4시간 만에 정원 50명이 가득 차 접수를 마감해야 했습니다.

워크숍 당일 서울 용산구 철도회관에는 다양한 이들이 모였습니다. 참가자 다수가 학내 성폭력 문제에 맞서 활동하는 대학생이었습니다. 하지만 그 자리에는 교회 내 성폭력 피해자를 조사하고 싶어 하는 개신교 신자도 있었고, 1980년대에 학생운동을 함께했던 친구가 미투 운동이 터지고 나서야 당시 경험한 성폭행을 고백했다며 "그때 무슨 일이 있었는지 파악해야겠다"라는 분도 있었습니다.

다양한 역사와 배경을 가진 사람들이 모였지만, 모두가 공유하는 바가 있었습니다. 모두가 하나같이 미투 운동에 힘이 되고 싶다고 했습니다. 가장 아픈 사람이 가장 무거운 짐을 감당하는 이 싸움에서 그 짐을 나누어 짊어지는 길을 찾고 있었습니다. 오랜 시간 말하지 못한 상처를 가슴에 품고 살아온 피해자들에게 용기를 내어 말해줘서 고맙다고, 당신만이 아니라 수많은 이들이 비슷한 경험을 했었다고, 지금부터라도 함께 사회를 바꿔나가자고 이야기했습니다.

'펜스룰' 넘어 일상에서의 민주주의로

미투 운동이 진행되는 과정에서 '펜스룰Pence rule'이라는 신조어를 들었습니다. 미국의 전 부통령 마이크 펜스Mike Pence의 이름

타인의 고통에 응답하는 공부

에서 따온 말로, 여성과 단둘이 만나지 않는 등 오해를 살 만한 행동을 하지 않으려는 남성들의 개인적 규칙을 뜻합니다. 현재 한국에서 펜스룰은 미투 운동 가해자로 지목될까 두려워하는 남성이 여성을 주요 의사 결정 과정에서 배제하는 움직임으로 나타납니다. 여성 직원과 출장도 가지 않고, 업무 지시도 이메일이나 메신저로만 하는 남성들이 생겨나고 있다고 합니다. 실제로 그렇게 행동하는 경우가 얼마나 되는지 모르겠지만, 그게 사실이라면 '치졸하다'는 생각을 지울 수 없습니다. 미투 운동이 두려워 어떻게 행동해야 하는지 모르겠다면, 묻고 배우면 됩니다. 이상한 핑계로 자신의 비겁함을 합리화하며 도망가지 않았으면 합니다.

1987년 민주화 투쟁을 통해 대통령 직선제를 쟁취한 지 40년 가까이 지났습니다. 이제는 '민주주의를 일상에서 어떻게 구현할 것인가?'라는 질문에 답해야 합니다. 그동안 민주주의는 가정과 회사와 학교의 문 앞에서 멈춰 있었습니다. 민주주의가 더 이상 투표에 머물러서는 안 됩니다. 민주주의는 권력관계가 존재하는 모든 곳에 적용되는 가치이고, 우리의 일상도 예외일 리 없습니다. 민주주의를 일상에서 구현하는 것은 과거 반독재 투쟁만큼 한국 사회의 절박한 과제이며, 미투 운동은 그 한가운데에 있습니다. 피해자들에게 "왜 너는 폭로하지 않느냐?" 혹은 "왜 그동안 가만히 있었느냐?"라고 따지는 태도로는 아무것도 바꿀 수 없습니다. 성폭력은 타인의 인권을 침해하는 일이고, 마땅히 금지되어야 하는 범죄입니다. 성폭력은 개개인의 우발적 실수가 아니라 비대칭적 권력관계와 폭력적 문화 속에서 발생하는 구조적 문제라는 사실을 잊어서는 안 됩니다. 우리의 일상이 민주주의의 최전선입니다.

'보이지 않는 고통'을
응시하다

여성의 일터로 걸어 들어간 과학자 캐런 메싱

캐런 메싱Karen Messing은 캐나다 퀘백 대학교 생물학과 명예교수이다. 그녀의 연구 중 감탄을 자아내는 것이 한둘은 아니지만, 2017년 출판된 논문 「여성을 고통받게 하는 페미니스트 개입」은 여러 면에서 놀라웠다.[28] 캐런 메싱은 산업보건 분야에서 가장 널리 알려진 페미니스트 연구자 중 한 명이다. 산업보건 분야에서 남성 노동자를 대상으로 한 연구 결과를 왜 여성 노동자에게 적용할 수 없는지, 산업보건에서 젠더는 어떤 의미이고 왜 페미니즘이 필요한지 가장 치열하게 논의하던 이가 바로 그녀였다. 그런 그녀가 이런 제목의 논문을 쓰다니.

논문의 내용은 더욱 놀라웠다. 캐런 메싱은 자신의 연구가 어떻게 '실패'했는지 이야기하고 있었다. 직장 내 업무의 성별 분리가 여성 노동자에 대한 임금차별로 이어지던 1994년, 그녀의 연구팀은 캐나다의 한 공공 병원에서 일하는 청소 노동자들을 연구했다. 같은 청소 노동자로 분류되지만 남성의 경우 대걸레로 청소하고 여성은 작은 쓰레기통을 비우는 식으로 일이 분리되어 있던 상황에서, 그녀는 성별에 따른 업무 차이를 철폐하는 정책안을 노동조합에 제시한다. 논문에서 캐런 메싱은 그로부터 12년이 지나고 병원을 찾아갔을 때, 자신이 받은 충격을 서술하고 분석한다. 자신이 제안한 정책을 받아들인 병원에서 여성 노동자의 비율이 감소했고 여성 노동자의 산재율은 오히려 증가했던 것이다.

캐런 메싱은 그 고민을 2022년 한국어로도 번역된 책 『일그러진 몸Bent Out of Shape』에서 상세히 다루며, '일터에서 여성도 남성과 똑같이 일할 수 있다'는 전통적인 주장을 따르며 성별 간 신체적 차이를 지우는 관점이 과연 여성 노동자가 안전하고 건강하게 일하는 데 효과적인지 묻는다. 여성 노동자의 고통을 보이지 않는 것으로 만들던 세상에 맞서 연구하던 학자가 퇴직 이후에 내놓은 이 책을 읽으며, 나는 여러 차례 감탄했다. 책 곳곳에 느껴지는 현장성도 놀라웠지만, 자신의 '무력함'을 정직하게 직시하는 용기에 박수를 보내며 책을 읽었다.

이 인터뷰는 캐런 메싱이 2018년 11월 자신의 저서 『보이지 않는 고통Pain and Prejudice』의 한국어판 출간을 기념하여 강연을

타인의 고통에 응답하는 공부

위해 한국에 방문했을 때 진행되었다.[29]

여성 노동자의 '보이지 않는 고통'

김승섭 아무리 뛰어난 통찰을 가진 연구라 해도, 그 이야기가 자신의 삶과 무관하다고 느껴지면 사람들은 관심을 갖지 않는다. 당신의 책은 '보통 사람들'의 삶에 대한 연구일 뿐 아니라, 그들이 쉽게 읽을 수 있는 글이기도 하다. 당신은 그 전까지 측정되지 않았던 여성 노동자의 작업환경과 고통에 대한 연구를 개척해온 학자이다. 여성의 노동에 대해 연구하게 된 계기가 있는가?

메싱 책상에 앉아서 고민하다가 '아, 난 지금부터 여성의 노동을 연구해야겠다'라고 생각했던 건 아니다. 퀘백 대학교에서 곰팡이의 분자유전학을 연구하던 시절, 우연히 맡은 제련 노동자들의 방사선 노출 관련 프로젝트가 노동자 건강에 대한 내 첫 연구였다. 그 이후에는 병원 노동자들을 만났다. 그들은 일하면서 방사선에 자주 노출되는데, 그로 인한 염색체 이상이 있는지 알고 싶어 했다. 막상 병원에 가보니 노동자들이 노출되는 방사선의 양은 매우 적었고, 오히려 다른 것이 문제였다. 병원에서 항상 땀을 뻘뻘 흘려가며 환자들을 번쩍 들어 옮겨야 했던 여성 노동자들이 근골격계 질환에 시달리고 있었다. 그들만의 고통이었다. 자리에 계속 앉아 있어야 하는 관리자는 에어컨 바람 때문에 추워했다. 그런 경험들을 하면서 직업보건을 연구하기로 마음

먹었다. 요즘에는 『보이지 않는 고통』 다음 책을 쓰고 있는데 미투, 여성의 직업보건 등의 문제를 결혼과 엮어보려고 한다.

김승섭 나는 최근에 백화점과 면세점에서 화장품을 파는 여성 노동자들의 작업환경을 조사했다. 사람들은 판매직 여성들이 깨끗하고 화려한 곳에서 샤넬 같은 브랜드의 값비싼 화장품을 팔고 있다고만 생각한다. 그런데 이들 중 20.6%가 지난 1년 동안 방광염으로 치료받은 적이 있었다.

메싱 이유가 무엇이었나?

김승섭 화장실에 갈 수 없었기 때문이다. 관리자들은 판매직 여성들에게 고객용 화장실을 이용하지 못하도록 했다. 그래서 직원용 화장실을 써야만 하는데, 직원용 화장실은 멀리 있고 개수도 적다. 게다가 이들은 매장에서 혼자 근무하는 일이 많기 때문에 화장실에 갈 때 대신 자리를 지켜줄 사람이 없다. 고객을 대하며 계속 말을 해야 하지만, 화장실에 가야 할까 봐 물도 마시지 않는다. 생리대를 자주 갈지 못해 피부염에 시달리는 이들의 비율이 17%가 넘었다. 고가의 화장품을 파는 여성 노동자들이 겪는 이런 고통은 너무나 모순적이다. 게다가 이들은 비슷한 연령대의 여성들에 비해 하지정맥류를 가지고 있을 위험이 25배나 높았다. 의자에 앉을 수 없기 때문이다.

메싱 미국 도살장의 작업환경에 대한 사회학 연구가 생각난다. 도살장에서는 남녀 모두 기저귀를 찬다고 한다. 화장실에 갈 수 없기 때문이다. '화장실에 안 보내주면, 화장실에 가려고 하지 말고 기저귀를 차라'는 것이다. 한편 스웨덴의 한 연구에서도 백화점 화장품 판매대에서 여성들이 불편한 신발을 신고 일하면서 발에 문제가 생긴 케이스가 있었다.

'여성도 할 수 있다'는 메시지

김승섭 당신의 책에는 남성 직업보건 연구자들이 여성 "노동자들과 그 자녀들의 건강은 부차적인" 문제라고 생각하는 경향이 있다는 내용이 나온다. 사람들은 건설 노동자가 추락해서 부상당하는 것은 중요하게 여기지만 여성 노동자들이 서비스나 감정노동을 하면서 겪는 질병에는 상대적으로 관심이 적다. 백화점과 면세점에서 일하는 화장품 판매직 노동자 연구를 노동조합과 함께 진행했는데, 이런 연구들은 기업은 물론이고 정부로부터도 지원을 받기가 많이 힘들더라.

메싱 어떤 이들은 노동자들과 함께 연구하는 것을 두고 정치적인 행동이라고 비난하기까지 하지 않나. 노동자의 작업환경에 대해 고용주에게 물어보면 그건 과학적인 연구가 되는데, 일하는 당사자인 노동자들에게 물어보면 정치적인 행위가 되는 식이다. 그런데 고용주들은 실제로 현장에서 일하는 사람들이 아니기 때문에 제대로 된 답을 해줄 수 없는 경우가 많다. 서류로 정리된 6개월 전의 작업환경 수치를 고용주에게 얻어서 볼 수는 있을 것이다. 그러나 현장에서 오래 일한 노동자에게 물으면 "A라는 물질을 담은 트럭이 목요일에 들어왔으니 목요일 오후의 측정치에 A라는 물질이 높게 나타날 것"이라는 구체적인 답을 얻을 수 있다.

김승섭 당신은 과학이 "남자들의 세계"라고 여겨지던 1960년대에 페미니즘 덕에 장벽을 극복하고 과학자가 될 수 있었다고 저서에 썼다.

메싱 1963년에 나는 미국 하버드 대학교에서 공부하고 있었다. 과학 분야 연구를 하는 것에 대해서 당시에는 좀 겁을 먹었던 것 같다. 그때 베티 프리단Betty Friedan의 『여성성의 신화The Feminine Mystique』를 읽고 '여성도 할 수 있다'는 메시지를 얻었다. 나의 외할머니는 러시아에서 유대인 탄압을 피해 미국으로 건너와 급진적인 사회주의자들과 어울린 페미니스트였다. 또 화가였던 어머니는 급진적인 무정부주의자였다. 어릴 때부터 그분들에게 받아온 교육과 프리단의 책이 내가 과학자가 되는 과정에서 큰 역할을 했다.

실패의 경험에서 배운 것

김승섭 책에서 당신은 "약 140편이 되는 꽤 많은 학술 논문을 출판했"지만 "이 많은 연구 결과가 노동자들의 삶을 실제로 더 낫게 만든 것 같지는 않"다고 고백한다. 그뿐만 아니라 당신은 책에서 빛나는 성공보다는 실패의 경험을 더 많이 소개한다.

메싱 여성 노동자의 작업환경을 연구하면서 그들이 겪는 성희롱이나 신체적 폭력 등을 알 수 있었지만, 막상 그들 편에서 할 수 있는 일은 별로 없는 경우가 많았다. 현실을 바꾸고 싶다면 과거와 어떻게 다르게 접근해야 하는지 알아야 하고, 그러려면 우리가 무엇을 놓쳤는지 들여다보아야 한다.

김승섭 지난해 어느 학술지에서 당신이 쓴 논문을 읽었다. 병원 청소 노동자들의 성별 임금격차를 없애기 위해 남녀 업무를 분리하지 말 것을 제안했는데, 10여 년 후 돌아가 보니 평등해지기는커녕 그 일터에서 여성 노동자의 비율이 줄어들었다는 내용이었다. 현장을 고려하지 않고 내놓은 해결책은 오히려 여성들에게 해가 될 수 있다는 분석이 인상적이었다.

메싱 우리에게 그 연구를 요청한 것은 중앙 노조의 여성위원회였다. 지역 노조는 우리 연구에 별로 관심이 없었다. 여성이면서 청소 노동자인 사람들은 노조에서 매우 소수였을 뿐 아니라 힘이 없었다. 다시 현장을 찾아가 보니 우리가 제안했던 것들 중에서 실제로 적용된 것들은 없었고, 여성 청소 노동자들은 주눅이

들어 있었다.

연구자의 역할은 무엇인가

김승섭 작업환경을 둘러싼 정치적 맥락을 고려해야 마땅하지만, 연구를 진행하는 입장에서 정치적 환경을 측정하고 감안하는 것은 매우 어렵다.

메싱 동의한다. 나는 정치적인 맥락을 고려하고 분석하는 것은 노조의 몫이라고 생각한다. 대개의 경우 노조와 연구팀의 협업이 잘 이뤄져야 바람직한 해결책이 나올 수 있다고 생각하지만, 노동자들의 문제를 해결하는 것은 노조의 역할이다. 연구자가 노조를 도울 수는 있지만, 직접 나서서 문제를 해결하는 사람일 수는 없다.

김승섭 연구를 통해 부조리하고 위험한 작업환경에 대한 정보를 얻은 노동자들이, 연구 결과를 기반으로 작업환경을 바꾸려는 행동을 하기도 한다. 그러나 그런 싸움들은 목표를 이루지 못할 때가 많고, 그 과정에서 직업을 잃거나 상처받는 사람들도 생긴다.

메싱 연구자의 역할은 정확한 정보를 제공하는 것이고, 어떤 위험을 감수할지 판단하고 싸움을 하기로 결정하는 것은 노동자의 몫이다. 과학자로서 할 수 있는 것은 노동자들에게 작업환경 문제에 대한 정보를 제공하는 것까지이다.

김승섭 노동자들의 삶을 잘 이해하고 오랫동안 현장을 지킨 연구자이기에 자신 있게 할 수 있는 이야기로 들린다. 많은 과학자가 실제 작업환경과 노동자의 삶에 대해서 잘 알지 못한다. 당신은 책에서 "과학자들은 노동자에게 귀 기울이라고 배우지 않"으며, "사실 기울이지 '말라'고 배운다는 편이 정확하"다면서 "공감 격차Empathy Gap"를 지적했다.

메싱 오늘날 과학계는 정글과 같다. 연구 지원금은 소수의 과학자에게 집중되고, 지원금을 받으려면 수치로 평가받아야 한다. 특권을 가진 소수의 과학저널에 얼마나 많은 논문을 냈는지, 그것이 다른 연구자들에게 얼마나 많이 인용됐는지가 중요하다. 이런 평가들은 과학자의 연구가 실제로 일하는 이들의 삶을 얼마나 개선시켰는지 반영하지 못한다.

김승섭 공감 격차를 줄이려면 노동안전 분야의 연구자들이 어떻게 해야 할까?

메싱 내가 가르친 학생 중 한 명은 공장 감독관이었는데, 몇 년 동안 주말 내내 직업보건 수업을 들었다. 그 학생이 자동차 부품 공장에서 일하면서 지켜보니 노동자들의 작업 방식이 교실에서 배운 이론에 따르면 몸을 해치는 방식이었다. 그래서 무거운 것을 들어서 옮길 때는 몸을 한 번에 90도 이상 틀지 말고, 조금씩 틀면서 여러 차례 나눠서 옮기라고 충고했지만 아무도 따르지 않았다고 한다. 여러 차례 나눠 옮기면 생산 라인의 속도를 맞출 수 없었던 것이다. 연구자들이 밖으로 나가서 일하는 이들의 삶을 직접 눈으로 보는 것이 무엇보다 중요하다.

누구를 위한 반지하방 퇴출인가

성급한 결정이 지워버린 재난 당사자의 삶

일하다 다친 노동자들을 찾아다니며 10년 넘게 노동 보건 운동을 하던 그가 활동을 접겠다고 했을 때, 나도 모르게 말했다. "애쓰셨어요. 떠날 힘조차 없어지기 전에 결정하셔서 다행이에요. 힘드셨지요?" 한참 나를 바라보며 망설이던 그가 입을 열었다. "사람들이 죽는 걸 더는 못 보겠어요." 21세기 한국에서 벌어지는 사건이라고 믿기 어려운 재해로 노동자들이 세상을 떠날 때마다, 그는 장례식장을 찾아 죽음의 뒷자리를 지켰다. 그 고통의 시간은 그의 몸에 층층이 쌓여 있었다.

전업 활동가였던 그만큼은 아니지만, 사회적 약자를 만나 인터뷰하고 데이터를 분석해 온 나에게도 죽음의 그림자가 종종 찾아왔다. 2018년 쌍용자동차 해고 노동자였던 한 노동조합원의 장례식장을 찾았다. 2009년 77일간 옥쇄파업에 참여했고 9년 넘게 공장에 돌아가기 위해 싸우던 이였다. 내 연구팀에서 진행한 해고 노동자 건강 연구에 참여해 자신이 얼마나 고통스럽고 외로운지, 무엇보다 얼마나 억울한지 증언했던 이였다.

2022년 8월 8일, 폭우가 내리는 동안 서울 신림동 반지하 방에서 3명이 숨졌다. 46세 홍 모 씨는 갑자기 쏟아진 빗물에 잠겨 발달장애를 가진 언니, 자신의 10대 딸과 함께 세상을 떠났다. 물이 들이치는 과정에서 그들이 느꼈을 공포를 머릿속에서 지우지 못해 며칠을 서성였다. 참사 이틀 뒤, 서울시에서는 '지하·반지하'를 주거 목적으로 짓는 것을 전면 불허하고, 향후 20년 안에 반지하 주택을 모두 없애겠다고 밝혔다. 서울시의 '안전대책' 발표 다음 날, 숨진 홍 씨가 2018년에 내가 책임연구원으로 진행했던 「백화점·면세점 화장품 판매직 노동자 근무 환경 및 건강 연구」의 참여자였다는 사실이 보도됐다.

세월호 참사가 떠올랐다. 가라앉는 배에서 구조되지 못하고 사망했던 304명처럼, 반지하방에 살던 세 가족은 물에 잠겨 밖으로 나오지 못한 채 세상을 등졌다. 2014년, 살릴 수 있었던 사람을 살리지 못했던 참사를 두고 당시 대통령이 내놓았던 대책은 '해경 폐지'였다. 구조 과정에서 무책임했던 해경을 처벌하는 일은 필요했지만, 해상 안전을 책임지는 국가기관을 성급히 폐지하는 것이 미래의 세월호 참사를 막을 대책일 수는 없

타인의 고통에 응답하는 공부

었다. 두 사건 사이의 8년을 돌이켜 보면 질문이 남는다. 해경 폐지는 과연 누구를 위한 '대책'이었을까.

서울시의 대책은 얼마나 다를까. 장기적으로 반지하방 거주자가 줄어야 한다는 데에 이견은 없다. 하지만 반지하를 좋아해서 그곳에 거주하는 이들이 얼마나 되겠는가. 반지하방은 어쩔 수 없는 사정으로 햇빛이 들지 않는 자리까지 찾아간 이들이 살아가는 곳이다. 반지하방이 없어지면 그들은 더 안전한 곳을 선택해 살 수 있을까. 정책 결정 과정에 지하와 반지하에서 살고 있는 당사자들의 목소리는 반영됐는가. 그 복잡한 맥락을 헤아릴 시간도 가지지 않은 채 반지하방 주거 금지 정책을 발표하는 것은 누구를 위한 것인가.

선한 의도가 선한 결과를 낳지 않는다. 세상은 복잡하다. 사회문제 해결은 그 복잡함을 받아들이는 데에서 시작한다. 복잡하게 얽힌 매듭을 푸는 대신, 큰 칼을 휘둘러 자르는 것은 칼을 휘두른 이를 영웅처럼 보이게 할지 모른다. 하지만 그 영웅적 결정은 종종 상황을 악화시킨다. 면세점 노동자였던 홍 씨는 과거 회사의 엄격한 '꾸밈 지침'과 관련해 "면세점 직원들은 상품보다 빛나면 안 되기 때문"이라고 『한겨레』와의 인터뷰에서 말했다고 한다. 상품을 빛나게 하기 위해 인간이 희생되어선 안 되듯이, 정책을 돋보이게 하려고 주거취약지에 머무는 이들의 삶을 지워서는 안 된다.

재난 속에서 죽음의 그림자는 약자를 먼저 덮친다. 가장 약한 이들이 가장 먼저 세상을 떠나는 비극의 연쇄를 막기 위해서, 우리에게 필요한 것은 선언적이고 성급한 대책 발표가 아니다. 우리에게 필요한 것은 어떤 정책으로 생겨날 영향력을 면밀히 검토하고 당사자들의 목소리에 귀를 기울이는 지난한 협의 과정이고, 그 일을 포기하지 않기 위한 의지와 인내이다.

권력과 자본을 가진 이들은 그 지난한 조율 과정 없이도 자신들의 의지를 관철할 힘이 있다. 이들의 입장을 대변하는 목소리는 사회적으로 널리 퍼져 있어 '합리적'이라고 인정받기 쉬우니까. 면밀한 검토와 협의 없이 선포되는 정책은 약자인 당사자의 목소리를 투정이나 무능함으로 치부하기 쉽다. 그런데 그렇게 만들어진 참사 대책이 결국 미래의 또 다른 참사를 만드는 시작이 아니라고 우리는 확신할 수 있는가.

타인의 고통에 응답하는 공부

3

한국 사회의 '주삿바늘'은 무엇인가

#1 "어떻게 애한테 이런 걸 시켜요!"

2017년 대구퀴어문화축제에 참석했을 때였다. 트랜스젠더 건강 연구를 홍보하기 위해서 학생들과 함께 부스를 차리고 축제에 온 사람들에게 홍보물을 나눠주었다. 트랜스젠더분들이 많이 모이는 축제에서 어떻게든 우리 연구를 알리고자 했다. 부스 행사가 끝나고 진행된 퀴어 퍼레이드에 참여해 성소수자들, 그리고 이들을 지지하는 앨라이Ally들과 함께 거리를 걸었다. 저마다 직접 만든 깃발과 팻말을 들고서, 성소수자가 존엄하고 당당하게 자신으로 살아갈 권리를 외치고 있었다.

　　그리고 길가에는 경찰과 함께, 언제나처럼 성소수자를 비난하는 일부 기독교 단체 사람들이 서 있었다. 이들은 "동성애는 치료될 수 있습니다"부터 "남성 간 항문성교 끊으면 에이즈 걱정 뚝", "동성애는 나라 망하는 지름길"까지 비과학적이고 비윤리적인 내용의 팻말을 들고서, 행진하는 사람들을 향해 노래를 부르고, 또 소리를 지르고 있었다.

서울에서도 겪어본 일이었기에 가능한 한 즐겁게 웃으며 계속 행진하려 하는데, 옆에서 한 친구가 갑자기 절규하듯 소리를 질렀다. "이거 아동학대예요! 어떻게 애한테 이런 걸 시켜요!" 고개를 돌려보니 이제 열 살이나 되었을까 싶은, 초등학생으로 보이는 남자아이가 순진하지만 결연한 표정으로 엄마와 함께 동성애 혐오 팻말을 들고 서 있었다. 당황스러웠고 곧 화가 났다. 만약에 혹시라도 그 아이가 커서 사춘기에 자신의 성적 지향을 동성애로 인지하게 된다면, 아이에게 그 팻말은 어떤 의미가 될까. 아이는 자기 자신에 대한 혐오를 어떻게 견뎌낼 수 있을까.

우리 연구팀에서 「레인보우 커넥션 프로젝트^{Rainbow Connection} ^{Project}」라는 이름으로 그동안 진행했던 연구 결과를 종합해 보면 한국에서 남성 성인 동성애자 중 아버지에게 커밍아웃을 한 경우는 13.8%, 어머니에게 커밍아웃을 한 경우는 23.8%밖에 되지 않는다. 여성 동성애자의 경우도 다르지 않다. 한국에서 동성애자 자녀를 둔 부모 5명 중 4명은 자녀가 동성애자라는 사실조차 알지 못하는 것이다.

타인의 고통에 응답하는 공부

한국 성인 성소수자의 커밍아웃 비율.[1]

커밍아웃 대상	남성 동성애자 (Total N=749)		남성 양성애자 (Total N=108)		여성 동성애자 (Total N=543)		여성 양성애자 (Total N=611)		트랜스여성 범주* (Total N=139)		트랜스남성 범주** (Total N=87)	
	응답자 수	(%)	응답자 수	(%)	응답자 수	(%)	응답자 수	(%)	응답자 수	(%)	응답자 수	(%)
어머니	178	23.8	21	19.4	133	24.5	102	16.7	108	77.7	73	83.9
아버지	103	13.8	10	9.3	53	9.8	46	7.5	86	61.9	63	72.4
그 외 가족 구성원	261	34.9	21	19.4	223	41.1	196	32.1	86	61.9	70	80.5
성소수자 친구/지인	678	90.5	83	76.9	506	93.2	529	86.6	118	84.9	82	94.3
비성소수자 친구/지인	516	68.9	54	50.0	467	86.0	499	81.7	100	71.9	79	90.8

*트랜스여성 범주는 MTF 트랜스젠더와 논바이너리 남성을 지칭함.
**트랜스남성 범주는 FTM 트랜스젠더와 논바이너리 여성을 지칭함.

2009년 『소아과학』에 출판한 한 논문에서 미국 샌프란시스코 주립대학교의 케이틀린 라이언Caitlin Ryan 박사 연구팀은 21~24세 성소수자 224명을 대상으로 이들이 가족들에게 얼마만큼 인정받고 지지받는지 측정했다.[2] 연구팀은 "13세부터 19세 사이에 당신이 성소수자로서 차별이나 폭력을 경험할 때 당신의 부모님은 당신을 얼마나 자주 비난했나요?" 등의 질문을 하고 그 응답을 모아 "가족 거절Family Rejection"이라는 형태로 점수화했다. 분석 결과 가족 거절 점수가 낮은 집단에 비해서, 점수가 높았던 성소수자들은 우울증 발생 위험이 5.9배, 자살 시도를 할 가능성이 8.4배 높게 나타났다. 가족으로부터 자신을 부정당하는 성소수자들의 삶은 절벽에 몰리게 된다. 성소수자들이 가장 가까이에서 살아가고, 때로는 가장 인정받고 싶은 존재인 부모에게조차 자신의 성적 지향과 성별 정체성을 밝히지 못하는 것은 거절당하고 버려질 수 있다는 두려움 때문이다.

#2 고통을 생산하는 '전문가'

사회적 약자의 삶에 대한 연구는 기본적으로 불평등에 대한 연구이다. 사회역학은 권력과 자본에서 배제된 이들이 살아가는 삶의 환경을 측정하고, 부조리한 환경이 약자의 몸에 미치는 영향을 연구하는 학문이다. 그 과정에서 사회역학 연구는 종종 사회적 약자 집단이 기득권 혹은 전체 인구 집단에 비해서 건강 상태가 어느 정도 나쁜지를 확인한다. 이를 위해 연구자는 「근로환경조사」, 「한국복지패널」 등 인구 전체를 대표하는 조사 결과와 비교하는 것을 염두에 두고 설문 문항을 설계한다. 그렇게 만든 설문지를 이용해 데이터를 수집하면 한국 사회의 같은 성별, 같은 연령대의 사람들과 사회적 약자 집단의 건강 상태를 비교할 수 있다. 예를 들어, 여성 결혼 이민자가 지난 1년 동안 자살을 진지하게 생각한 비율이 한국 인구 전체에 비해서

타인의 고통에 응답하는 공부

몇 배 높은지 검토하는 연구가 가능해지는 것이다. 사회적 약자 집단을 연구할 때, 이러한 접근은 건강 불평등을 측정해서 그 집단이 처한 현황을 보여줄 수 있기에 연구를 시작하는 단계에서 유용하다. 이와 같은 방법론으로 우리 연구팀은 교도소 재소자[3], 병원 전공의[4], 화장품 판매직 여성 노동자[5]를 비롯한 여러 사회적 취약 계층의 건강 불평등 논문을 꾸준히 출판했다.

2016년에는 「한국 성인 동성애자·양성애자 건강 연구」를 진행했다. 그때까지 한국에서 진행된 가장 큰 규모의 성소수자 건강 연구였는데, 우리 연구팀은 성별과 연령을 통제하고 국가 대표성이 있는 다른 데이터를 이용해 이들의 건강 불평등을 측정했다. 2017년에 그 연구 데이터를 이용해 동성애자·양성애자 2,335명의 건강 불평등을 측정하는 논문을 출판했다.[6] 이 논문에서 한국의 동성애자·양성애자는 한국 전체 인구 집단과 비교해 자살 생각 1년 유병률, 즉 지난 1년 동안 자살을 진지하게 생각한 적 있다는 사람의 비율이 6배 이상 높았다. 처참한 결과였다. 연구팀은 논문의 말미에 성소수자의 건강이 이토록 열악한 상태이니 어떻게 차별과 혐오를 없애고 건강 불평등을 줄일지 한국 사회가 고민하고 합당한 정책을 내놓아야 한다고 썼다. 그런데 이 처참함을 다른 방식으로 활용하는 이들이 있었다.

반동성애 운동 진영에서 활발히 활동하는 한 교수가 한국 동성애자들의 자살 생각과 자살 시도 비율이 높다는 우리의 연구 결과를 인용하며, 동성애가 이렇게 위험하니 동성애자는 이성애자가 되도록 전환 치료를 받아야 한다고 주장하고 있었다.

그에게 말하고 싶었다. 전 세계 어느 전문가 학회에서도 인정하지 않는 그런 비과학적인 주장을 당신 같은 사람들이 '전문가'라는 이름으로 주장하고 다니기 때문에 성소수자들이 죽음을 생각하는 세상이 된 것이라고. 바뀌어야 하는 건 동성애자의 성적 지향이 아니라 전문가가 지켜야 하는 최소한의 윤리를 어기고도 부끄러움을 모르는 당신 같은 사람들이라고. 그런 이들은 우리 연구팀이 같은 데이터를 이용해 한국에서 전환 치료가 성소수자의 우울증 및 자살 생각과 자살 시도를 모두 통계적으로 유의하게 높인다고 출판한 결과는 읽지도 인용하지도 않는다.[7, 8]

#3 연구자가 묻지 않아야 할 질문

2015년 쌍용자동차 해고 노동자 건강 연구를 할 때, 설문지를 만들기 위한 사전 작업으로 심층 인터뷰에 참여한 노동조합의 한 간부가 내게 말했다.[9, 10] "저는 이 연구에 반대했어요. 사람들 속을 또 파헤쳐서 어쩌려는 건지…."

두 가지 감정이 동시에 들었다. 일단 억울했다. 그 연구는 노조의 제안으로 시작된 것이었다. 해고 노동자들로 구성된 노조에서 부탁한 연구였기에 최소한의 비용을 받아 진행해야 했고, 연구팀 중 누구도 인건비를 받지 못한 채 일하는 상황이었다. 우리가 하자고 한 것도 아닌데…. 또 한편으로는 그런 반응을 충분히 이해할 수 있었다. 폭력적인 정리해고가 남긴 상처를 숫자와 증언으로 기록하려면 연구자는 어쩔 수 없이 가장 아픈 이야기들을 물어야 했고, 그 질문에 응답하는 이들은 자신의 경험을 다시 떠올리며 머릿속에서 또 한 번 아픔을 겪어야 했으니까.

당시 쌍용자동차 해고 노동자들은 정리해고로 인한 경제적 어려움뿐만 아니라 파업 노동자에 대한 여러 낙인 속에서도 신음하고 있었다. 그 출구가 보이지 않는 고통 속에서 스스로 세상을 떠나는 길을 선택하는 이들이 계속해서 생겨나던 상황이었다. 지난 1년간 자살을 진지하게 생각한 적이 있는지 묻는 문항을 통해 이들의 응답을 한국 전체 인구와 비교해 그 심각성을 확인하고 싶었다. 해고 노동자의 자살이 계속되며 사회적 문제로 대두되었던 쌍용자동차 정리해고 사건을 연구하는 데 중요한 질문이었다. 그러나 설문지를 보는 순간 노조 활동가들의 표정이 굳었다. 그 문항을 빼달라고 했다. 그 문항에 답하는 것이 당사자들에게 너무 아픈 경험이 될 수 있다고 했다. 당장 계속해서 주변 사람들이 자살로 죽어가고 있는 상황에서 설문에 응답하며 그 경험을 떠올리게 되면, 해고 노동자들이 위태로워질 수도 있다는 것이었다. 연구팀은 그 우려에 동의했고, 설문지에서 그 문항을 제외했다.

#4 잘한 일이었을까?

연구가 피해자 집단의 고통을 가중해서는 안 된다. 그렇다면 폭력이 남긴 폐허 위에서 상처를 연구하는 사람들은 어디까지 물어볼 수 있는 것일까? 2020년 국가인권위원회에서 발주한 「트랜스젠더 혐오차별 실태조사」를 할 때도 같은 질문을 만났다.[11] 설문조사는 2020년 10월에 진행되었다. 2020년은 트랜스젠더로 커밍아웃한 이후 온갖 모욕에 시달렸던 고 변희수 하사가 스스로 목숨을 끊은 해였다. 그녀의 죽음은 거의 모든 매체에 보도되었다.

나는 한국의 트랜스젠더들이 변희수 하사의 사망 사건 기사를 어느 정도 접했고, 그로 인해 어떤 영향을 받았는지 연구하고자 했다. 관련 기사들에는 온갖 혐오 댓글이 달렸는데, 그 혐오의 시간이 한국에서 살아가는 트랜스젠더의 삶에 어떤 영향을 미쳤는지도 탐구하고 기록해야 한다고 생각했다. 관련 기사와 거기에 달린 악플을 접한 적이 있는지 묻는 문항을 두고서 연구팀에서 몇 차례 회의를 했는데, 대학원생 연구원 중 다수가 그 질문을 설문지에 포함해서는 안 된다는 입장이었다. 성소수자 인권운동가이기도 했던 연구원들은 과연 한국의 트랜스젠더 중에서 관련 기사나 악플을 접하지 않은 사람이 있겠느냐며, 그 고통스러운 시간을 상기시키는 것은 옳지 않다고 주장했다.

무엇이 더 중요한지 저울질하고 결정해야 하는 상황이었

타인의 고통에 응답하는 공부

©김승섭

"어린 시절부터 이 나라와 국민을 수호하는 군인이 되는 것이 꿈이었습니다"라고 말하던 한 군인이 감당할 수 없는 모욕 속에서 세상을 떠났다. 그 비극이 발생한 주의 토요일이던 2021년 3월 6일 4시 30분, 서울광장에 모인 이들은 침묵 속에서 고 변희수 하사의 기자회견 영상을 보며 그녀의 삶을 기억하고 죽음을 애도했다. 4시 30분은 2020년 1월 22일은 그녀가 군인권센터에서 기자회견을 통해 트랜스젠더 군인인 자신을 세상에 드러냈던 시간이었다.

다. 데이터를 분석해야 하는 학술 연구에서 변수가 측정되지 않으면 연구자의 말이 단단한 토대를 갖기 어렵다. 모두가 악플을 봤을 것이라고 짐작되더라도 실제로 그 경험을 상세히 측정하지 않으면 가능성이 높은 추정이 될 뿐이다. 트랜스젠더 연구를 진행하면서 군대 내 성희롱 경험이나 병원에서의 차별 경험을 설문했던 것은 그 때문이다. 고 변희수 하사 사망 사건은 한국의 트랜스젠더가 경험하는 직장 내 차별을 보여주는 상징적인 사건이었다. 그녀의 죽음이 한국 사회에서 어떤 의미였는지는 신문 기사만이 아니라 학술 논문으로, 가능하다면 양적인 데이터를 통해 정리될 필요가 있었다. 설문에 응하는 과정에서 그 시간을 다시 떠올리는 건 한국의 트랜스젠더들에게 고통스러운 일이겠지만, 고통의 정도를 짐작하기는 어려웠다. 고민 끝에 학생들의 의견을 수용했다. 다만 우리가 왜 그 질문을 하지 않았는지, 그로 인해 어떤 지식이 생산되지 못했는지는 함께 기억하자고 말했다.

잘한 일이었을까?

#5 "선생님, 왜 또 저를 살리신 거예요?"

2017년 미국질병관리본부의 AIDS(에이즈·후천성면역결핍증 Acquired Immune Deficiency Syndrome) 팀에서 공식적으로 'U=U'를 발표했다. '검출되지 않으면, 전염되지 않는다Undetectable=Untransmissible'라는 뜻으로 HIV 감염인이 치료 약을 꾸준히 복용해서 체내 바이

타인의 고통에 응답하는 공부

러스 농도가 일정 수준 미만으로 내려갈 경우, 콘돔 없이 성관계를 하는 경우에도 비감염인 파트너가 감염되지 않는다는 내용이었다.[12] 나는 이 내용이 반가웠다. HIV 감염인에게 국민건강보험을 통해 치료약을 공급하는 게 잘못된 일이라는 반동성애 운동 진영의 주장이 왜 잘못된 것인지 직관적으로 반박할 수 있는 근거였기 때문이었다. 감염인들에게 필요한 치료 약을 공급하는 게 한국 사회의 HIV 감염 증가를 막는 데 가장 효과적인 정책이라는 말이 가능해지니까.

그런데 성소수자 인권운동 단체가 주최한 어느 토론회 자리에서 HIV 감염인의 인권에 대한 이야기를 나눌 때, 한 활동가가 U=U를 내세우는 캠페인이 지닌 위험성을 이야기했다. 그 말은 HIV 감염인으로 평생을 살아가야 하는 사람들을 소외시킬 수 있기에, 그 질병과 함께 살아가는 삶의 존엄에 대해 더 많은 이야기를 하는 게 맞는다는 것이었다. 그는 "우리가 싸워야 할 대상은 그 질병에 낙인을 찍고, 문란함을 죄악시하는 사회 아닌가?"라고 되물었다. 언젠가 참여했던 한국에이즈학회 관련 모임에서 '에이즈 종식'이라는 말이 내게 묘하게 불편했던 것과 같은 맥락이었다. 그 지적에 동의할 수 있었다.

동시에 답하기 어려운 질문이 있었다. 물론 HIV 감염과 관련된 낙인을 줄이는 사회 변화의 과정에서 전선이 하나여야 할 이유는 없고, 살아가는 조건에 따라 절실한 질문은 다르며 정답도 하나일 리 없다. 그러나 HIV 감염인에 대한 비과학적 낙인이 전 세계에서 가장 심각한 한국에서는 U=U를 더 알리는 게 가장 효과적인 전략 아닌가. 그럴 때면 내가 의사이고 보건학자이기 때문에 이렇게 생각하는 것은 아닌지 스스로에게 질문하곤 했다.

의학과 보건학은 각각 개인과 집단을 중심에 두고 질병을 이해한다는 차이점이 있지만, 중요한 공통점도 있다. 질병보다는 건강이, 죽음보다는 삶이 낫다는 것이다. 두 학문 모두 그 가치판단을 전제로 삼고 있다. 그러나 과연 모든 개인에게서 죽음보다 삶이 나은 것일까? 언제인가 정신과 레지던트로 일하던 한 친구가 이런 이야기를 해줬다. 한 환자가 자살 시도를 반복해서 한 해 동안 응급실로 세 번째 실려 왔다. 의사들이 겨우 살려낸 그가 눈을 뜨자마자 담당 의사였던 친구에게 물었다. "선생님, 왜 또 저를 살리신 거예요?"

친구는 자신이 해줄 수 있는 게 뭔지 모르겠다며 눈물을 흘렸다. 환자의 자살을 방관했어야 한다는 말이 아니다. 다만 죽음을 의학적 관점이 아니라 개인의 삶을 중심에 놓고 보면 이야기는 훨씬 더 복잡해진다. 최근 활발히 논의되고 있는 질병권의 개념은 질병을 경험하는 인간이 비정상적이고 예외적인 존재가 아니라고 강조한다. 우리는 인생의 어느 시점에 필연적으로 아프고, 질병을 갖게 된다. 그것은 예방할 수 있는 불행한 일이 아니라, 생명체가 살아가고 또 늙어가는 과정에서 겪게 되는 자연스러운 일이다. 질병과 함께 살아가는 인생은

온전하지 못한 삶인가? '치유'되지 못하는 질병을 가진 이들은
내내 그 멍에 속에서 허우적대야 하는가?

#6 비평가 혹은 플레이어

학회에서 과학의 편향성에 대한 발표를 마치자, 토론자로 나선
한 교수님께서 말씀하셨다. "물론 과학에 내재된 젠더·인종 편
향이 있다는 점은 분명하지만, 장기적으로 보면 역사는 과학에
오류를 수정하고 편향을 자정할 능력이 있다는 점 역시 명확히
보여주고 있습니다. 당장 모든 게 바뀌어야 한다고 주장하기보
다는, 지난 역사 속에서 성취해 낸 과학의 힘을 믿고 기다리며
조금은 너그럽게 바라보는 관점도 필요하지 않을까 싶습니다."

그 지적에 공감하면서도 조심스럽게 답했다. "교수님 말
씀이 맞습니다. 도그마에 굴하지 않고 질문하는, 관찰과 실험
에 기반한 더 합리적인 설명이 살아남는 과학적 사유 양식의
힘을 저도 믿습니다. 그런데 왜 교수님과 제가 이 문제를 바라
보는 데 차이가 날까 생각해 봤습니다. 두 가지 이유가 떠올랐
습니다.

첫째, 학제의 차이입니다. 제 부족한 이해가 맞는다면 교
수님의 공부는 사회를 관찰하고 그 변화의 동력과 과정을 기술
하는 학문인 반면에, 제 공부는 어떻게든 아픈 사람을 치료해
야 하고 생과 사의 갈림길에 있는 사람을 살려내야 하는 실용
적인 목적을 가지고 있는 응용과학입니다. 저는 의학을 공부한

보건학자이니까요. 그런 연구를 하는 입장에서는 당장 예방할 수 있는 이유로 고통받고 죽어가는 사람들이 항상 앞에 있다 보니, 마음이 많이 급합니다.

둘째로, 저는 연구자이지만 제가 비평가가 아니라 무대 위에 올라와 있는 플레이어라고 생각합니다. 제 학문에서도 거리를 두고 시스템을 관찰하고 보다 냉정하게 분석하는 일은 필수적입니다. 세상을 더 나은 모습으로 바꾸려면 문제를 진단하고 해결책을 내놓는 과정이 과학적이어야 하기 때문입니다. 하지만 사회적 약자의 관점에서 세상을 바라보며 생산되지 않은 지식을 생산하는 일은 누군가가 매우 의도적으로 준비하고 행동하지 않으면 진행되지 않습니다. 좀 더 구체적으로는 나와 내 동료들이 변화가 시급하다고 생각하며 당장 무엇인가를 하지 않으면 현실이 변화할 가능성은 요원합니다. 일반화하기는 조심스럽지만, 역사 속에서 드러나는 과학의 자정능력도 실은 그 구체적인 과정을 바라보면 누군가가 문제의식을 가지고 안간힘을 쓰며 노력했기에 가능하지 않았을까 생각합니다."

타인의 고통에 응답하는 공부

1980년대에 머물러 있는 에이즈에 대한 인식

주삿바늘 교환 프로그램과 비과학적 낙인

"당신은 에이즈 환자와 이웃으로 지낼 수 있나요?" 전 세계 사람들에게 물었습니다. 스웨덴인 6.1%, 미국인 13.9%가 "에이즈 환자를 이웃으로 받아들이고 싶지 않다"라고 답했습니다. 그런데 같은 응답이 한국에서는 무려 88.1%였습니다. 스웨덴의 14배, 미국의 6배가 넘는 수치입니다.

만약 이 조사가 진행된 시점이 1980년대라면 에이즈 환자에 대한 압도적으로 높은 거부감을 일견 이해할 수도 있습니다. 30년 전에는 HIV/AIDS 감염 원인을 알 수 없었습니다. HIV/AIDS는 걸리면 절반 가까운 사람이 2년 안에 사망하는 치명적인 질병이었습니다. 어떤 약도 효과가 없어서 환자가 사망하는 모습을 의료진이 무력하게 지켜보던 시절이었습니다.

그 시절 미국에서는 HIV 신규 감염을 어떻게 줄일 것인지가 큰 고민이었습니다. 특히 마약을 사용하는 사람들을 중심으로 음지에서 HIV 감염이 급격히 퍼져나가고 있었습니다. 1988년 뉴욕시 보건담당 부서는 과감하고도 놀라운 프로그램을 진행합니다. HIV 신규 감염을 줄이기 위해 마약중독자들에게 깨끗하고 안전한 주삿바늘을 제공하기 시작한 것입니다. 사용했던 주삿바늘을 반납하면 그 숫자만큼 새것을 내주는 식이었습니다.

분노나 낙인으로는 만들 수 없는 변화

이 프로그램은 거대한 논란을 일으킵니다. 많은 사람이 프로그

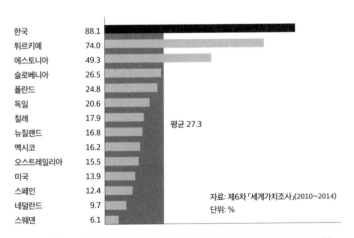

OECD 회원 14개국에서 "에이즈 환자를 이웃으로 받아들이고 싶지 않다"라고 응답한 비율.

타인의 고통에 응답하는 공부

램의 효과에 회의적이었습니다. '법적으로 금지된 마약을 사용하라고 돕는 일에 세금을 쓰는 게 말이 되느냐? 그런다고 HIV 감염이 줄어들 리 없다'라는 생각이었지요. 논쟁 속에서 프로그램이 시작되었습니다.

미국 사회는 '과연 주삿바늘 교환 프로그램이 HIV 신규 감염을 줄일 수 있을까?', '혹시라도 이 프로그램으로 인해 마약 사용이 증가하지는 않을까?'라는 질문에 답해야 하는 상황이 되었습니다. 이 논쟁 속에서 1996년 역사적인 논문이 학술지 『랜싯』에 발표됩니다.[13] 돈 잘레이스Don Jarlais 교수 연구팀은 「뉴욕의 주삿바늘 교환 프로그램과 마약 사용자 집단에서의 HIV 발병률」이라는 논문에서 뉴욕 지역 주삿바늘 교환 프로그램의 데이터를 분석했습니다. 연구팀은 이 프로그램에 참여한 마약 사용자들은 연간 100명당 1.56명이나 1.38명이 HIV에 감염되지만, 그렇지 않은 마약 사용자들은 연간 100명당 5.26명이나 6.23명이 감염된다는 사실을 밝혀냅니다. 주삿바늘 무상 교환 프로그램이 HIV 신규 감염을 3분의 1 이하로 줄일 수 있다는 결과입니다. 이 논문은 그 논쟁적인 프로그램의 효과를 증명한 최초의 연구입니다.

이후 계속된 실험으로 여러 연구 결과가 쌓였습니다. 마침내 2004년 세계보건기구는 「주삿바늘 교환 프로그램의 효과」라는 보고서에서 다음과 같이 발표합니다. "주삿바늘 교환 프로그램은 효과적이고 경제적인 방법으로 마약 사용자들에게서 HIV 감염을 막아내지만, 사회적으로 마약 사용을 증가시키지는 않는다."[14]

분노나 열정만으로는 충분하지 않습니다. 사회를 실제로 바꾸는 일은 우리가 짐작하는 것보다 훨씬 더 복잡합니다. 불법인 마약 사용을 모두 막을 수 있었다면, 그래서 주삿바늘로 전파되는 HIV 감염 역시 함께 막을 방법이 있었다면 그게 최선이겠지요. 그러나 그런 이상적인 정책을 실현할 수 없는 상황에서 뉴욕시 보건담당 부서는 실현 가능하면서도 현실에 도움이 될 수 있는 길을 찾았습니다. HIV/AIDS에 대한 사회적 낙인에 휘둘리지 않고 과학적 근거에 기반해 정책을 고안했습니다. 이 같은 노력은 수많은 생명을 살리는 결과로 이어졌습니다.

달라진 현실, 달라지지 않은 인식

현재 HIV/AIDS는 1980년대와는 전혀 다른 질병이 되었습니다. 더 이상 HIV 감염은 '현대판 흑사병'이 아닙니다. 과학의 성과입니다. 원인 바이러스를 밝혀냈고, 병의 진전을 막는 치료약을 개발했으며, 주삿바늘 교환 프로그램과 같이 실제로 감염을 줄이는 중재 프로그램을 찾아냈습니다. 이제 미국과 캐나다를 기준으로 스무 살에 HIV에 감염된 젊은이는 평균 일흔 살까지 살 수 있습니다. 그런 성과를 보여주는 상징적인 논문이 2013년 『랜싯』에 게재된 「에이즈의 종말: 만성질환인 HIV 감염」입니다.[15] 학계에서 HIV 감염을 만성질환으로 다루기 시작한 것입니다. 치료약 개발을 비롯한 여러 과학적 성과로 인해 바이러스에 감염이 되더라도, 면역체계가 파괴되어 여러 합병증이 발생하는 에이즈의 단계까지 가지 않고 건강하게 사는 길이 열렸기 때문입니다.

이렇게 말하면 HIV는 당뇨나 고혈압 같은 다른 만성질환과 달리 사람들 사이에서 전파되지 않느냐고 물을 수 있습니다. 맞는 말입니다. 하지만 의학의 발전으로 인해 그 바이러스의 전파를 바라보는 시각도 획기적으로 바뀌었습니다. 중요한 변화 중 하나는 성관계 시 콘돔을 사용하면 바이러스 전파를 막을 수 있다는 사실이었습니다. 그런데 최근 발표된 놀라운 연구 결과에 더 주목할 필요가 있습니다. 2017년 9월 27일 미국질병관리본부 웹사이트에 공지된 서한을 통해 공식적으로 세상에 알려진 내용입니다. 미국질병관리본부 HIV/AIDS 분과 책임자인 유진 매크레이Eugene McCray는 이 서한에서 HIV 감염인이 항바이러스 치료를 받아 체내 바이러스 농도가 일정 수준 이하로 내려가면, 콘돔을 사용하지 않아도 동성 간이나 이성 간 모든 성관계에서 파트너에게 바이러스가 전염되지 않는다는 내용을 발표했습니다.[12]

오늘날 HIV 감염은 과학적 지식에 기반해 전파를 막을 수 있는, 치료약을 충실히 복용하면 비감염인과 평균수명의 차이가 거의 나지 않는 만성질환이 되었습니다. 스웨덴이나 미국에서 에이즈 환자를 이웃으로 받아들이지 않겠다는 응답 비율이 한국과 비교할 수 없을 정도로 낮은 이유입니다. 같은 시대를 살고 있지만, HIV/AIDS에 대한 한국인의 인식은 1980년대에 머물러 있습니다. 그렇다면 한국 사회에 만연한 HIV/AIDS에 대한 비과학적 낙인과 혐오는 어떤 문제를 야기할까요? 두 가지 문제를 지적하고자 합니다.

첫째, HIV 감염인의 삶을 파괴합니다. 한국질병관리본부가 발표한 자료에 따르면, 2016년 기준으로 HIV에 감염된 한국인은 총 1만 1,439명입니다. 이들이 한국 사회에서 경험하는 여러 심각한 차별 중 대표적으로는 누구보다도 HIV/AIDS에 대해 정확히 알고 있어야 하는 의료진으로부터 받는 차별이 있습니다. 감염인 208명이 참여한 「감염인(HIV/AIDS) 의료차별 실태조사」(국가인권위원회, 2016)에서 응답자 중 26.4%가 의료진이 HIV 감염 사실을 확인한 후에 약속된 수술을 거부당한 적이 있다고 답했습니다. 환자에 대한 비밀도 지켜지지 않았습니다. 담당 의료진이 공식적인 협진이 아니었음에도 다른 의료진에게 자신의 감염 사실을 누설한 적이 있다는 응답을 한 사람도 21.5%나 되었습니다.

혹시라도 오해하지 않았으면 합니다. 의료진이 환자로부터 HIV에 감염될 위험을 감수해야 한다는 것은 결코 아닙니다. 환자의 건강을 돌보는 의료진은 HIV 감염인을 대할 때 누구보다도 스스로의 안전에 신경 쓰고 잠재적인 감염으로부터 엄격하게 보호받아야 합니다. 문제는 이미 수십 년간 이루어진 연

타인의 고통에 응답하는 공부

구를 통해 의료진이 감염을 막기 위해 지키는 '보편적 감염 주의 원칙Universal Precaution'을 따르면, HIV 감염으로부터 스스로를 충분히 보호할 수 있음이 밝혀졌다는 점입니다. 과학적 근거가 없는, 공포와 편견에 기반한 '과도한 행동'은 의료진을 HIV 감염으로부터 보호하는 데 도움이 되지 못할 뿐 아니라, 감염인에 대한 사회적 낙인을 강화하고 결과적으로 이들의 삶을 파괴하고 있습니다.

2017년 유엔에이즈계획UNAIDS의 지원을 받아 시행된 「한국 HIV 낙인 지표 조사」에 따르면, 감염인 104명 중 64.4%가 지난 1년간 "HIV 감염으로 인해 죄책감을 느꼈다"라고 답했습니다. 같은 질문에 독일의 감염인은 22.8%, 남아프리카공화국의 감염인은 14.5%만이 죄책감을 느낀다고 답했다는 점을 생

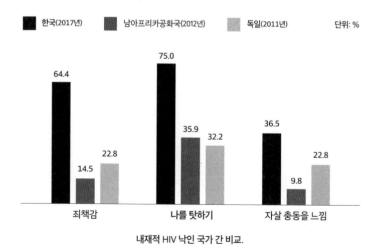

내재적 HIV 낙인 국가 간 비교.

각하면 그 심각성을 알 수 있습니다. HIV 감염으로 인해 자살 충동을 느낀다고 답한 비율도 36.5%로 다른 모든 나라보다 압도적으로 높습니다.

HIV 감염인의 자살 충동은 '충동'에 그치지 않았습니다. 인하대학교 의과대학 이훈재 교수가 국가인권위원회 의뢰를 받아 진행한 「HIV 감염인 및 AIDS 환자 인권상황 실태조사」(2005)에 따르면 한국에서 HIV 감염인의 자살률은 국민 전체의 자살률보다 10배가 높습니다. 한국은 OECD 회원국 중 자살률이 가장 높은 나라인데, 그런 한국인 전체 인구보다도 HIV 감염인은 자살로 사망할 위험이 10배나 높은 것입니다.

둘째, HIV/AIDS에 대한 낙인과 혐오는 비감염인들이 HIV에 감염될 가능성을 높입니다. 현재 한국에서 감염인들은 '스스로의 존엄을 지키면서 치료받을 수 있다'는 사회적 신뢰를 가지고 있지 못합니다. 「한국 HIV 낙인 지표 조사」에 참여한 감염인 104명 중 22명은 "가족과 친구와 파트너를 포함한 누구에게도 자신의 감염 사실을 알리지 않았다"라고 답했습니다. 감염 사실을 숨기게 되면 주기적으로 먹어야 하는 약을 먹지 못하는 경우가 늘어나고, 제대로 된 치료를 받지 못할 수 있습니다. 미국질병관리본부의 발표처럼 치료약을 제대로 복용하는 것만으로도 성관계 시 파트너가 감염될 위험을 없앨 수 있다는 점을 고려하면, 낙인으로 인해 감염 사실을 숨겨야 하는 한국의 현재 상황은 HIV 감염 전파 위험을 높이는 원인이 됩니다.

타인의 고통에 응답하는 공부

HIV 감염을 통제하는 가장 효과적인 방법

HIV 감염이 치명적이고, 그 질병의 원인이 동성애라고 말하는 비과학적 낙인은 그 의도가 무엇이든 간에 동성애자와 이성애자 집단 모두에서 사전에 예방할 수 있었던 HIV 신규 감염을 증가시키는 데 기여하고 있습니다. 주기적인 검진을 통해 병을 조기에 발견한다면 당사자의 건강도 지키고 주변인에게 전파될 위험도 줄일 수 있지만, 질병에 대한 낙인으로 인해 잠재적인 환자들이 음지로 숨게 되기 때문입니다.[16] 같은 이유로 이미 감염된 이들은 차별이 두려워 감염 사실을 계속 숨기게 됩니다. 이는 HIV 감염인의 존엄을 지키면서도 HIV 전파를 효과적으로 막을 수 있는 여러 방법을 무용지물로 만들어 버립니다.

어떤 전문가 집단도 HIV 감염을 치명적인 질병이라고 공포를 조장하거나, 동성애자나 성매매 여성과 같은 특정 집단을 질병의 원인으로 낙인찍는 일이 HIV 신규 감염을 막는 데 도움이 된다고 말하지 않습니다. 편견과 낙인이야말로 의학적으로 감염인의 건강을 관리할 수 있고 바이러스 전파를 막을 수 있는 수단으로부터 사람들을 멀어지게 만드는 원인이니까요.

그런 측면에서 저는 감염인을 'HIV 보균자'라고 부르는 일이 조심스럽습니다. 인간을 병균과 동일시하는 잘못된 인식 탓에, HIV 감염인이 집에 들어오지 않는다고 가족이 신고하면 경찰에서 전국에 수배령을 내리는 일이 실제로 발생합니다. HIV 감염인은 특정 바이러스에 감염되었을 뿐, 자신의 고유한 역사를 가지고 주변 사람들과 관계를 맺고 살아가는 사람입니다. 영어로 HIV 감염인을 PL, 즉 'HIV 감염을 가지고 살아가는 사람People Living with HIV infection'이라고 부르는 것도 그 때문입니다. 당뇨병 환자Diabetic patient를 '당뇨병을 가진 환자Patient with diabetes'라고, 조현병 환자Schizophrenic patient를 '조현병을 가진 환자Patient with schizophrenia'라고 불러야 한다는 주장이 널리 동의를 얻기 시작한 것도 같은 맥락입니다. 인간은 질병 이상의 존재이고, 질병을 가지고 살아가는 시간 역시 잘라낼 수 없는 삶의 일부분이기 때문이지요.

혐오는 쉽습니다. 가장 약하고, 아픈 당사자들을 욕하면 되니까요. 어떤 이들은 HIV 감염인에게 "네가 잘못해서 걸린 거다. 네 치료에 들어가는 세금이 아깝다"라고 함부로 손가락질합니다. 인권과 사회보장의 관점에서 그릇된 말입니다. 무엇보다도 이러한 혐오로는 문제를 해결하지 못할 뿐 아니라, 상황을 더 악화시킵니다. 혐오와 낙인은 한국의 HIV 신규 감염을 증가시키고 더 많은 이들을 죽음으로 몰고 갑니다.

한국 사회의 HIV 감염 확산을 막기 위한 첫걸음은 혐오와 사회적 낙인을 거두고 그 바이러스를 가지고 살아가는 인간의 삶을 존중하는 것입니다. 그것이 지난 수십 년간 과학 연구를 통해 인류가 알게 된, HIV 감염을 사회적으로 통제하는 가장 효과적인 방법입니다.

타인의 고통에 응답하는 공부

균열과 혼란에서
시작되는 변화

김도현, 김지영 활동가와의 HIV 감염과 장애 대담

여러 보고서와 논문을 계속 읽어도 할 수 있는 말을 찾을 수 없었다. 그렇다고 스스로도 설득되지 않는 이야기를 내 것인 양 세상에 내놓을 수는 없는 노릇이었다. 'HIV 감염을 장애로 인정하라'는 주장의 합리성을 제도적 측면에서 이해하는 것은 어렵지 않았다. 여러 나라에서 이미 법적으로 HIV 감염을 장애로 분류하고 있고, 그 변화는 감염인의 사회적 존엄을 지켜내는 중요한 계기가 되었으니까. 문제는 공부를 하다가 맞닥뜨린 어떤 목소리들이었다. 이 목소리들을 두고서 고심하다 20여 년 가까이 장애인 운동과 PL 운동을 해온 두 활동가에게 의견을 구했다.

"에이즈라는 낙인에 장애라는 낙인이 하나 더 덧씌워질 뿐이다." (2014년, PL 당사자)

하금철, 「"에이즈 환자도 장애 범주에 포함해야"」, 『비마이너』, 2014. 05. 09.

HIV 감염인이라는 사실은 드러나지 않고, 장애인으로 지원과 보호는 받고 싶다? 장애인으로 여겨지기는 싫지만, 장애인으로 지원은 받고 싶다는 주장을 장애운동은 과연 어떻게 받아들일 것인가.

「PL 인권운동 내부 세미나 자료」(2021)

김도현 노들장애학궁리소 연구활동가는 "장애에 대한 인식이 많이 바뀌고 있고, HIV 감염을 장애로 인정하라는 주장은 장애인 운동이 거둬온 사회적 진보와 장애에 대한 인식 변화를 반영하는 것일 수 있지 않겠냐"라는 의견을 전해 왔다. 김지영 레드리본사회적협동조합 대표는 당사자가 중심이 되어 자신의 세계를 바꾸어 나가는 장애인 운동의 과정을 지켜보면서 들었던 고민을 이야기했다. 김 대표는 "HIV 감염을 가지고 있는 사람들의 삶을 어떻게 개선할 수 있을지, 그 과정에서 당사자들이 중심에 서서 변화를 말할 수 있는 길은 무엇일지" 고민하고 있었다.

그들의 대답을 듣고 난 후, 내 경험과 역량으로는 이 주제로 한국 사회에 유의미한 글을 쓸 수 없다는 확신이 들었다. 이 대담은 내 부탁으로 시작되어, 촌음을 아끼며 살아가는 두 분이

타인의 고통에 응답하는 공부

내어준 마음이 모여 만들어졌다. 2021년 11월 25일 줌^{Zoom} 온라인 회의로 1시간 30분가량 진행되었고, 이를 정리한 기사가 그해 12월 1일 세계에이즈의날을 맞아 장애 전문 언론『비마이너』에 게재되었다.

이야기를 시작하며 부탁드렸다. "두 분이 각자의 운동에서 가지고 있는 위치를 고려했을 때 발언의 대표성을 완전히 지울 수는 없겠지만, 김도현과 김지영 개인이 가진 고민을 듣고 싶다." 그렇게 했을 때 우리가 처한 명확한 답이 보이지 않는 상황을 투명하게 바라보고 이야기하는 게 가능하지 않을까 생각했다. 나는 이 글이 비감염인이자 비장애인인 세 사람이 HIV 감염과 장애에 대해 나눈 기록이라는 한계와 함께, 현장을 포기하지 않고 끊임없이 실패와 성공을 반복하며 살아온 두 활동가의 시간이 쌓아온 힘을 가지고 있다고 믿는다. 독자분들도 함께 읽고 나눠주시길.

김승섭 HIV 감염을 가지고 살아가는 사람^{People Living with HIV infection}(이하 PL)을 장애인으로 인정하라는 주장에 대해 이야기를 나눠보려고 합니다. 한국에서는 낯선 이야기처럼 들릴 수 있지만, 국내외적 상황을 살펴보면 2021년은 오히려 그 논의를 하기에 다소 늦은 감마저 있습니다.

국제적으로 현재 홍콩, 영국, 일본 등에서 이미 PL을 법정 장애인으로 규정하고 있습니다. 그리고 국내에서는 국립재활원이 감염인의 입원을 거부했던 일을 2019년에 국가인권위원회에서 장애인차별금지법상의 장애인 차별로 해석한 바 있습니다. 손가락이 절단된 HIV 감염인의 수술을 병원에서 거부한 사건을 두고, 현재 국가인권위원회에 장애인차별금지법상의 차별로 진정이 진행 중이기도 하고요. 하지만 한국 사회에서 이 주제는 보다 깊은 논의가 필요합니다. 이와 관련한 공부를 하면서 우리가 이 자리에서 직시하고 이야기해야 하는 (서두에 언급한) 문장들을 만났습니다. 물론 배경과 맥락을 섬세하게 고려해서 이해해야 하겠지만, 두 이야기 모두 한국 사회에서 HIV 감염과 장애의 관계에 대한 중요한 함의를 가지고 있습니다. 이 내용들을 어떻게 받아들이시나요?

김지영 교수님과 그에 대해 대화를 한 후, 동료들과 여러 차례 이야기를 나눌 수 있었는데요. 논의의 핵심은 'PL의 정체성은 무엇이고, 장애인의 정체성은 무엇인가?'였습니다. 이야기는 결국 '차별이 장애를 구성한다'는 생각으로 이어졌습니다. 한국에서 PL분들은 사회적으로 배제되고 차별받으며 심리적인 좌절감과 내재적 낙인을 가지고 살아갑니다. 그렇다면 '어떻게 해야 차별을 해소할 수 있을 것인가?'라는 질문이 남는데, 장애인 운동과 연대하며 어떤 가능성과 희망을 본 것이지요. HIV 감염의 장애 인정 운동을 하면서 장애의 정체성, PL의 정체성이라는 것이 만들어지고 재정의될 수 있지 않을까, 하는 생각을 얻을 수 있었습니다.

타인의 고통에 응답하는 공부

PL분들의 스펙트럼은 정말 넓어요. 20대부터 80대의 고령인 분들까지 계시는데, 저마다 다양한 욕구를 갖고 있고 신체적 증상도 매우 다양해요. 가령 50대 이상의 경우, 한두 개의 기회감염(면역 저하로 인해 세균, 바이러스 등에 감염되는 것을 뜻한다. HIV 감염으로 인한 주요한 사망 원인이 된다)을 경험했거나 대사 관련 질환을 가지고 있는 경우도 많아 자신의 몸을 두고서 장애인의 몸 같다고 말씀하시기도 합니다.

실제로 해외 여러 국가에서는 HIV에 감염된 상태를 두고, 그에 수반되는 기능상의 손상을 포함해 사회적 차별을 장애라고 정의해요. 유럽연합사법재판소는 기본적으로는 장애를 질병과 구별하지만, 질병으로 인해 장기적으로 사회참여가 제약되는 상황을 장애라고 규정하기도 합니다. 하지만 20대에서 한 40대 초반 정도까지는 진단받은 지 얼마 되지 않은 경우도 있고, 약을 통해 면역 상태가 잘 관리되는 경우에는 기회감염이 흔한 일은 아니어서, 자신을 장애인이라고 말하는 것을 불편해하는 분들이 있는 것도 사실입니다.

장애란 무엇인가: 손상과 장애의 경계에서

김승섭 2008년 제정된 유엔권리협약에서 장애인은 "다양한 장벽과의 상호작용으로 인하여 다른 사람과 동등한 완전하고 효과적인 사회참여를 저해하는 장기간의 신체적·정신적·지적 또는 감각적인 손상을 가진 사람"으로 정의되는데요. 이 정의에 따르면,

장애인의 효과적인 사회참여가 불가능한 원인은 손상을 부당하게 대하는 사회적 환경이므로, 그 부조리한 환경에 초점을 맞춰 세상을 바꾸어 나가는 것이 장애 인권 운동의 목표가 됩니다.

그런데 역으로 이 정의는 손상, 즉 몸의 차이가 장애를 구성하는 요소라는 점을 명시하기도 합니다. 손상 없이 차별을 경험하는 이주 노동자를 장애인이라고 부르지는 않으니까요. 지난 40년간 놀라운 의학 기술의 발달로 꾸준히 약을 먹으며 관리할 경우 PL과 비감염인의 기대수명에 차이가 없는 상황에 이르렀고, 또 합병증에 걸리지 않은 젊은 PL의 경우는 실제 신체적 기능의 측면에서 손상을 가지고 있다고 말하기 애매한 경우도 분명 있습니다. 장애를 정의할 때 '얼마나 손상된 사람이냐가 아니라 얼마나 차별받는 대상인가?'를 봐야 한다는 것에 동의하더라도, '몸의 차이에 해당하는 손상이 없는 사람을 장애인이라고 규정할 수 있는가?'라는 질문은 여전히 남아 있습니다.

김도현 저는 강의를 하며 장애를 설명할 때 "손상 혹은 손상이라고 간주되는 것"이라는 표현을 사용하곤 합니다. 무엇을 손상이라고 규정할 것인지 자체가 사회적·문화적 맥락에 따라 변화할 수 있기 때문입니다. PL 집단의 몸 상태 스펙트럼이 굉장히 다양하다는 게 논점이 되고 있는데, 실은 우리가 손상이라고 간주하는 모든 영역이 그런 것 같거든요. 예를 들어, 법정 장애의 영역에 포함되는 신장질환이나 간질환의 경우에도 같은 진단을 받았지만 크게 증상이 없는 경우가 있을 수 있고, 또 상당한 기능적 제약이 생겨나는 경우도 있겠지요. 손상이라는 개념 자체가 포괄적이고 유연한 개념입니다. PL의 경우에도 감염이 없었다면 차별을 경험하지 않았을 테니까, PL의 상태를 장애의 정의에서 이야기하는 손상이라고 충분히 말할 수 있다고 생각합니다.

또 다른 논점은 '집단 전체를 장애인으로 규정한다는 게 무슨 의미인가?'라는 것인데요. 차별금지법 적용의 경우, 내가 이 법에서 금지한 차별을 당했다고 진정을 제기할 때, 어떤 요인에 따른 차별인지 확인하고 장애인으로 규정받게 되는 것입니다. 따라서 일종의 신청주의와 같은 면이 있다고 볼 수 있겠죠.

김승섭 한국 사회에서 장애의 범주가 넓어지고 있는 것은 분명한 사실입니다. 최근 백반증, 뚜렛 증후군, 기면증 등이 법정 장애로 인정받기 시작했지요. 한국 사회에서 장애 개념이 확장되고 있는 것이지요. 김도현 선생님 말씀처럼 PL의 경우에도 어떤 손상이 있기 때문에 차별을 받는 것이고, 다른 장애 역시 몸의 차이 측면에서 그만큼 스펙트럼이 다양할 수 있다는 말씀은 이러한 변화와도 닿아 있는 지적이라 생각됩니다.

김도현 안면장애의 경우, 안면의 손상이 반드시 어떤 기능적 장애를 발생시키기 때문에 장애가 되느냐 하면 그건 아니거든요. 그러한 손상이 사람들의 편견과 차별 때문에 사회참여의 제약으로 이어질 때 장애로 인정되지요. 이번에 백반증이 새롭게 안면 장애로 인정된 것도 같은 맥락이고요.

협소한 장애 개념에 균열을 내는 HIV 장애 인정 운동

김승섭 이번에는 김지영 선생님께 질문을 드려볼게요. 유튜브에 올라와 있는 선생님의 HIV 감염과 장애에 대한 강의를 흥미롭게 봤는데요. 강의 제목이 「규정당할 것인가? 규정할 것인가!」였어요. PL분들과 함께 오랫동안 운동을 해오신 입장에서, 세상이 차별과 낙인 속에서 나를 규정하게 놔두는 것이 아니라 내 존재는 내가 정의할 수 있어야 한다는 메시지라고 이해했습니다. 장애인 운동의 오랜 구호인 "우리 없이 우리에 대한 것은 없다(Nothing About Us Without Us)"와도 닿아 있는 말이고요. 그런데 PL 인권운동과 가까이 있지 않고 또 합병증이 없어 신체적 차이로 인한 불편함을 겪고 있지 않은 젊은 PL분들은 오히려 '저 활동가가 왜 나를 장애인이라 규정하지? 나는 그렇게 생각하지 않는데'라고 느낄 여지도 있지 않을까요?

김지영 2019년 12월에 HIV 감염의 장애 인정과 관련해서 PL 102명이 참여한 설문조사를 진행한 적이 있는데요, 응답자 중 "장애 인정이 필요하다"라고 답한 비율이 90%를 넘었습니다. 물론 이 숫자가 전체 PL을 대표할 수는 없지요. 그러나 모든 사람이 동의하는 주제만이 운동의 과제가 될 수 있는 건 아니잖아요. 이제 더

타인의 고통에 응답하는 공부

이상 미루지 말고 논의를 시작해야 한다고 생각해요.

그보다 10년 앞선 2009년도에는 「HIV 감염인 지원강화를 위한 법정장애 인정제도의 타당성 조사연구」가 있었는데, 당시 PL 분들 사이에서 저항감이 꽤 높았어요. "왜 우리보고 장애인 되래?" "장애인 되면 PL인 게 노출되는 거 아니야?" 이런 반응들이 있었습니다. 당사자들 사이에서 장애 인정에 대한 공감대나 논의가 없던 때였어서 지금 돌이켜 보면 당연한 반응이었다고 생각해요.

2014년에 저희가 또 한 번 이 주장을 꺼내 들었어요. 그때는 당사자분들과 공론의 장을 만들고 이야기를 나눴는데, 그때만 해도 연대할 장애인 단체가 거의 없었어요. 그 당시는 장애계에서 장애등급제 폐지 운동이 화두였기에 "너희들 왜 장애인이 되려고 해? 우리는 등급제 없애려고 하는데?" 하는 식으로 온도 차를 느꼈던 시기이기도 해요. 그런 고민이 2019년까지 이어졌고, 우리 운동을 조금 더 가시화할 필요가 있겠다 싶어서 그때부터 HIV 감염인 장애 인정 공익소송을 시작했어요.

저는 이 화두를 계속 던져왔기 때문에 내부의 목소리, 즉 당사자들의 필요에 집중할 수 있었습니다. PL이 직접 겪고 당하는 차별 그 자체가 장애의 경험이었어요. 유독 한국이 장애 등록률이 낮은데, HIV 장애 인정과 연결 지어보면 장애 개념이 매우 협소하고, 장애에 대한 부정적인 시각이 있어 등록을 꺼리시는 것 같아요. HIV 장애 인정 운동에서도 이 부분을 계속 마주해야 한다고 생각해요. 즉, 지금 우리의 운동은 PL이 겪는 차별에 이름을 붙이고, 협소한 장애 개념에 균열을 내는 과정이라고 생각합니다.

김승섭 한국에서 PL분들이 모여 충분히 논의할 수 있는 공개적인 장을 마련하는 게 매우 어려운 일이라는 점을 생각하면, 102명이 참여한 설문은 함의가 적지 않습니다. 한국은 전 세계에서 HIV 감염에 대한 사회적 낙인이 가장 심각한 나라이니까요. 그런 상황에서 PL분들은 사회적으로 고통을 겪더라도, 자신을 드러내며 그 어려움을 말하고 변화를 요구하기보다는 홀로 삭이는 경우가 많기도 하고요.

지금까지 낙인에 초점을 맞춰 이야기를 나누었습니다. 또 다른 중요한 질문이 있습니다. 과연 HIV 감염이 장애로 인정받게 되면 PL의 삶은 더 나아질까요?

김지영 장애인차별금지법으로 PL의 차별 구제가 가능해지겠지요. PL 동료분들과 대화하면서 자주 나왔던 이야기가 "인간답게 살기 위해 장애 인정 운동을 한다"라는 것이었어요. 무엇이 인간답게 사는 것인지 질문을 드리니 결국 차별 안 받고, 일하고, 사랑하는 사람을 만나는 것이라고 답하셨습니다.

PL이 가장 빈번하게 차별을 경험하는 곳은 의료기관이에요. 자신의 감염 사실이 드러나는 최초의 장소이자 유일한 장소인 경우가 많습니다. 다른 곳에서는 자신의 감염 사실을 굳이 드러낼 이유가 없고 감염 사실이 외적으로 나타나지도 않으니까요. 의료기관 외에는 자유가 제한되는 교정 시설 같은 곳에서 자신의 병력 정보가 노출되다 보니까 강도 높은 차별을 경험합니다. 이러한 차별들이 현재보다는 더 나은 방법으로 구제될 수 있다고 생각합니다.

김도현 사실 이 부분은 장애인권리보장법이 제정되고 장애등록제가 사라지면, 일정 정도 자연스럽게 풀릴 수 있는 문제라는 생각이 들기도 합니다. 장애인차별금지법의 적용을 받을 수 있느냐의 문제가 아니라 복지·지원 영역으로 갔을 때, 주로 생각할 수 있는 건 사회서비스나 장애인 연금과 같은 소득 지원일 텐데요. 사실 모든 PL에게 이런 서비스와 급여가 필요한 건 아닐 수 있잖아요. 예컨대, 당뇨병을 가지고 있는 분들의 경우에 일상생활이 잘 관리되고 합병증도 없고 직장 생활에도 무리가 없다면 당뇨병 때문에 어떤 서비스나 급여가 필요하지는 않을 수도 있겠죠. 그러나 그 병으로 몸의 기능이 떨어지고 일상 활동에 제약이 생기면 구체적인 지원이 필요할 텐데요. PL의 경우에도 이건 케이스마다 다를 수 있다고 생각합니다.

OECD 평균 장애인구 비율이 한국의 5배에 달하는 이유

김승섭 마지막으로 두 분께 각각 말씀을 부탁드리고 싶은 내용이 있습니다. 먼저 김도현 선생님께서는 북유럽 국가들의 예를 들

며, HIV 감염의 장애 인정이 과도기적 상황에서 전략적 과제일
수 있다는 이야기를 제게 하신 적이 있거든요.

김도현 제가 얼마 전 글을 쓰면서 이런저런 자료를 확인할 기회가
있었는데요, OECD 회원국의 평균 장애인구 비율이 24.5%더군
요. 한국은 5분의 1 수준인 5%에 불과하고요. 장애인으로 인정
되는 인구가 늘어나는 과정은 어떻게 보면 그에 대한 낙인이 점
점 줄어드는 과정과 함께 가는 측면이 있는 것 같습니다. 그런
면에서 PL분들이 자신이 처한 어떤 상황을 장애라고 이야기할
수 있다는 건, 장애인 운동의 성과 속에서 장애에 대한 낙인이
일정 부분 감소되고 장애가 좀 더 보편적으로 받아들여지는 측
면과 연결되어 있다고 생각합니다.

장애인구 비율과 관련해서 조금 더 주목해 볼 만한 국가들이 존
재하는데요. 바로 한국의 장애인 운동이 탈시설지원법을 성안
하면서 가장 많이 참고한 노르웨이와 스웨덴입니다. 노르웨이
와 스웨덴은 2000년대 중반 탈시설을 완수해서 장애인 시설이
존재하지 않는 국가인 동시에, OECD 회원국 중 정부에서 공식
적인 장애인구 통계를 국제기구에 제출하지 않는 유이(唯二)한 국
가들이기도 합니다. 이는 두 나라 정부에서 기본적으로 사회적
장애 모델에 입각해 장애를 바라보기 때문이에요. 즉, 장애란 어
떤 사람의 몸에 존재하는 특질(손상) 자체가 아니라 물리적·사회
적 환경과 조건에 따라 유동적인 것이므로, 고정적이고 안정적

인 장애인구를 산정할 수 없다고 보는 것이죠. 두 나라의 보건복지부 장관은 자기 나라의 인구 중 장애인이 얼마나 있는지 몰라요. 서비스 지원 과정에서 꼭 장애라는 개념을 거치지 않더라도 이를 필요한 사람에게 충분히 제공할 수 있는 시스템이 마련되어 있고, 차별 금지의 경우 앞서 언급한 것처럼 일종의 신청주의에 입각해 사례별로 판단하면 되니까요.

예컨대, 활동지원 서비스가 장애인에게만 필요한 것인지 생각해 볼 수도 있어요. 사실 '개인의 일상적인 활동을 지원하는 서비스personal assistance service'는 노인에게도 필요할 수 있고, 때로는 임신부에게도 필요할 수 있어요. 그렇다면 꼭 장애인이라는 범주를 구분해서 지원하지 않아도 되는 것이죠. '교통약자'라는 개념을 생각해 보면 이해하기가 쉬우실 거예요. 이동지원 서비스의 경우에도 교통약자라는 틀과 범주 속에서 마련하고 제공하면 되니까, 두 나라 법률에서는 장애인이라는 용어가 이제 점점 사라져 가는 거죠.

제가 장애인은 "장애인이기 때문에 차별받는 것이 아니라, 차별받기 때문에 장애인이 된다"라고 말하곤 하는데요. 장애인이라는 구분과 그 범주 자체가 필요하지 않은 사회에 도달할 수 있다면, 아마도 굉장히 먼 길이 되겠지만, 그 사회는 지금보다 근본적으로 진전된 단계일 거라고 생각해요. 그러한 단계로 나아가는 과정에서 장애라는 것을 사람들이 특수하게 생각하지 않고 어떤 낙인으로 받아들이지 않는 상황을 만드는 일이 필요하죠.

이런 과도기적 측면에서도 PL의 장애 인정을 적극적으로 고민해야 한다고 생각합니다.

PL 운동의 고민: 언제까지 존재를 증명해야 할까

김승섭 이번에는 김지영 선생님께 말씀 부탁드리겠습니다. 활동가로서 자신의 경험 속에서 의제를 설정하고 그것들을 실현시키기 위한 주장이겠지만, 동시에 HIV 감염과 장애라는 예민한 주제를 두고서 많은 고민이 있으실 수밖에 없을 것 같아요. 오랜 시간 PL분들과 함께하며 현장을 지켜온 활동가로서 하셨던 고민들을 나눠주실 수 있을까요?

김지영 HIV 감염이 장애로 인정되어야 한다고 하면, "PL의 손상이 얼마나 되냐?", "차별을 얼마나 받고 있냐?"라는 질문을 자주 받는데, 당연한 이야기를 자꾸 물으니 "언제까지, 어디까지 우리 존재를 계속 증명해야 할까?"라는 생각이 들 때가 있어요. 그러면서 "자신을 드러내는 가시화 활동을 하지 않고 뭘 얻기만을 바란다"라는 이야기도 듣게 되는데, 사실 저희 운동의 한계가 명확히 그 지점인 거죠. '당사자가 가시화되는 것이 너무나도 어려운데 이것은 PL 당사자의 탓인가? 아니면 우리가 활동을 잘못했던 탓인가?' 활동해 온 18년이라는 시간에 대한 고민이 들 때도 많습니다.

그런 고민 과정 안에서 협동조합을 시작했고 PL이 직접 조합원으로 참여하는 경험을 통해 '뭔가 달라지지 않을까' 하는 기대가 있기도 합니다. 저도 가끔 현장에서 공격받기도 해요. PL분들에게 "너는 PL이 아니잖아. 우리 보고 왜 자꾸 발언하라 하는데? 말하기 대회는 왜 하는데? 우리는 하기 싫다." 이런 이야기를 듣죠. 어떨 때는 당사자 대신 가족이 등장해서 PL의 경험에 대해 말한 적이 있는데, 그걸 근사한 기획처럼 생각하는 분도 계시더라고요. 당사자가 도저히 등장하기가 어려워서 누나분이 오셨었거든요. 그 모습에 사람들이 감탄하는 것을 보며 '이건 원래 의도했던 기획이 아니라, 섭외가 안 되었던 건데…' 하는 생각을 하기도 합니다. 이런 상황일수록 당사자 가시화 운동이 더욱 필요하다고도 생각하지만, 한편으로는 '반드시 드러내야만 우리의 요구를 주장할 수 있는 건가?' 싶기도 하고…. 이렇게 해야만 운동이라고 생각하는 것이 PL분들에겐 폭력일 수 있다는 생각이 들기도 합니다.

저는 처음부터 PL이 우리 사회에서 가장 큰 낙인을 경험하고 있는 집단이고, 소수일지라도 PL의 목소리를 사회에 전달해야 한다는 생각으로 운동을 시작했습니다. 그래서 장애 인정 운동 역시 PL 모두가 공감하지 않더라도, 소수라도 그것이 필요하다고 느낀다면 시작되어야 한다고 생각합니다. 모든 변화는 균열과 혼란에서 시작되는 거잖아요. 결국 HIV 장애 인정 운동은 PL 가시화 운동의 과정이라고도 생각해요. 연대와 집단 경험에 이름을 붙이는 것으로부터 시작될 수 있다고 생각합니다.

마지막으로 대구장애인차별철폐연대 전근배 정책국장을 비롯해 연대할 수 있는 많은 단체와 지지자 들을 알게 되면서 HIV 장애 인정 운동이 장애 개념을 확장시키는 활동이기에 빚진 마음이 아니라 빚을 갚는 마음으로 함께하고 있습니다.

김승섭 기득권의 언어는 논리적으로 깔끔하고 잘 정리된 것처럼 보이는 경우가 많습니다. 이는 명확한 언어를 갖추기 위해 필요한 자원을 충분히 가지고 있을 뿐 아니라, 보이지 않는 미래의 가능성을 말할 필요가 상대적으로 적기 때문이기도 합니다. 역으로 이는 사회적 약자가 '언어의 부재'로 고통받는 이유이기도 합니다. 하지만 현실을 변화시키는 것은 이미 고착화된 세계의 언어로는 설명하기 어려운 가능성을 말하며 그 강고한 장벽에 몸을 부딪치면서 만들어 내는 균열이라고 생각합니다.

지난 한 해 제 여건이 마땅치 않아 기고 요청에 많이 망설였는데, 김도현 선생님이 대표로 있는 『비마이너』에 글을 써달라는 김지영 선생님의 말씀은 거절하지 못했습니다. 돌이켜 보건대 쉬운 답이 존재하지 않는 자리에서 몸으로 부딪치며 자신의 길을 걷고 있는 동년배 활동가에 대한 감사함과 존경 때문이었던 것 같습니다. 두 분 오늘 감사했습니다.

타인의 고통에 응답하는 공부

손쉬운 낙인으로는
아무것도 해결할 수 없다

HIV 감염인에 대한 낙인 연구하는 보건학자 돈 오페라리오

돈 오페라리오Don Operario는 미국 브라운 대학교 행동사회학과 교수이다. 그는 20년간 미국, 중국, 필리핀, 아프리카 사하라사막 이남 국가 등을 대상으로 HIV 감염과 건강 불평등에 대한 다양한 연구를 진행해 왔다. 미국 캘리포니아 주립대학교 샌프란시스코 캠퍼스와 영국 옥스퍼드 대학교에서 일했으며, 아시아 태평양 출신 이주민의 HIV 감염 연구로 널리 알려져 있다.

2017년 10월 한국에서는 HIV 감염인에 대한 낙인이 전국을 휩쓸었다. 온라인 채팅으로 만난 남성에게 자신이 HIV에 감염되었다는 사실을 알리지 않은 채 성관계를 맺고 돈을 받은 한 여성의 이야기가 알려졌기 때문이다. "에이즈로 돈을 벌

다니"라는 등의 댓글들이 달렸고, 그 댓글들을 몇몇 언론이 인용하며 혐오와 낙인을 재생산했다. 그 여성이 지적장애인이고, 그녀의 HIV 감염 사실을 알고도 성매매를 알선한 비장애인 남자친구가 곁에 있었다는 사실은 뒤늦게 알려졌다.[17]

이런 상황에서 우리가 무엇을 어떻게 바라봐야 하는지 눈밝은 연구자에게 묻고 싶었다. 2017년 11월 당시 나는 애틀랜타에서 열린 미국공중보건학회에 참석 중이었는데, 그 학회에 돈 오페라리오 교수가 참석했다는 사실을 확인하곤 메일을 보냈다. 한국의 상황을 설명하며, HIV 감염인에 대한 낙인을 보건학자가 어떻게 바라봐야 하는지 말해줄 수 있겠냐고 물었다. 갑작스런 인터뷰 요청에도 귀한 이야기를 나눠준 오페라리오 교수에게 감사를 전한다.

차별받는 사람들이 더 자주 감염된다

김승섭 1981년 미국에서 에이즈가 발견됐을 때는 원인 바이러스를 몰랐고, HIV/AIDS는 발병 2년 안에 환자의 40%가 죽는 치명적 질병이었다. 그러나 지난 30여 년 동안 항바이러스 치료제가 개발됐다. 이제 HIV 감염인이 적절한 치료를 받는다면, 비감염인과 비슷한 기대수명을 누릴 수 있다. 전문가들은 HIV 감염을 만성질환으로 분류하기 시작했다. 그러나 한국에서는 아직도 이 질병을 치명적인 것으로 인식한다.

타인의 고통에 응답하는 공부

오페라리오 HIV 감염은 치명적 질병이 될 수도 있다. 적절한 의료 지원이나 사회적 지지가 없다면 HIV 감염인은 고통스러운 시간을 보낼 수밖에 없다. 많은 HIV 감염인이 의학의 성과를 충분히 누리려면 적절한 의료서비스를 제공하는 보건의료 시스템과 HIV 감염인을 존중하며 치료하는 의료진의 태도가 필요하다. 미국 등 서구 국가의 HIV 감염인이 다른 나라보다 상대적으로 더 오래 사는 것은 그 때문이라 생각한다. 많은 저소득 국가의 경우에서 확인할 수 있듯, 사회적 시스템이 없다면 HIV 감염은 여러 문제를 초래할 수 있는 질병이다.

김승섭 한국은 HIV 감염과 에이즈에 대한 낙인이 심각한 나라 중 하나이다. 2010년부터 2014년까지 진행된 「세계가치조사」에서 한국인 응답자의 무려 88.1%가 "에이즈 환자를 이웃으로 받아들이고 싶지 않다"라고 답했다.

오페라리오 미국을 비롯한 전 세계의 연구가 공통적으로 말하는 게 있다. 사회적 불평등과 낙인, 제도적 차별로 가장 열악한 조건에 있는 사람들이 더 자주 HIV 감염 위험에 노출된다는 것이다. 사회적·문화적·역사적으로 배제된 집단에서 감염률이 높다. 그것은 이미 감염된 경우는 물론이고 아직 감염되지 않았지만 감염 위험이 높은 경우에도 필요한 의료서비스를 받지 못해서 벌어지는 일이다. HIV 감염 원인을 이야기할 때, 구조적·역사적 맥락을 고려해야 한다. 비감염인이 적절한 HIV 감염 예방 조처를 하거나 HIV 감염 검진을 받는 과정, 감염인이 의료 시스템 아래에서 적절한 치료를 받는 과정, 감염인이 파트너나 사랑하는 이들에게 자신의 질병에 대해 말하는 과정, 또 감염인의 파트너가 예방 조처를 하도록 하는 과정 모두에서 사회적 환경이 생물학적 요인만큼 중요하다.

감염인 비난하는 언론, 진료 거부하는 병원

김승섭 최근 한국 부산에서 HIV 감염 여성이 감염 사실을 알리지 않은 채 온라인 채팅으로 만난 남성들에게 돈을 받고 성관계를 맺다 경찰에 체포된 일이 언론에 대대적으로 보도됐다. 대부분의 한국 언론은 그 여성을 구체적 삶을 살아가는 '인간'이 아니라, 질병을 옮기는 '매개체vector'로 다뤘다. 취약 집단에서 더 빈번하게 전파되는 이 감염병을 논할 때 사회적 결정 요인과 다층적 맥락이 중요하다는 것을 좀 더 자세히 설명해 줄 수 있을까.

오페라리오 한국의 상황은 1980년대 미국을 생각나게 한다. 이런 언론 보도는 HIV 감염인을 고통받아 마땅한 사람으로 묘사하고 감염인 개인을 비난한다. 또한 잠재적으로 다른 이들에게 병을 전염시키는 사람으로 이야기한다. 그러나 감염인과 이야기해 보면, 파트너나 사랑하는 사람이 감염될 수 있다는 사실을 가장 두려워하는 이는 감염인 자신이다. 언론에서 감염인을 그처럼 묘사하는 것은, 감염인에 대해 잘못된 정보를 옮기는 일이고 그 자체로 거대한 사회적 해악이 된다. 그런 낙인 때문에 감염인은 병원에서 치료받는 것은 물론이고 회사에서 일하는 것도 힘들어진다. 더 나아가, 낙인으로 감염 위험에 놓인 사람들이 자신도 감염될 수 있다는 사실을 부정하게 하고, 그 경험에 대해 침묵하게 만든다.

김승섭 한국에서 HIV 감염인을 괴롭히는 또 다른 문제는 의료 이용의 어려움이다. 치과 진료, 수술 등 침습적 치료를 제공하는 의료진이 감염인 진료를 거부하는 일이 해마다 일어나고 있다. 한국의 국가인권위원회에는 이와 관련한 진정이 여럿 제기됐다.

오페라리오 이 역시 미국의 1980년대 중반 상황을 떠올리게 한다. 한국 의료인들이 HIV 감염인 치료에 익숙하지 않은 것은 심각한 문제이다. 장기적으로 한국 사회에서 HIV 감염을 예방하고 치료하려면 HIV 치료를 일반 의료서비스 시스템에 통합하는 게 필수적이다. 대부분의 의사가 HIV 전파 경로와 가능성에 충분한 지식이 없는 점도 큰 문제이다. 이는 의사들이 감염 위험에 노출되지 않고 안전하게 진료하는 방법을 모른다는 걸 뜻하기 때문이다. 의료서비스 과정에서 의료인이 HIV에 감염되는 것은 심각한 문제가 될 수 있다. 의료인에게 표준화된 교육을 하고, 자원을 투자해서 효과적인 예방 정책을 시행해야 한다.

바꿀 수 있는 건 성적 지향 아니라 사회적 낙인

김승섭 합리적 사고를 하는 사람들조차 동성애자 집단에서 HIV 감염 유병률이 높다는 이유로 동성애가 HIV 감염의 원인이라고 생각하는 경우가 있다. 특정 집단에서 어떤 질병의 유병률이 높다고 그 집단을 병의 원인으로 생각하는 것은 오류이다. 또한 예방 차원에서 병의 원인은 변경 가능한 것이어야 한다. 예를 들어, 대부분의 질병은 나이가 들면 발생 위험이 늘어난다. 그러나 나이 듦이 원인이니 나이를 줄이자고 제안할 수도 없고, 제안해서도 안 된다. 나이는 변경할 수 없기 때문이다. 동성애 같은 성적 지향도 같은 맥락에서 이해해야 하지 않을까? 인정해야 할 존재의 일부이지, 바꿀 이유도 없고 바꿀 수도 없다.

오페라리오 동의한다. HIV 감염의 위험 요인 중에서 바꿀 수 있는 것은 성적 지향이 아니라, 사회적 낙인과 배제이다. 더 인도적이고 거시적인 관점에서 HIV 감염을 바라봐야 한다.

한편 미시적 수준에서 HIV 감염의 원인은 '안전하지 않은 성관계'이다. 사하라사막 이남 아프리카 국가들에서는 성매매 등으로 HIV 감염이 많이 퍼진다. 그렇다면 그 사회에서는 이성애가 HIV 감염의 원인이라고 할 건가? 어떤 사회에서는 대다수 여성의 HIV 감염 경로가 부부 간 성관계이다. 그곳에서는 일부일처제가 원인인가? 모든 사회에서 HIV 감염의 원인은 안전하지 않은 성관계이다.

타인의 고통에 응답하는 공부

질병의 원인으로 특정 집단을 낙인찍고 비난하는 것은 공정하지 않다. 인간은 전염병이 발생했을 때, 그것이 특정 집단에서만 발병한다고 가정해 스스로 안전하다고 믿고 싶어 한다. 그런 단순한 분석으로는 질병을 예방·관리하는 데 필요한 최소한의 문제 인식에도 이를 수 없다. 더 복잡하게 사고해야 한다. HIV 감염만이 아니라 심장병, 비만, 치매 모두 그렇다. 특정 집단을 원인으로 지칭하는 것은 편리한 일이다. 하지만 그런 사고로는 문제를 해결할 수 없다. 복잡함을 직시하는 '불편함'은 문제를 해결하는 핵심 요소이다.

공중보건은 삶을 재단하지 않는다

김승섭 한국 사회에서 HIV 감염의 낙인 중 하나는 성매매와 관련된 것이다. 여성 HIV 감염인의 경우, 성매매로 감염됐을 것이라는 편견이 있다. 또한 언론은 여성 HIV 감염인의 성매매로 감염된 성구매자가 더 있을 것이라며 감염인에 대한 비난과 혐오를 부추긴다.

오페라리오 기본적으로 모든 HIV 감염을 법·종교·도덕의 관점이 아니라 공중보건과 인권의 관점에서 바라봐야 한다. 그랬을 때 가장 효과적으로 대응할 수 있다. 모든 사람이 안전한 성관계를 맺고, 감염의 위험이 있을 때는 초기에 자주 검진을 받을 수 있도록 해야 한다. 대다수 성노동자는 경제적 이유로 일을 하는데,

그들에게 다른 형태로 일할 기회가 주어지도록 배려해야 한다. HIV에 감염된 개인을 비난하는 손쉬운 해결책을 경계해야 한다. 그것은 그 사회의 HIV 감염 문제를 악화하는 '요리법'이다. 어떤 경우에도 개인을 비난하고 낙인찍는 편리한 인식으로는 효과적으로 질병을 예방하고 치료할 수 없다. 사회적 낙인은 사람들을 음지로 숨게 하고, 위험에 처한 사람들이 검사받지 못하도록 할 뿐이다. 개인을 악마화하는 것은 보건학적 관점에서 HIV 감염의 예방과 치료에 전혀 도움이 되지 않는다.

HIV 감염과 관련된 의료서비스나 교육을 특권이라 여기며 성매매 여성이나 동성애자 같은 감염 취약 집단을 배제하는 공중보건 정책은 성공할 수 없다. 보건학적 개입은 개인의 삶에 가치판단을 하지 않고 모든 구성원을 어떻게 보호할지 고민할 때 비로소 효과적으로 이뤄질 수 있다.

타인의 고통에 응답하는 공부

두려움도
검열도 없는 하루

스무 번째 서울퀴어문화축제를 축하하며

연구년으로 미국에 머물던 2019년 당시 아이들이 다니던 보스턴의 공립 초등학교로부터 이메일을 받았습니다. 누군가 학교 외벽에 스프레이로 동성애를 조롱하는 글을 써놓아 경찰이 조사하고 있다는 내용이었습니다. 혐오 표현은 성소수자 학생들은 물론이고 학교에서 일하는 성소수자 직원들도 공동체에서 환영받지 못한다고 느끼게 할 수 있기에 매우 심각한 문제라고 적혀 있었습니다. 학교는 이 사실을 공개하는 것이 모방 행동을 부를 수 있어 걱정되지만 문제를 숨기기보다 함께 해결 방안을 찾는 것이 더 중요하다고 판단했다며, 학부모를 포함한 학교 구성원들이 모여 다양한 소수자에게 안전한 공간을 만드는 방법을 함께 논의해 보자고 제안했습니다. 저는 이 모임에 학부모 자격으로 참여했습니다.

누구도 성소수자 혐오를 가볍게 여기지 않았다

학교 도서관에서 열린 회의에서는 예민한 이야기들이 끊임없이 오갔습니다. "동성애에 대해 교육하면 결국 동성 간 섹스에 대해서도 직접 말하게 될 텐데 괜찮을까요?" 제 건너편에 앉은 한 어머니가 던진 질문에 5학년 담임을 맡은 선생님이 답했습니다. "물론 그런 질문을 하는 아이들이 있겠지요. 그때마다 '세상에는 다양한 형태의 사랑을 하는 사람들이 있고 중요한 것은 상대방의 의사를 존중하며 안전하게 관계를 맺는 것'이라고 답을 했어요. 지금까지 아이들은 제 답을 충분히 이해하고 수긍했습니다." 인상적이었던 것은 학교에서 이 사건을 가볍게 여기지 않는 이유였습니다. 성적 지향만이 아니라 인종, 성별, 출신 국가, 경제적 상황 등에 따라 다양한 소수자가 학교에 있는데, 이 사건을 방치한다면 다른 소수자들이 "공동체가 나를 보호해 주지 않을 것"이라고 생각할 수 있기 때문이었습니다.

회의를 마칠 무렵, 주 정부 교육청에서 나온 강사는 "우리의 행동이 바뀌지 않으면 오늘 회의는 그저 자기만족에 지나지 않는다"라며 앞으로 어떤 변화를 실천할 것인지를 물었습니다. 성소수자가 '금기어'인 한국 초등학교에서는 경험해 보지 못한 광경이었습니다. 그해 2월 보스턴 지역 교육청 웹사이트에 개

타인의 고통에 응답하는 공부

인정보를 등록하는 절차에서 아이들의 성별로 남성, 여성뿐 아니라, '그 밖의 다른 성others'을 선택할 수 있다는 사실을 확인했을 때와 비슷한 충격이었습니다. 성소수자가 자신의 존재를 긍정할 수 있는 사회를 만들기 위한 노력을 미국 사회 곳곳에서 만날 수 있었습니다.

저는 당시 세계적인 암 연구 기관인 데이나파버암연구소 Dana-Farber Cancer Institute와 하버드 대학교 보건대학원에서 연구년을 보내고 있었습니다. 과거 그곳에서 박사과정을 밟을 때와 비교했을 때, 눈에 띄는 변화 중 하나는 공동체가 소수자의 인권을 대하는 적극적인 태도였습니다. 오늘날 미국에서는 자신이 속한 조직이 성소수자 친화적이라는 사실이 큰 자랑입니다. 데이나파버암연구소에서 신규 직원 교육을 받을 때였습니다. 한 해앞서 연구소가 성소수자에게 친화적인 병원으로 선정되었다는 내용을 담은 발표 화면을 보여주며 강사는 말했습니다. "우리는 타인의 성적 지향이나 인종을 포함한 여러 정보를 이유로 그 사람에 대해 쉽사리 판단하곤 합니다. 스스로 그런 편견을 가지고 있다는 점을 인정해야 합니다. 중요한 것은 거기서 멈추지 않고 내가 상대방에 대해 알지 못하는 이야기가 훨씬 더 많이 남아 있다는 점을 인정하는 것이지요. 고정관념은 편리한 만큼, 그릇된 것일 가능성이 크기 때문입니다."

민주주의의 역사는 권력을 가진 자들이 기득권을 지키기 위해 유포했던 이데올로기를 하나씩 무너뜨리는 과정이었습니다. 200년 전 열등한 유색인종은 우월한 백인종의 지배를 받아야 한다고 주장하던 이들이 있었습니다. 100년 전 사람들은 여성은 감정적이기에 정치적으로 올바른 판단을 내릴 수 없으니 투표권을 제한해야 한다고 말하곤 했습니다.[18] 인종과 성별에 대한 비과학적 편견과 차별을 옹호하는 말은 오늘날 최소한의 상식을 가진 사람의 입에서는 들을 수 없는 부끄러운 유물이 됐습니다. 새로운 시대의 상식이 과거의 표준을 낡고 닳게 했고, 또 사라지게 했습니다.

1973년 미국정신의학회가 동성애를 질병 목록에서 삭제하기로 한 중요한 이유에는 동성애가 그 자체로서 판단력, 안정성, 신뢰성 또는 직업 능력의 결함이 되지 않는다는 판단이 있었습니다. 같은 성별에 성적 욕망을 느끼는 것은 호모 사피엔스인 인간이 가질 수 있는 다양성으로 존중받아야 하며, 성적 지향은 한 인간이 사회적으로 기능하는 데 장벽이 되지 않는다는 것이지요.

50년이 넘게 지난 지금, 이 결정은 명백한 상식으로 자리 잡았습니다. 자신의 삶을 다양한 색깔로 꾸려가는 성소수자의 존재 자체가 이를 뒷받침하는 강력한 증거입니다. 아일랜드의 14대 총리 리오 버래드커Leo Varadkar와 룩셈부르크의 22대 총리 그자비에 베텔Xavier Bettel은 모두 커밍아웃한 동성애자입니다. 트랜스젠더인 대만의 오드리 탕Audrey Tang처럼 성소수자가 장관으로 일한다는 이야기는 더는 뉴스가 되지 못합니다. 능력이 있다면 당연한 일이니까요. 유엔, 세계은행과 같은 국제기구는 성소수자 인권 보장을 조직의 핵심 가치로 삼고 있습니다. 국제·외교 무대에서 동성애 혐오를 외치는 이들이 설 자리는 더이상 없습니다. 시가총액이 전 세계에서 가장 큰 회사 중 하나인 애플의 최고경영자 팀 쿡^{Tim Cook} 역시 커밍아웃한 동성애자이고, 경제전문지 『포천^{Fortune}』이 선정한 미국 500대 기업 중 91%에 성소수자 차별 금지 내규가 있습니다. 성소수자의 인권을 적극적으로 보호하지 않는 기업을 찾는 게 훨씬 더 어려운 상황입니다.

차별을 지원할 수는 없다

학계도 다르지 않습니다. 오늘날 미국 캘리포니아 주립대학교에서 일하는 연구자들은 규정상 성소수자 차별금지법이 없는 앨라배마주나 텍사스주 등에서 열리는 학회에 주 정부의 연구비를 이용해 참여할 수 없습니다. 캘리포니아주의 법률이 그렇습니다. 성소수자가 차별받을 수 있는 곳에서 중요한 학회가 많이 열리면 그 자체로 성소수자에게 연구자로 살아남기 어려운 걸림돌이 될 수 있다고 판단하기 때문입니다. 반면 2019년 서울대학교에서 연구년을 보낸 캘리포니아 주립대학교 샌디에이고 캠퍼스의 토드 헨리^{Todd Henry} 교수는 자신의 의지와 달리 파트너와 따로 살아야 했습니다.[19] 서울대 규장각의 지원을 받아 한국에 왔지만 학교 기숙사 측에서 동성 커플은 입주할 자격이 없다고 결정했기 때문입니다.

제가 연구년을 보낸 하버드 보건대학원 1층에는 성소수자 인권을 상징하는 거대한 깃발 세 개가 나란히 걸려 있습니다. 홀로코스트를 비롯한 수많은 잔혹한 사건에서 탄압당하고 때로는 학살당했던 성소수자의 삶을 기억하기 위한 깃발입니다. 그곳에는 "진짜 깃발은 만들어지지 않는다. 그것은 사람들의 영혼으로부터 뜯겨 나온다"라고 적혀 있습니다. 낙인과 혐오 속에서 성소수자들이 살아낸 과거의 기억들은 생생한 현재가 되어 오늘도 세계 곳곳에서 펄럭이고 있습니다.

스무 번째 퀴어축제를 축하합니다

한국의 한 거대 정당은 선거 때마다 '동성애 반대'를 구호로 내겁니다. 성소수자 혐오 발언이 국제적으로 고립되고 세계적 흐름에서 낙오하는 지름길이라는 점을 수십 년을 정치인으로 살아온 그들이 모를 리 없습니다. 그런데 왜 그럴까요? 진심으로 성소수자를 혐오하거나, 지지층을 결집하기 위한 수단으로 성소수자 혐오를 이용하는 것이라고 짐작합니다. 혐오는 저열한 만큼 편리하니까요. 전자라면 노예제 찬성론자나 여성차별론자처럼 역사의 뒤안길로 사라지는 것이 맞고, 후자라면 자신이 소수자 혐오를 통해서만 권력을 잡을 수 있는 무능력한 존재임을 증명하는 것에 지나지 않습니다.

2019년 6월 1일, 서울광장에서 스무 번째 서울퀴어문화축

타인의 고통에 응답하는 공부

©김승섭

2019년 연구년을 맞아 돌아간 하버드 보건대학원 건물 1층은 달라져 있었다. 성소수자 인권운동을 상징하는 깃발들이 천장에서부터 내려와 걸려 있었고, 그 아래에는 깃발 하나하나에 대한 설명이 적혀 있었다. 그 설명은 무지개 깃발을 디자인했던 길버트 베이커Gilbert Baker의 말을 인용하며 시작한다. "진짜 깃발은 만들어지지 않는다. 그것은 사람들의 영혼으로부터 뜯겨 나온다(A true flag cannot be designed — it has to be torn from the soul of the people)."

제가 열렸습니다. 2000년 50명이 모여 시작한 행사가, 20년의 세월을 거치며 수만 명이 참여하는 축제로 성장했습니다. 이 행사를 두고 "동성애에 반대하는 것은 아니지만 좀 조용히 지냈으면 좋겠다"라고 말하는 이들이 있습니다. 그럴 수 없습니다. 그동안 벽장 속에 갇혀 자신의 존재를 부정하는 사이 수많은 성소수자가 세상을 떠났습니다. 그 비극을 반복할 수 없기 때문에 광장에 나와 서로 눈을 마주치고 손을 잡는 것입니다. "눈에 거슬리지 않게 조용히 진행할 수는 없냐?"라고 말하는 이들도 있습니다. 그럴 수 없습니다. 한국처럼 성소수자 혐오가 극심한 사회에서 1년에 단 하루 열리는 '합법적인' 축제에서도 그 표현 방식이 제한되어야 한다면 365일 전부를 스스로를 검열하며 살아야 한다는 이야기이니까요.

모든 소수자가 두려움 없이 자신을 긍정할 수 있는 세상, 그것이 민주주의의 기본이라고 생각합니다. 서울퀴어문화축제의 20주년을 축하합니다.

누구도 두고 가지 않는
사회를 위하여

포괄적 차별금지법 제정 단식농성 활동가 미류, 종걸

이 법으로 우리는 무엇을 꿈꿀 수 있을까. 흑형과 살색이라는 단어에 더 많은 사람이 문제 제기하는 세상, 남성과 여성이 화장실 앞에서 기다리는 시간이 같아지는 세상, 신분증 확인이 두려워 투표를 포기하는 트랜스젠더가 없는 세상, 병원에서 보호자가 될 수 없어 수십 년을 함께 살아온 동성 파트너를 바라보면서 발만 동동 구르지 않아도 되는 세상, 일하다 다쳐도 공장 병원에서 치료받지 못하는 비정규직 노동자가 없는 세상, 남과 다르다는 이유로 늦은 밤 학교 옥상을 서성이는 청소년이 없는 세상, 누구도 홀로 남겨지지 않는 세상.

　　포괄적 차별금지법 제정을 요구하며 9일째 단식농성을

이어가고 있던 미류와 종걸 두 활동가를 2022년 4월 19일 국회의사당 2문 앞 평등텐트촌에서 만났다.

한국 사회가 마땅히 겪어야 하는 혼란

김승섭 차별에 왜 반대하는가?

미류 차별받으면 싫잖아. 모든 사람의 마음이 그렇지 않나? 차별당했다고 느끼면 기분이 나쁘다. 내가 이 공동체 안에서 충분히 존중받는 사람이 아니라는 감각, 그건 인간의 존엄을 건드리는 순간이다. 그런 일상의 순간 뒤에는 역사 속에서 켜켜이 쌓여 만들어진 불평등한 사회구조가 있고.

우리는 나답게 살고 싶다는 이야기를 많이 한다. 그게 가능한 조건을 사회가 어떻게 만들 수 있을까? 차별금지법은 그 질문에 대한 대답이다. 차별금지법을 평등의 문제로만 보면서 자유와 대비시키는 경우가 있다. 하지만 차별금지법은 자유의 문제이다. "장애인이니까 시설에 있어야 돼." "아이이니까 카페에 들어갈 수 없어." 이런 말들은 개인의 인격을 부정한다. 이 상황에서 벗어나기 위해서는 차별이라는 벽이 무너져야 하고, 그래야 자유를 누릴 수 있다.

종걸 어렸을 때는 부모님에게 형제들과 비교하며 왜 나를 차별하냐고 불평할 수 있었다. 그런데 성인이 된 후 동성애자라는 내

타인의 고통에 응답하는 공부

정체성과 관련해 겪는 문제에는 오히려 그런 말을 더 못 하게 된다. 사회구조 자체가 입을 막는다. 한국 사회가 나를 받아들일 수 없을 것 같았고 "말하는 게 무슨 의미가 있을까", "말한들 받아들여질까?" 같은 고민을 해야 했다. 그렇게 침묵하는 과정을 반복하다 보면, 내가 잘못된 것인지 의심하게 되고 어느 순간 스스로를 혐오하는 단계에 이른다.

미류 차별을 차별로 인식하는 것도 혼자서 할 수 있는 일이 아니다. 일상에서 차별을 경험하더라도, 정리된 언어로 해석하고 주위 사람들과 공유하지 못하면 스쳐 지나가는 일이 되어버린다. 그 경험들을 내가 대항하고 싸워야 할 대상으로 보지 못하고 계속 넘어가게 된다.

김승섭 어떤 사람들은 "요즘 세상에 차별이 어디 있냐?"라고 묻기도 한다. 소수자가 차별 경험을 말하려면 "내가 동성애자다", "HIV 감염인이다" 하고 자신의 정체성을 밝혀야 하는데, 한국 사회에서는 그 과정 자체가 고통스러워 차별을 당하고도 참게 된다. 목소리가 들리지 않는다고 차별이 존재하지 않는다고 착각해서는 안 된다. 그런 의미에서 장애인차별금지법 제정 당시와 마찬가지로 포괄적 차별금지법이 제정되면 한국 사회에 등장하는 차별 경험의 숫자는 급증할 거라고 생각한다. 그동안 인지하지 못했거나 말하지 못했던 자신의 부당한 경험을 말하는 사람이 늘어나기 때문이다. 포괄적 차별금지법이 제정되면 사회 구석구석에서 혼란이 생겨날 거다. 그 혼란은 차별당하고도 말하지 못했던 이들이 자신의 목소리를 드러내는 과정에서 발생하는, 한국 사회가 마땅히 겪어야 하는 혼란이다. 그 억눌렸던 목소리들이 터져 나오는 과정에서 한국 사회가 새로운 무게중심을 찾아야 한다.

혐오 표현과 차별금지법

미류 혐오 표현을 두고 "그런 말 하지 마"라고 규제하는 것보다도 그에 맞서는 '대항 표현'이 더 많아지는 게 중요하다. 혐오 표현을 하면 안 되는 이유를 잘 설명할 수 없더라도 대항 표현이 늘어나면 자연스럽게 어떻게 다른 방식으로 말할 수 있는지를 더 많은 사람이 알게 된다. "아, 저렇게 할 수 있는 건가?" 하고 생각할 기회를 얻게 되는 것이다.

대항 표현은 혼자서 머리를 굴려 만들어 내는 게 아니다. 같은 경험을 공유한 사람들끼리 이야기를 나누면서 어떻게 되받아칠지 논의하는 과정이 필수적이다. 하지만 차별적 구조로 인해 자신을 드러내기 어려운 이들은 그런 관계를 맺기 어렵고, 자신의 목소리를 드러내는 시민으로서 한국 사회에 등장할 기회를 잃게 된다.

김승섭 많은 사람이 차별금지법에 대해 오해하고 있다. 차별금지법은 성소수자에 대한 혐오 표현만을 금지하는 법이 아니다. 성소수자는 차별금지법이 보호하는 수많은 집단 중 하나이고, 차별금지법은 혐오 표현만을 규제하는 것이 아니라, 네 가지 주요 영역(고용, 교육, 행정서비스, 재화·용역의 공급과 이용)에서 혐오의 근간이 되는 차별 행위를 막기 위한 법이다. 차별은 무인도에서 한 인간과 한 인간이 만나 생겨나는 일이 아니다. 이 법이 중요한 이유는 차별을 개인 간의 갈등이 아니라, 한 사회의 불평등한 역사와 구조가 만든 권력관계의 자장 위에서 발생하는 사건으로 보기 때문이다.

종결 실제로 일상에서 혐오 표현을 들었을 때 당사자로서는 또 다르게 느끼는 부분이 있다. 아무리 대항 표현을 고민하고 훈련했다고 하더라도 막상 그 순간이 닥치면 어떤 말을 해야 할지 잊어버리게 된다. 자신이 처한 열악한 조건 속에서 그 표현에 압도당하곤 한다. 그럴 때 누군가가 함께해 줘야 한다. 한국 사회는 사회적 약자에게 그런 도움이 필요하다는 걸 너무 몰랐다. 차별에 노출된 소수자들이 "먼저 힘을 내주는 누군가가 있었으면 좋겠다"라고 말하는 게 어떤 의미인지, 왜 당사자 운동이 그렇게 절실한지 무지했다.

사회를 변화시키는 것은 교육이나 인식 개선 캠페인만으로는 안 된다. 그런 상황에 처했을 때 "내가 여기에 지원을 요청해야겠다"라고 생각할 수 있는 힘을 함께 길러야 하고, 그런 요청에 응답할 수 있는 제도가 있어야 한다.

'나중에'와 '사회적 합의'는 기득권의 언어

김승섭 차별금지법이 한국 사회에 던진 화두가 있다. '나중에'와 '사회적 합의'이다. '나중에'는 문재인 대통령이 유력한 대선후보로 거론되던 2017년 2월 한국기독교총연합을 방문하여 "동성애를 지지하지 않는다"라고 발언한 직후, 여성 정책을 발표하는 한 자리에 성소수자 활동가가 기습 발언을 하자 나온 말이다. 그런데 더불어민주당이 절대다수인 국회에서, 문재인 대통령의 임기가 끝나가는 상황에서도 차별금지법은 여전히 '사회적 합의'가 필요하고 '나중에' 다룰 문제로 여겨지고 있다.

종걸 2017년의 그 장면은 내게 너무 익숙했다. 그런 경험을 수없이 해왔으니까. 문재인 대통령의 말은 나중에 발언 기회를 주겠다는 순서의 의미이기는 했지만, 성소수자들이 '나중에'를 그토록 상징적인 말로 인식했던 이유는 미루고 미뤄서 아무런 말도 듣지 않으려 한 역사가 있기 때문이다.

미류 민주당 의원들을 만나면 그들은 "반대하는 사람들은 항의 전화를 하고 현수막을 걸고 적극적인데, 찬성하는 사람들은 법안을 발의해도 칭찬해 주는 사람이 없다"라고 말한다. 그런데 왜 우리가 그걸 고마워해야 한다고 생각하지? 차별금지법이 모두를 위한 법이라는 걸 모르는 건 아닌지 의심이 간다.

무엇보다 국회의원들은 이 법 제정에 절박하지 않다. 그래서 자신들의 정치적 유불리에 따라 시기 조절이 가능한 문제라고 판단하는 거다. 2017년 대선, 2018년 지방선거, 2020년 총선까지 모두 마찬가지였다. 총선에서 과반이 넘는 의석을 확보한 후에도 민주당은 2022년 대선을 이야기했다. 대선이 끝나니 또 지방선거를 이야기한다. 절박함이 부족한 것을 넘어서, 민주당에서 정치적 유불리를 냉정하게 계산해 봤는지 자체도 의문이다. 차별금지법을 지지하는 사회적 여론은 매해 높아지고 있는데, 정치인들에게 꼭 필요한 용기가 없다.

김승섭 사회적 합의를 말하는 동안 단순히 법 제정이 미뤄졌다고 판단하면 오산이다. 민주주의 사회에서 정체는 없다. 그사이 충남학생인권조례나 부천다양성조례를 비롯해 수많은 인권조례가 혐오 선동을 하는 사람들에 의해서 좌초되거나 사라지거나 누더기가 되었다. 혐오 세력은 계속 그렇게 승리의 경험을 축적하며 한국 사회에서 자신의 자리를 만들어 냈다. 지난 10년간 사회적 합의는 정치인들에게 예민하고 중요한 문제에 대한 책임을 모면하는 편리한 출구전략으로만 기능했다. 그렇게 한국의 정치는 후퇴했다. 여성, 장애인, 성소수자와 같은 사회적 약자가 사회적 합의를 대안으로 말하는 경우는 없다. 그것은 기득권의 언어이다.

미류 기득권은 본인들이 합의의 주체라고 생각하니까.

'그 사람들은 차별해도 된다'는 신호

김승섭 포괄적 차별금지법에서 성소수자는 적용 대상 중 하나이지만, 성적 지향과 성별 정체성에 따른 차별을 금지하는 것이 이 법을 제정하는 목적의 전부인 양 논쟁이 되고 있다. 사회에서 합의할 수 있는 집단부터 순차적으로 법을 제정해 보호해야 한다는 의견을 어떻게 생각하나? 왜 차별금지법에서 성소수자를 포함한 그 누구도 배제되어서는 안 되는지 말해달라.

종걸 실제로 2007년 노무현 정부에서 법무부가 성적 지향을 포함해 일곱 가지 차별 금지 사유를 삭제한 차별금지법안을 내놓지 않았나. 당시 인권단체들이 그 법안을 반대했던 중요한 이유는 국가가 나서서 직접적으로 '그 사람들은 차별해도 된다'는 신호를 주는 것이었기 때문이다. 누군가를 법에서 배제하자는 건 어떤 차별을 합법적으로 승인하는 효과를 낳는다. 당시 사태가 한국 사회에서 혐오를 증폭시키는 계기가 되었다고 본다.

김승섭 연구년을 미국 보스턴에서 보낼 때, 아이들이 다니는 초등학교 벽에 누군가가 동성애자를 조롱하는 글을 써놓은 사건이 있었다. 학교가 나서서 학부모 전체에게 메일을 보내고, 학부모와 교사가 함께 논의하는 모임을 소집했다. 그 자리에서 교장 선생님이 이렇게 말했다. "성소수자에 대한 혐오가 등장했을 때 우리가 그걸 가볍게 넘어간다면, 그 효과는 이 사건에 그치지 않는다. 다른 다양한 소수자 학생들 역시 자신이 피해자가 되었을 때 학교가 보살펴 주지 않을 거라고 생각하게 된다. 그런 신호를 주어서는 안 된다." 그 이야기가 지금도 기억에 남아 있다.

미류 평등에도 연습이 필요하다. 그런데 그 과정을 혼자 하려면 너무 힘들다. 어떤 행위를 차별이라고 부를 수 있는지에 대한 공동의 상식을 만들어 나가는 과정에서 차별하지 않는 사람이 되기 위한 의식적·무의식적 훈련을 하게 된다. 이를 위해서라도 차별금지법이 있어야 한다.

차별금지법은 다양한 소수자 운동의 연결고리 될 것

김승섭 포괄적 차별금지법 제정 이후의 세계에 대한 이야기를 해 보고 싶다. 차별금지법이 제정된다고 해서 한국 사회 소수자들의 삶이 극적으로 나아질 수는 없을 테다. 그럼에도 불구하고 차별금지법은 한국 사회를 더 나은 민주주의 공동체로 바꾸어 놓을 거라는 믿음이 있다. 어떤 가능성이 열릴까?

종걸 2007년 차별금지법 제정 운동을 본격적으로 시작하면서 여성·이주민·장애인 운동과 같은 다양한 운동과 투쟁 현장에서 만났다. 그 과정에서 각 운동이 어떻게 부당한 대우에 맞서 싸워왔는지를 알게 되었다. 포괄적 차별금지법은 한 인간이 가진 성별, 나이, 장애, 성적 지향 등 다양한 조건을 고려해 차별을 현실적으로 해결할 수 있는 법인 동시에, 여러 소수자 운동이 가진 힘을 이어주는 연결고리 역할을 할 수 있는 법이다.

미류 장애인차별금지법이 제정된 지 14년이 되었다. 이 법으로 의미 있는 판례들이 많이 쌓였고, 이는 한국 사회에서 차별을 규정하는 준거점이 되었다. 하지만 장애 차별을 '장애인의 문제'로만 보게 하기도 한다. 포괄적 차별금지법은 차별이 특정한 누군가의 문제가 아니라 우리 사회 모두의 문제로 인식하게 한다. 진정 신청을 하는 입장에서 편의와 효율이 더 나아지는 면도 있겠지만, 이런 상징적인 효과 역시 중요하다.

차별금지법 제정을 바라는 많은 사람이 "법을 만든다고 차별이 하루아침에 사라지지 않겠지만"이라고 말한다. 차별을 경험해본 사람은 차별이 구조의 문제임을 직감하기 때문이다. 그럼에도 불구하고 차별금지법 제정을 바라는 건 그 구조를 내가 바꿀수 있다는, 그 구조에 맞서 싸울 수 있다는 근거를 확보하는 일이기 때문이다.

차별금지법 제정, 더 이상 늦출 수 없다

김승섭 단식 9일째다. 국회에 하고 싶은 말이 있다면?

종결 차별금지법 제정을 더 이상 늦출 수 없다. 곧 국민의힘이 집권 여당이 되고, 구조적인 성차별은 없다고 말하는 이가 대통령으로 취임한다. 한국 사회의 혐오가 더 확산될 수도 있고, 더 많은 공간에서 혐오가 싹틀 수도 있다. 차별금지법조차 없다면 차별과 혐오 문제는 걷잡을 수 없이 커질 수도 있다. 지금은 지방선거를 핑계 댈 것이 아니라 정치가 결단을 해야 하는 시기이다.

미류 '국가가 사과하라'는 말을 꼭 하고 싶다. 강서구에서 발달장애인을 위한 특수학교인 서진학교 설립 문제를 두고 장애 아동의 부모들이 무릎을 꿇었던 장면을 자주 생각한다. 그 자리에서 무릎을 꿇어야 했던 건 국가였다. 특수학교 설립을 반대하는 주민들과 학교를 짓게 해달라는 부모들이 그런 식으로 싸우게 해서는 안 되는 일이었다. 차별금지법 제정을 두고서도 국가가 이렇게 싸움을 방관하고 있어서는 안 된다. 촛불로 들어선 정부가 소수자들의 삶을 방치했던 과거를 반성하고 사과해야 한다. 그 마음으로 4월 국회에서 차별금지법을 제정해야 한다.

차별에 침묵하는 정치
움직이려면

정치권의 '합리적 주장'을 데이터로 반박하는 경제학자 리 배지트

리 배지트^{Lee Badgett}는 매사추세츠 주립대학교 경제학과 교수이 자 같은 대학교 애머스트 캠퍼스의 '공공 정책과 행정 센터'에 서 센터장을 맡고 있다. 그녀는 성소수자가 받는 직장 내 차별 을 경제학적으로 분석해 새로운 분야를 개척한 연구자이자 모 두가 평등한 세상을 위해 싸우는 활동가이자 커밍아웃한 레즈 비언이다. 그녀는 한국어로도 번역된 책『동성 결혼은 사회를 어떻게 바꾸는가^{When Gay People Get Married}』를 출판했으며, 자신의 경험을 담은 책『공공 교수: 당신의 연구로 세상을 바꾸는 법^{The} Public Professor: How to Use Your Research to Change the World』을 쓰기도 했다.

리 배지트는 혐오와 차별에 대한 분노가 세상을 바꾸는

타인의 고통에 응답하는 공부

에너지인 것은 맞지만, 정말로 변화를 원한다면 전략이 필요하다고 반복해서 이야기했다. 미국에서 연구년을 보내던 2019년 리 배지트를 만나 반동성애 운동이 점점 더 세력을 키워가는 한국의 상황에서 무엇을 해야 하는지를 물었을 때, 그녀는 "반동성애자들을 나쁜 사람이라고 말하는 것을 뛰어넘어 그 뒤에서 작동하는 힘을 분석해야 한다"라고 답했다.

성소수자 차별하는 차별 금지

김승섭 한국에서 내 연구팀에서 성인 동성애자와 양성애자 2,400여 명을 대상으로 연구를 진행했는데 성소수자 중 부모에게 자신의 성적 지향을 밝힌 사람은 20% 미만이었다.[1] 한국의 많은 성소수자가 그렇게 자신을 감추는 방법으로 혐오를 피한다. 자신의 존재를 숨기는 것은 고통스러운 일이다. 연구팀이 지난 1년 동안 극단적 선택을 생각해 본 적이 있냐고 묻자 "그렇다"라고 응답한 비율은 한국 전체 인구를 대상으로 같은 질문을 했을 때보다 7배 높았다. 하지만 그 반대편에는 "난 차별하지 않는다. 다만 성소수자를 싫어할 수 있는 내 권리를 존중해 달라"라고 말하는 사람들이 있다. 존재 자체는 인정할 테니 내가 있는 공간은 침범하지 말라는 것이다. 그런 주장에 어떻게 답할 것인지가 오늘날 중요한 전선이라고 생각한다. 미국에서는 어떤가?

배지트 젊은이들은 종교나 지지 정당에 상관없이 성소수자를 더 받아들이는 분위기가 되었다. 하지만 아직도 변화를 불편해하는 사람들이 많다. 그들은 계속 '저항'한다. 예를 들면, 종교적 신념을 이유로 동성 커플을 위해서는 결혼사진을 찍어주거나 웨딩 케이크를 만들어 주지 않겠다는 사람들이 있다. 그들은 그런 거절이 합법적이어야 한다고 주장한다. 의사에게 진료를 거부당하거나 사진작가에게 결혼식 촬영을 거절당하는 것은 아픈 경험이다. 이런 경험은 상처를 남긴다. 그 상처가 반복되면 사람의 몸을 해친다. 그게 바로 소수자 스트레스이다.

김승섭 미국에는 인종차별을 금지하는 법이 있다. 흑인에게는 차별적인 행동을 하기 어렵지 않나?

배지트 그렇다. 하지만 여전히 어떤 사람들은 LGBT는 그렇게 대우해도 된다고 말한다. 미국에서는 종교적 신념에 따른 말과 행위를 규제하는 일이 드물다. 하지만 법에 의해 규제받는 영역이 있다. 기업에서는 최저임금을 준수해야 하고 남녀에게 동등한 임금을 지불해야 하며 식당 부엌은 보건 규정에 따라 깨끗하게 유지해야 한다. 결국 우리가 가지고 있는 차별 금지 원칙을 어떤 소수자 집단에까지 적용할 것인지에 대한 문제이다.

김승섭 차별 금지 원칙을 세우는 데 가장 큰 역할을 하는 것은 바로 법이다. 하지만 그 법을 만드는 정치인들이 오히려 소수자들

타인의 고통에 응답하는 공부

에게 상처를 주고 있다. 보수정당 정치인들은 지지자 결집을 위해 성소수자 혐오를 이용한다. '진보'로 분류되는 한국의 (대담 당시) 여당 정치인들은 성소수자에 대해 말을 하지 않는 것이 선거에서 승리하는 전략이라고 믿는다. '나중에' 생각할 문제라는 것이다. 한쪽은 혐오로 지지를 호소하고 한쪽은 침묵으로 일관하는 상황을 어떻게 바꿀 수 있을까?

배지트 그게 정치의 본성이 아닌가 싶다. 정치인의 가장 큰 관심사는 다시 당선되는 것이다. 당연히 그들은 어떻게 해야 가장 많은 표를 얻을 수 있고 어떻게 해야 가장 적게 표를 잃을 것인지를 생각한다. 1990년대 후반과 2000년대 초반 미국도 그랬다. 주마다 정치적 성향이 매우 다르지만, 많은 사람이 "지금은 (성소수자 인권을) 밀어붙일 시점이 아니다"라고 했다. 특히 동성결혼 문제가 그랬다. 심지어 나도 그 문제에 대해 신중해야 한다고 생각할 정도였다.

그럼에도 변화를 시작하는 사람은 나오기 마련이다. 로버트 라이시Robert Reich 교수가 그런 사람이었다. 그는 2002년 매사추세츠주 주지사 선거에 출마해 동성결혼이 허용되어야 한다고 말했다. 내 기억에 민주당 주요 정치인 중 동성결혼 법제화 입장을 낸 사람은 그가 처음이었다. 그 소식을 들은 뒤 내 머릿속에 처음 떠오른 생각은 '이 사람은 선거에서 떨어지겠다. 좋은 사람인데, 저 발언 때문에 떨어지면 어떡하지?'였다. 하지만 그의 용기 있는 발언 이후 공간이 열리고 변화가 일어났다. 조 바이든 (당시) 부통령이, 그리고 버락 오바마 대통령이 그의 뒤를 이었다. 누군가 시작하면 그다음 사람은 조금 더 쉬워진다. 문제는 그게 언제 시작될지 모른다는 것이다.

막연한 편견 부수는 데이터가 필요하다

김승섭 막연한 공포나 우려, 선입견이 차별과 혐오를 강화하는 경향이 있다. 이런 면에서 당신이 1995년 출판한, 성적 지향에 따른 임금차별을 데이터 분석을 통해 보여준 연구는 결정적인 역할을 했다.[20] 당시까지 미국 사회에는 동성애자들은 부유한 전문직이기 때문에 국가가 돌볼 필요가 없다는 신화가 있었다. 하지만 당신의 논문이 그것을 무너뜨렸다.

배지트 미디어에서 동성애자들을 좋은 집에 사는 전문직 종사자로 묘사했기 때문에 생긴 편견이었다. 하지만 차별받는 집단이 돈을 더 많이 번다는 것은 말이 되지 않았다. 문제는 그런 묘사를 반박할 데이터를 얻는 것이었다. 이런 연구에서는 대표성 있는 샘플을 얻는 게 중요하다. 당시 우연히 권위 있는 「종합사회조사General Social Survey」에 성관계를 하는 상대의 성별을 묻는 질문이 있는 것을 확인했다. HIV 감염 때문에 포함된 질문이었다. 그 데이터를 분석해 동성애자 남성이 이성애자 남성에 견줘 소득이 평균 11~27%가량 낮다는 걸 확인할 수 있었다.

동성결혼 법제화가 사회적 비용을 늘릴 것이라는 편견과도 싸워야 했다. 1990년대 초 동성 커플의 사회보장과 관련된 법을 제안할 때마다 정치인들은 항상 말했다. "추가로 비용이 들 텐데 그걸 누가 부담할 것이냐?"라고. 그래서 그 비용에는 어떤 것들이 있고 실제로 얼마나 드는지 계산해 보기로 마음먹었다. 주별로 차이가 있지만 내가 연구했던 거의 모든 주에서 동성결혼을 법제화하는 것이 재정적으로 조금이라도 이득이 되었다. 미국에서는 소득세를 낼 때 가족별 소득에 따라 세율이 정해진다. 동성결혼이 법제화되지 않는 경우 가족 합산이 이뤄지지 않아 세율이 낮게 매겨진다. 결혼을 할 때 평균적으로 지출하는 돈만 2만 5,000달러에서 3만 달러 정도이고, 대부분 결혼 뒤 지출이 늘어난다. 이 과정에서 부가가치세 납부액도 늘어난다.

김승섭 한국에서는 그런 데이터를 얻는 것이 불가능하다. 대표성 있는 국가 설문조사에 성적 지향에 대한 질문이 전혀 포함되지 않기 때문이다. 아직까지 한국에 사는 성소수자의 숫자를 파악하는 일조차 불가능하다. 그런 상황에서 그들의 경제력뿐 아니라 건강을 연구하는 일 역시 매우 어렵다. 1990년대 초 미국에서 당신 역시 연구자로서 비슷한 어려움을 겪었다는 게 인상적이다. 더 인상적인 것은 당신이 성소수자의 인권이나, 불평등 해소의 관점에서뿐 아니라 경제적으로도 동성결혼을 인정하는 것이 모두에게 이익이 된다는 이야기를 한다는 점이다.

배지트 성소수자 포용 정책이 고용주나 대기업에 이익이 된다는 걸 입증한다면 더 많은 이들로부터 지지를 받을 수 있다고 생각했다. 한 사람이 어떤 문제에 대한 태도를 결정하는 데에는 여러 요소가 복합적으로 작용한다. 사람들은 단순히 부모나 교회가 말한 대로만 생각하지 않는다. 다양한 인간관계와 이해관계, 정치적 상황에 따라 각자의 태도가 결정된다. 따라서 더 다양한 주장과 근거가 있는 건 좋은 일이다.

연구자가 선한 가치를 추구한다는 것

김승섭 나는 2015년 합의 여부와 무관하게 동성 간 성관계를 처벌하는 군형법 위헌소송에서 반동성애 운동 진영의 전문가들이 만든 200쪽이 넘는 문서를 반박하는 전문가 소견서를 작성하는 역할을 했다. 그들의 거의 모든 주장은 미국 반동성애 운동의 20여 년 전 자료에서 가져온 것이었다. 오늘날 학계에서는 인정받지 못하는 주장이 법정에서 과학의 외피를 갖춰 매우 효과적으로 사용됐다.

배지트 한국에서 동성애자를 이성애자로 바꿀 수 있다는 주장 같은 게 아직도 떠돌고 있는 건 유감이다. 미국에서는 동성결혼 소송에서 찬성 측과 반대 측이 각자의 입장에서 연구한 결과를 모아 내놓은 적이 있었다. 판사들은 찬성 측 자료를 더 신뢰했다. 그런 과정을 겪으며 우파의 반동성애 진영 싱크 탱크가 어떻게 움직이는지 오랫동안 지켜봐 왔다. 그들을 보며 배운 점도 있다. 더 나은 내용을 만드는 것뿐 아니라 어떻게 그 내용을 사람들과 나눌지를 고민해야 한다는 것이다.

학계에서는 무엇이 옳고 그른지를 두고 경쟁하지만 대중과의 소통은 다르다. 과학적으로 튼튼한 언어와 대중에게 설득력 있는 언어는 다를 수 있다. 내 연구는 동성 커플이 어떻게 차별을 받고 복지 혜택을 빼앗기는지 보여주었다. 그건 사실이었다. 하지만 그 연구 결과는 크게 호응을 얻지 못했다. "내가 결혼한 것은 복지 혜택 때문이 아니다"라는 반응이 많았다. 사람들에게 결혼의 의미가 무엇인지 다시 고민해 봤다. 결론은 사랑이고 헌신이었다. 그래서 동성 커플의 사랑과 헌신에 대해 더 많이 이야기하려 애썼고, 이 주장이 훨씬 더 설득력이 있었다.

김승섭 학자는 사회에 빚지고 있는 면이 있다고 생각한다. 하지만 돌이켜 보면 그게 내가 어떤 문제에 뛰어드는 이유는 아닌 듯하다. 나는 마음속 깊은 곳에서 무엇인가가 움직였을 때, 그 문제를 내 문제로 여긴다. 당신이 성소수자 문제에 뛰어들게 된 이유는 무엇인가?

배지트 내가 레즈비언이고 또 이런 연구를 한다는 것이 우연은 아니다. 동성 파트너 복지에 대해 코네티컷주 주 의회에서 전문가 증언을 할 때였다. 당시 질문자는 내가 레즈비언이고 동성 파트너와 살고 있는지 묻고 싶은 것처럼 보였는데, 그걸 직접 묻지 않고 애매한 질문만 계속했다. 그때 누군가 "저 사람은 당신이 동성애자인지가 궁금한 것 같다"라고 말했다. 나는 이렇게 대답했다. "내게는 동성 파트너가 있다. 그러나 나는 코네티컷주에 살지 않고 이곳의 법이 바뀐다고 내가 혜택을 보는 것은 없다." 내가 레즈비언이기 때문에 이 일을 하는 것처럼 보이는 걸 원하지 않지만, 내가 레즈비언인 것이 이 일과 무관할 리 없다. 나는 많은 성소수자를 알고, 그들은 내게 소중한 사람들이며, 세상이 그들을 더 환대해야 한다고 생각한다. 경제학자인 내가 이 연구를 개인적인 사정 때문에 한 것은 아니다. 하지만 선한 가치를 추구하고 자신이 아끼는 사람들이 보다 공정한 세상에서 살아가기를 바라는 사람이 학계에 있는 것은 나쁜 일이 아니다.

지금은 '정치적 순간'이기 때문이다

김승섭 변화는 반드시 올 거라고 생각한다. 성소수자 인권 보장은 돌이킬 수 없는 세계적인 흐름이고 한 나라의 인권 수준을 측정하는 중요한 척도가 되었다. 그러나 현재 한국의 성소수자 운동은 자본과 권력을 가진 반동성애·보수 기독교 세력과 그에 영합하는 정치인들로 인해 고통스러운 시간을 겪고 있다. 한국의 성소수자들에게 나누어 줄 수 있는 이야기가 있을까?

배지트 고통스러운 시간을 견디고 있는 한국의 성소수자를 많이

타인의 고통에 응답하는 공부

알고 있다. (한참 침묵) 하지만 지금은 당신이 온전히 당신이 될 수 있는 공간을 만들고 당신을 지지하는 사람들을 늘려나갈 기회의 시간이기도 하다. 심리학자인 내 친구 글렌다 러셀Glenda Russell은 콜로라도주에 사는데 그곳에서는 1990년대 초 성소수자의 모든 시민권 보호 조항을 박탈하는 일이 벌어졌다. 심지어 성소수자들을 추방하는 법이 통과된 지역도 있었다. 훗날 연방법원에서 그 법이 뒤집히기는 했지만 끔찍한 일이었다. 당시 콜로라도에서 살던 성소수자들은 앞마당에 그런 법들을 지지한다는 팻말을 걸어놓은 이웃들과 마주해야 했다.

러셀은 그때 「반동성애 정치 한가운데에서 살아남기」라는 워크숍을 열었다. 그녀는 워크숍에서 세 가지를 이야기했다. "자신을 지지하는 네트워크를 확보하라", "사회운동에 참여하라", 그리고 마지막은 "이 상황을 분석하라"였다.[21] 반동성애자들을 나쁜 사람이라고 말하는 것을 뛰어넘어 그 뒤에서 작동하는 힘을 분석해야 한다. 지금은 '정치적 순간'이기 때문이다. 그녀의 연구 결과, 이런 태도를 가진 성소수자들이 그 시간을 더 잘 버텨내고 건강하게 살아냈다. 여러분도 그럴 수 있기를 바란다.

근거의 부재인가, 의지의 부재인가

정치인의 성소수자 혐오 발언, 피해 근거 없다는 인권위 결정에 부쳐

2004년 미국 대통령 선거에서 동성결혼은 뜨거운 이슈였다. 한 해 전 매사추세츠주에서 미국 최초로 동성결혼이 허용되자, 그 여파를 우려했던 11개 주는 대통령 선거와 함께 동성결혼을 완전히 금지하는 주 헌법 개정안 투표를 동시에 진행했다. 이 개정안 투표는 재선을 노리던 조지 부시 대통령에게 보수 기독교인들을 투표장으로 끌어내기 위한 효과적인 전략이었다. "결혼의 신성함을 지켜야만 한다"라고 외치는 대통령을 필두로 투표를 앞두고 수많은 캠페인이 진행되었는데, 그 과정은 성소수자들에게 악몽과 같았다. 자신이 평생 동안 살아온 지역에서 동성애를 낙인찍고 성소수자의 삶을 비하하는 구호들이 난무했

　　　　　　　　　　　타인의 고통에 응답하는 공부

다. 투표 결과 11개 주 모두에서 헌법 개정안이 통과되었고, 부시 대통령은 재선에 성공했다.

예일 대학교 박사과정 학생이었던 마크 하첸뷜러[Mark Hatzenbuehler]는 혐오 발언이 난무했던 선거 캠페인과 그 결과가 성소수자의 삶을 어떻게 망가뜨렸는지 확인하고 싶었다. 그는 2010년 『미국공중보건학회지』에 출판한 논문에서 2004년 선거를 사이에 두고 시행된 두 차례의 패널 데이터를 분석해 낙인과 차별이 성소수자의 삶을 어떻게 파괴하는지를 검토했다.[22] 동성결혼을 금지하는 개정안이 제출되고 통과된 지역에 거주했던 성소수자 집단에서 알코올사용장애가 42%, 범불안장애가 248% 늘어났다. 그러나 개정안 투표를 실시하지 않은 지역의 성소수자 집단에서는 이러한 정신질환 증가가 나타나지 않았다.

2016년 미국 대통령 선거에서 이민자 추방은 뜨거운 이슈였다. 돌풍처럼 등장한 도널드 트럼프 후보는 국경 지대에 높은 장벽을 쌓아 '마약 밀수를 일삼는' 멕시코인들이 넘어오는 것을 막겠다는 공약을 내걸었고, 미국을 다시 위대하게 만들겠다며 미등록 이민자들을 찾아내 추방하겠다고 공언했다. 미등록 이민자에게 자녀가 살해당한 어머니 10여 명과 연단 앞에서 일일이 포옹을 하던 그의 모습은 극소수의 사례를 이용해 이민자 전체에 범죄자라는 낙인을 찍어 지지자를 집결시키려는 전략의 일환이었다. 도널드 트럼프는 선거에서 승리해 45대 미국 대통령이 되었다.

하버드 대학교의 낸시 크리거^{Nancy Krieger} 교수는 이 선거
가 이민자들의 삶에 미친 영향을 알고자 했다. 2018년 『지역사
회와 역학』에 출판한 논문에서 그녀는 2015년부터 2017년까
지 뉴욕주에서 태어난 신생아 23만 명의 출생신고서를 분석했
다.[23] 그녀는 2016년 선거 전후로, 재태기간이 37주 미만인 조
산아 비율이 산모의 인종에 따라 어떻게 변화하는지 확인했다.
그 결과 가장 심각한 낙인으로 고통받았던 멕시코계나 중앙아
메리카계 이민자 산모가 낳은 아기가 조산아일 확률이 선거를
거치며 15% 증가했다. 같은 기간 동안 백인 산모 집단에서는
이러한 증가가 나타나지 않았다. 산모가 겪는 스트레스가 조산
을 유발할 수 있다는 기존 연구와 일치하는 결과였다.

2019년 11월 11일 국가인권위원회는 당시 자유한국당 서
울시장 후보였던 김문수의 "동성애는 담배보다 유해하다"를 비
롯한 사회적 소수자들을 조롱하는 혐오 발언에 대한 인권단체
의 진정을 각하했다. "이러한 발언이나 선거공약만으로 구체적
피해가 발생했다고 보기 어렵"다는 게 가장 큰 이유였다. 일견
합리적으로 보이는 이러한 결정은 '근거의 부재'를 '부재의 근
거'로 착각한 것이다.

마크 하첸빌러가 2004년 선거로 인해 성소수자들의 삶에
어떠한 피해가 있었는지 알 수 있었던 것은 전국적으로 시행되
는 「음주와 관련 상태에 대한 국가 역학조사」에 참여자의 성적

　　　　　　　　타인의 고통에 응답하는 공부

지향을 묻는 질문이 있었기 때문이다. 낸시 크리거가 2016년 선거로 인해 이민자의 자녀들에게 생겨난 피해를 검토할 수 있었던 것은 뉴욕주가 부모의 비자 상태와 무관하게 아이의 출생 신고를 받고 그 문서에 인종을 기록한 덕분이다.

반면 오늘날 한국에서는 국가가 국민 일반을 대상으로 진행하는 어떠한 설문조사에도 참여자가 성소수자인지를 묻는 질문이 존재하지 않는다. 이는 다름 아닌 대한민국 정부가 성소수자 국민의 삶을 알고자 하지 않기 때문이다. 선거 때마다 보수 정치인들이 경쟁하듯 혐오 발언을 내뱉는 상황에서도 성소수자와 그 가족들이 경험한 구체적 피해를 숫자로 확인할 수 있는 길은 제도적으로 막혀 있다.

지금 당장 구체적인 피해를 알 수 없다는 '근거의 부재'가 피해가 존재하지 않는다는 '부재의 근거'일 수는 없다. 특히 그러한 사회적 무지의 책임이 국가에 있다면, 혐오 발언의 구체적인 피해를 알 수 없다는 이유로 인권단체의 진정에 각하 결정을 내린 인권위 역시 국가기관으로서 그 책임으로부터 자유로울 수 없다.

선거를 앞두고 무슬림을 비롯한 이주민이나 성소수자 혐오를 이용해 자신의 정치 생명을 연장하려는 이들이 보인다. 소수자 혐오로 연명하는 저열한 정치인들이야 거부할 수 없는 시대적 변화 속에서 수명을 다하고 사라지겠지만, 그 과정에서 고통받는 소수자들과 연대하며 함께 싸워야 하는 국가기관은 달라야 한다. 인권위는 '근거의 부재'와 '부재의 근거'를 구분하고, '의지의 부재'를 성찰했으면 한다.

4

우리의 삶은
당신의 상상보다
복잡하다

내 본질은 누구도 무엇도
바꿀 수 없어요

서지현 검사가 말하는 한국 사회 피해자의 '말하기'

2018년 서지현 검사의 이야기가 세상에 드러나고 나서, 내가 무엇을 할 수 있을까 고민을 하다 연구실의 학생들과 함께 「스피크위드유Speak with you」라는 워크숍을 진행했다.[1] 미투 운동을 계기로 성희롱·성폭력 피해 경험을 조사하고 싶어 하는 사람들과 조사 방법론을 공유하기 위한 워크숍이었다. 데이터를 만지는 사람으로서, 또 사회역학을 공부하는 학자로서 미투에 함께할 수 있는 방법을 찾고자 했다. 용산의 한 회관에서 열린 그 워크숍에는 수많은 여성 활동가가 왔다. 어떤 이는 대학에서, 또 어떤 이는 교회에서, 저마다 자신이 살아온 공동체에서 있었던 성폭력 사건들에 대해 이야기하고 조사하고자 했다.

"평생 쓸 수 있는 모든 용기를 다 끌어모아서" 미투를 시작한 서지현 검사는 그 이후로도 자신의 역할을 다하려 안간힘을 썼다. 'N번방 사건' 이후 법무부에 신설된 '디지털성범죄 TF' 팀장을 맡아 온라인상의 성폭력을 어떻게 예방하고 처벌할 것인가에 대한 구체적인 법안을 제시했다. 그녀는 윤석열 정부가 들어선 뒤 법무부로부터 원청이었던 수원지검 성남지청으로의 복귀 통보를 받은 2022년 5월 사직서를 제출했다.

나는 한국 사회가 서지현의 용기에 큰 빚을 졌다고 생각한다. 이 대담은 2018년 12월에 진행되었다.

김승섭 서지현 검사가 '미투' 이야기를 시작했을 때, 저는 데이터를 만지는 사람이니까 학자로서 함께할 수 있는 일이 없을까 고심하다가 「스피크위드유」라는 워크숍을 진행했어요. 막상 해보니 그 자리에 모인 수십 명의 사람 각자에게도 서 검사가 입을 열기 전까지 말 못 했던 일과 같은 경험이 너무 많은 거예요. 서 검사가 싸움을 시작했기 때문에 우리가 입을 열 수 있게 됐구나 싶었어요.

서지현 특히 여성들이 고맙다는 인사를 많이 해주었어요. 성폭력 피해를 입었다고 말하면 손가락질당하고 온갖 음해에 시달리니까 두려웠다고. 그게 자신들의 잘못이라고 생각한 것이지요. 그런데 검사라는 사람도, 상당한 지위와 권력을 가지고 있어도 여

서지현과의 대담을 마치고 집에 돌아가기 위해 지하철역까지 함께 걸으며 말했다. "검사님, 정말 감사하다는 말씀 꼭 드리고 싶어요. 대한민국을 살아가는 한 시민으로서도, 이 사회에서 세 딸을 키우는 아버지로서도 감사합니다. 검사님의 용기를 다리 삼아 우리가 이 시대를 건너고 있는 것 같아요."

©시사IN포토

성으로서 그런 일을 겪고 8년이라는 시간 동안 이야기하지 못했다는 걸 보면서 '내 잘못이 아니었구나'라고 생각했대요. 사실은 제가 입을 연 이후에 크게 달라진 것이 없어서 조바심 날 때도 있어요. 하지만 이렇게 사람들의 생각이 변했다는 게 어쩌면 가장 큰 변화가 아닌가 생각해요.

"저 원더우먼처럼 찍어주세요"

김승섭 비슷한 맥락에서 서 검사가 쓰는 글을 보면 '성실한 직장인'이었음을 증명하려고 애쓰는 느낌이 들어요. 도리어 피해자가 스스로를 증명해야 하는 상황이랄까요.

서지현 처음에 제가 검찰 게시판에 글 올리기 이전부터 가장 고민했던 부분이었어요. 분명 (내부에서) 사람들이 나를 음해하고, 문제 있는 사람으로 볼 것이다…. 아예 '예상되는 문제'를 밝혀 쓰면, 그래도 그럴 거라고 예상하고 겪으면 고통이 덜하지 않을까 했는데(웃음). 지금 생각해 보면 그 어떤 음해에 대해서도 내가 검사이니까 다 허위임을 입증할 수 있다고 생각했던 것 같아요. 법무부나 검찰 반응은 예상했고, 예상한 대로 너무 정확해서 그런 음해가 떠돌 때 좀 우습기도 했어요. 진부한 사람들, 정말 창의력이라곤 없구나(웃음). 그래서 그냥 이런 우스운 이야기들은 굳이 해명하지 않아도 곧 사라질 거라고, 그리고 거짓의 힘이 진실의 힘보다 클 수 없을 것이라고 막연히 생각했어요. 처음에는

타인의 고통에 응답하는 공부

누가 욕하면 해명하고 싶었어요. 어느 순간 '이게 무슨 의미가 있나' 하는 생각이 들더라고요. 어떻게 해명하든 저들은 또 저를 음해하겠지요.

김승섭 안희정 전 지사 비서였던 김지은 씨 사례만 봐도 성실히 일했던 게 문제가 됐잖아요. 이분이 피해를 경험하고도 똑같이 업무를 했던 게 피해자가 아니라는 증거가 됐지요.

서지현 제가 한동안 국내 언론과 인터뷰를 안 한 이유이기도 해요. 피해자가 '나는 완전히 무결하다'라는 것을 입증하지 않으면 그 사람이 피해자라는 걸 인정하지 않고, 굉장히 엄격한 기준으로 피해자를 다루잖아요. 검찰 출입기자들은 보통 일반 검사와는 만날 일이 없어요. 간부급하고는 회식도 자주 하고 형, 동생처럼 지내는 이들도 있다고 해요. 자주 술 마시고 형, 동생 하고 지내는 사람 말을 믿지, 전혀 알지 못하는 저를 믿을 가능성은 낮겠지요. 아무리 그렇다 하더라도 그 안에서 나온 말들을 팩트체크라는 이름으로 일일이 물어보는데, 정말 너무 모욕적이었어요. 새벽이건 밤중이건 쉴 새 없이 핸드폰이 울리고 메시지가 오고, 제 가족의 직장까지 찾아왔어요.

김승섭 한국 사회는 '피해자는 이러이러해야 한다'는 전형적 이미지를 기대하고, 피해자가 이 이미지에서 벗어나는 순간 가차 없어지는 것 같아요. 언론에서 고 백남기 씨 유족인 백도라지 씨의 사진을 찍으면서 아버지를 잃은 슬픈 자식의 모습을 원하던 식으로요.

서지현 저는 굉장히 잘 웃고 잘 우는 사람이에요. 그러다 보니까 기자들이 원하는 대로 말려들기도 했는데요(웃음). 다른 피해자들에 대한 기사 내용이나 댓글을 보면, 피해자는 항상 고통받고 있어야 하고 항상 슬퍼야 하고 절대로 행복해선 안 되고… 이런 것들이 정말 부당하다고 생각했어요. 사람이 죽어도 장례식장에서 유족은 밥도 먹고, 웃기도 하고, 농담도 하지요. 일상을 살아가야 하니까요. 저는 피해자야말로 행복해져야 할 사람이라고 생각해요.

김승섭 피해자가 피해를 겪고도 계속 일상을 살아가야 하는 현실에 무지한 것이지요. 당당하고 확신에 찬 생존자의 모습이 한국 사회에 필요한 거 같아요.

서지현 그래서 제가 이번에 여러 언론 인터뷰에 응하며 "저 원더우먼처럼 찍어주세요"라고 했어요. 기자들이 이렇게 많이 물어요. 건강 안 좋다던데 어디가 어떻게 아프냐고. 그런데 그런 거 이야기하고 싶지 않아요. 약해 보이거나, 슬프고 동정심 유발하는 이미지를 남기고 싶지 않아요. 행복하고 건강하고 싶어요. 그

타인의 고통에 응답하는 공부

렇다고 행복하거나 소중한 것을 구체적으로 이야기하고 싶지도 않고요. 그런 이야기를 하면 검찰이, 가해자가 빼앗아 가려고 할까 봐 두려워요.

왜 피해자가 모든 걸 내던져야 할까

김승섭 미투가 보여주는 건 개인이 피해를 당했다는 것을 넘어서 실제 어떤 조직에서 이런 일이 만연하다는 증거잖아요. 그런데 한국 사회는 이 폭로에서 조직문화의 문제점을 바라보지 않고 초점을 피해자에게 두고서 그 개인이 어떤 사람인지만 계속 물어요. 성폭력이 진공상태에서 벌어진 일이 아니잖아요. 이런 일을 가능하게 한 역사와 권력과 문화가 있는 건데, 이런 걸 놔두고서 개인에게 자꾸 짐을 지우고 있지요.

서지현 왜 아직까지 한국은 개인이 모든 고통을 감수해야 할까요. 왜 나의 모든 걸 내던질 각오를 하지 않고서는 말할 수 없는 걸까요. 저 역시 더 이상 검사는 할 수 없을 것이라 생각했어요. 지금도 그렇게 생각해요. 더 나아가 변호사도 할 수 없을 거고요. 검찰 출신 변호사가 검찰에 밉보이면 변호사로 일하기도 쉽지 않아요. 모두 내던지지 않고서는, 앞으로 집 밖으로 나올 수 없을지도 모른다는 각오 없이는 입을 열 수 없었어요.

김승섭 서 검사가 세상에 그 경험을 들고 나올 수 있게 해준 가장 큰 힘은 무엇이었나요?

서지현 용감해서가 아니라 더 이상 참을 수 없어서였다는 게 정확한 표현이에요. 저는 용기 있고 활발하고 이런 사람이 아니거든요. 제가 이렇게 언론에 나와서 이야기할 것이라고는 상상조차 해본 적 없어요. 그런데 검찰은 100년 넘는 역사를 놓고 봤을 때 조금도 달라진 적이 없어요. 항상 정권 말기에 가면 적폐이자 공범이 되고, 정권 바뀌면 같이 모습을 바꿔 개혁의 선두에 서요. 강자만이 정의이고 살아남는 문화 속에서 그 어떤 것에 대해서도 반성이 없지요.

저는 지금도 동료랑 전화나 문자 잘 못 해요. 제 개인 핸드폰으로 무언가 검색하면서 두려울 때도 있어요. 검색 기록이 다 남아있을 텐데 싶어서, 별거 아닌데도 신경이 쓰여요. 또 저희 같은 경우는 한 달에 평균 200건, 초임 때는 400건 정도 사건을 처리했거든요. 1년에 2,000~3,000건 처리하는데 아무리 열심히 해도 완벽하게 잘할 수 없는 숫자잖아요. 1년에 3,000건 처리한다고 잡으면 저는 15년을 일했으니까 여태까지 4만~5만 건을 한 건데, 뭔가 트집을 잡으면 잡히지 않을까요?

김승섭 피해를 드러냈을 때 검찰에서 어떻게 대응했어야 했던 걸까요? 서 검사가 누구보다 이 문제를 많이 고민했을 거라고 생각해요.

타인의 고통에 응답하는 공부

서지현 누군가 피해를 이야기했을 때 검찰에서 어떻게 반응했어야 했었다기보다는, 피해를 이야기하기 전에 정의가 바로 섰어야 하지요. 성폭력이나 인사 보복 등 제가 겪었던 일은 이미 범죄예요. 그런 범죄가 현행 제도하에서 처벌받지 않는 상황 때문에 밖에다 이야기할 수밖에 없었던 것이지요.

정의가 아니라 명령 따르는 검찰 문화

김승섭 제 연구가 주로 사회적 차별이나 구조적 모순으로 인해 상처받은 사람들을 대상으로 하다 보니 '말하기'의 중요성을 자주 느껴요. 같은 차별을 경험했을 때, 그 경험을 폭로하거나 항의하지 못하는 사람이 제일 아프거든요. 한국 여성의 경우 심지어 말을 했는데도 문제가 해결되지 않고 2차 가해를 당하는 상황 때문에 아파요.

서지현 검찰 게시판에 글을 쓸 때만 해도 은둔자로 살아갈 생각이었어요. 사표도 쓰고, 밖에도 나가지 않고, 아무 말 하지 않고 살겠다고. 그런데 제가 글을 올리고 불과 몇 시간 지나지 않아 법무부에서 기자들에게 문자로 입장 발표를 했어요. 제 인사에 아무런 문제가 없었다는 내용으로요. 가만히 있을 수가 없었어요. (2018년) 1월 29일에 JTBC와 인터뷰하고 오면서 그런 생각을 했어요. '내가 꿈을 꾼 건가? 꿈이었으면 좋겠다.' 사실 제 평생 쓸 수 있는 모든 용기를 다 끌어모아서 그날 인터뷰를 했다고 생각했어요. 앞으로는 그 어떤 용기도 더 이상 나지 않을 것 같았거든요. 그런데 글을 쓰고 있으면 새로운 용기가 만들어지는 것 같아요. 신기해요. 페이스북을 다시 시작했는데, 제 마음을 정리하는 데 도움이 돼요.

검찰 내부에서 곧은 소리를 내온 임은정 검사와 얼마 전 이야기했는데, 저도 임 검사에 대해 수년간 별의별 이야기를 다 들었어요. 결국에는 정치하려고 하는 거라는 이야기부터…. 저도 어느 순간 그렇게 믿고 있었고요. 그런데 들어보니 임 검사도 저에 대해 돌고 있는 루머를 상당 부분 믿었었다고 하더라고요. 굉장히 무섭다는 생각이 들었어요. '이 사람들이 이렇게 진부한 매뉴얼을 돌리는 것은 그만큼 효과적이기 때문이구나. 과연 내가 이 사람들이 하는 음해를 극복할 수 있을까?' 전 없다고 생각해요.

김승섭 자신의 일과 스스로에 대한 자부심을 갖고 있는 사람을 흠집 내는 데 효과적인 방법이네요.

서지현 제가 15년 동안 검사로 살면서 완벽할 수는 없었겠지만 정말 최선을 다했거든요. 일을 하도 잘해서 '실적의 여왕'이었어요 (웃음). 그런데도 어느 순간 저는 능력 없는 검사, 문제 검사가 돼 있더라고요. 누가 그래요. 네가 윗사람들로부터 인사 약속을 받고 8년 동안 참았다는 이야기가 있다고. 그래서 제가 이렇게 대답했어요. "우리 조직이 피해자에게 인사 약속을 해줄 만큼의 양심만 있어도 좋겠다."

김승섭 누군가 가해를 저질렀을 때 조직에서 적극적으로 피해자를 보호하고 가해자를 처벌하는 게 정말 중요하다고 생각해요. 조직이 구성원들에게 계속 가르치는 거거든요. 거꾸로 아무런 대처도 하지 않는 것 역시 가르치는 것이지요. 이를테면 '말하면 서지현처럼 된다'라고요. 이게 어떤 교과서나 매뉴얼보다도 강한 '교육적 메시지'가 된다고 생각해요.

서지현 후배가 그래요. "선배, 지금 검찰에서 가장 무서워하는 건 제2의 서지현이 나오는 거예요. 그걸 막기 위해 모든 간부가 일심동체가 되어서 선배를 더 이상 욕할 수 없을 만큼 욕하고 있어요." 성폭력뿐일까요. 검찰에서는 정의롭지 않은 상사의 지시를 거역한 검사는 살아남을 수가 없어요. 불의를 알면서도 시키는 대로 해야 잘나가요. 대부분의 검사는 굉장히 공포에 사로잡혀 있고 무기력한 상태예요. 그것도 메시지이지요. 정의를 좇기보다는 명령에 복종해야 출세한다는. 그 문화를 바꾸지 않으면 검찰은 바뀔 수 없어요.

김승섭 임은정 검사 이야기 잠깐 하셨지만, '이 구역의 미친 사람' 지위를 임 검사가 서 검사에게 물려준 느낌이에요(웃음).

서지현 그거 임 검사가 저한테 해준 이야기예요. 처음 만났는데 저한테 그래요. "너무 고마워요, 서 검사님. 지금까지 검찰에서 제일 미친 사람이 저였는데 이제 서 검사예요. 아, 정말 너무 고마워"라고(웃음).

김승섭 저는 그 말이 임 검사가 서 검사에게 건네는 위로였던 거 같아요. 적어도 나만은, 당신을 이해해 줄 수 있다는. 다른 사람은 할 수 없는 연대랄까요. 그 자리에 함께 있기 때문에 할 수 있는 이야기이지요.

인간을 사랑하고 정의로움을 추구하는 행복한 사람

김승섭 그런데 서 검사는, 왜 검사가 되었어요?

서지현 정의롭다고 생각했기 때문이지요. 검사가 됐을 때 굉장한 책임감과 자부심이 있었어요.

김승섭 검사로 일하다 보면 그렇지 않은 상황을 많이 보게 되잖아요. 진실이 승리하지 못하는 상황에 검사가 기여하게 된다든가… 그럴 때 흔들리지 않으셨나요?

서지현 제 나름대로는 최대한 노력했던 것 같아요. 상사가 부당한 지시를 하면 "나는 이건 못 하겠다", "사표 내겠다" 하는 이야기도 여러 번 했고요. 이번 상황이 진행되면서 계속 생각했어요. '아무 힘도 없는 주제에 정의를 지킨다고 대들었던 게 잘못인 걸까.' 그리고 검찰은 2018년 현재까지도 법원과 달리 손으로 사건을 배당해요. 부장이나 차장 검사가 사건 기록을 보고 이걸 누구에게 줄지 결정한다는 것이지요. 공소시효가 임박했다거나 복잡한 사건, 문제가 될 여지가 많은 사건은 평소에 말 안 듣는 검사에게 줘요. 실적 내기 좋은 사건이나 정치적인 사건 등으로 결론이 정해져 있으면 말 잘 듣는 검사에게 주고요. 검사 개개인의 일상이 배당에 따라 지옥으로 변할 수도 있어요. 구조 자체가 명령에 복종할 수밖에 없도록 만들어져 있는 거예요.

김승섭 「나는 소망합니다」라는 글에서 '미투', '검찰내성폭력'이라는 해시태그를 썼지요. 이 밖에도 『82년생 김지영』을 여러 차례 인용했고요. 한 사람이 생을 걸고 '말하기'를 결심할 때 그 배경에 있었던 것들, 참고 문헌이 궁금했어요.

서지현 많은 남성이 『82년생 김지영』을 읽으면서 충격과 불편을 느꼈다고 하는데, 저를 비롯한 제 주변의 여성들은 오히려 실망을 많이 했어요. '뭐야? 이 정도로 정신병에 걸리다니?'(웃음) 현실의 삶은 훨씬 더 가혹하고 잔인한데, 작가가 독자에게 너무 큰 불편을 주지 않으려고 고민해서 수위를 조절했다고 생각했거든요? 그런데 그 책을 읽는 것만으로도 남성들의 심기를 건드리고 남성들을 적으로 간주하는 거라는 이야기를 들으니 마음이 아팠지요.

저야 20대 내내 검사가 되기 위해 공부했고, 서른 살에 검사가 되어서 젊음과 삶을 검찰에 바쳤다고 할 수 있어요. 일하면서 아이 키우고 하다 보니 바빠서 특별히 페미니즘에 관심이 있었던 건 아니에요. 어느 날 그런 생각이 들더라고요. '내가 갖고 있는 모든 자원이 랜덤으로 주어진 걸 텐데.' 내가 특별히 잘나서가 아니라요. 같은 이유로 인간은 누구나 평등하고, 그 어떤 이유로도 차별받지 않아야 한다는 것. 저는 그게 페미니즘이라고 생각해요.

김승섭 "이왕 시작한 이 운명을 최대한 받아들이고 사랑하고 싶다", "미투가 없는 세상을 꿈꾼다" 같은 이전 인터뷰에서 했던 말에서 마땅한 존엄을 느꼈어요. 2018년은 서지현이라는 개인을 어떻게 바꿔놓았나요?

서지현 인간 서지현은 변한 게 없어요. 전에도 사람들이 신기해했어요. 너는 참 미스터리라고. 검사 생활을 15년이나 하고도 어떻게 아직도 사람을 그렇게 믿고, 마음을 쉽게 열고, 또 그렇게 행복할 수 있냐고. 제가 초임 때 어떤 글을 읽었어요. 세탁소에 새 옷걸이가 들어왔는데 헌 옷걸이가 말을 걸어요. "앞으로 너는 다양한 옷을 입게 될 거야. 하지만 그 옷이 너 자신이 아니라는 걸 기억해야 해." 그게 무슨 말이냐고 새 옷걸이가 물어요. 헌 옷

타인의 고통에 응답하는 공부

걸이는 이렇게 답해요. "나는 그 옷이 자기 자신이라고 생각하는 옷걸이를 너무나 많이 봤어." 이 이야기를 오래 기억하는 이유가 있어요. 검사라는 직업이나 내가 나온 대학, 이런 것들을 벗으면 나에게 남아 있는 건 뭘까. 15년의 검사 생활은 직업이나 학벌 같은 옷을 벗었을 때 나의 본질은 무엇인가 고민하면서 보낸 시간이었던 것 같아요.

지금은 이야기할 수 있어요. "나는 행복한 사람이고, 인간에 대한 사랑을 가지고 있고, 정의로움을 추구하는 사람이다"라고요. 그 본질은 누구도 무엇도 바꿀 수 없어요. 주로 집 안에 있지만, 집에서도 잘 지내고 있고요. 가끔 기쁘고, 가끔 슬프고, 가끔 절망스럽고, 가끔 희망을 품고…. 이제는 삶이 원래 그런 거라는 걸 알아요. 제가 아주 어렸을 때 아버지가 「아빠의 기도」라는 시를 써주셨어요. 돌아가신 후에 읽어보니 이게 유언이 아니었을까, 싶었어요. "인생이란 자신의 운명을 스스로 창조해 가는 여정이다. 강건한 의지, 진지한 신념, 온화한 마음, 겸허한 자세로 스스로의 행복을 창조하기 위해 힘차게 비상하여라"라는 대목이 있어요. 힘들 때면 아빠가 남긴 시를 꺼내 읽어요. 고통스럽지만 고통에 무릎 꿇지 않고 내 운명을 사랑하려고요.

피해자는
피해자답지 않다

고통의 개별성을 포착한 영화 「공동정범」의 김일란 감독

「공동정범」(김일란·이혁상, 2016)을 보고 어딘가로 숨고 싶었다. 과거 동성애자의 차별 경험과 쌍용자동차 해고 노동자의 우울증과 세월호 참사 생존 학생의 상처에 대해 연구할 때, 나를 괴롭혔지만 끝내 대답하지 못하고 외면했던 질문이 영화 속에 덩그러니 놓여 있었다. 나누지 못하는 고통과 '순결하지 않은 피해자'에 대한 영화를 만든 김일란 감독을 2018년 2월 9일 서울 종로구에서 만났다.

치유로서의 진상규명

김승섭 「공동정범」은 용산참사 피해자들의 처절한 고통이나 연대

타인의 고통에 응답하는 공부

활동의 숭고함을 보여줄 거라는 기대를 배신하는 영화입니다. 영화는 분노조절장애로 괴롭다고, 몸이 아파 어떤 일도 할 수 없다고 고백하는 인물로부터 시작합니다. 그런데 그 고백에서 국가폭력의 잔혹함보다는 누구와도 나누지 못하는 고통의 개별성이 먼저 드러납니다. 망루에서 마지막 순간을 함께했던 5명이 서로의 고통을 이해하지 못해 생겨나는 긴장이 영화 끝까지 계속됩니다. 전형적인 사회운동 기록물의 서사와는 달라요.

김일란 제가 세월호 참사 146일의 기록으로 집회 영상을 만든 적이 있어요. 그 영상의 주제가 '당신의 고통이 곧 나의 고통이 될 수 없음을 깨달았습니다. 하지만 우리는 서로의 고통에 연대할 수 있습니다'였어요. 저는 과거에 오랫동안 타인의 고통을 나의 것처럼 동일시하며 연대해야 한다는 당위를 간직하고 있었어요. 하지만 그런 당위는 현실에서 상대와 나의 차이를 확인하는 좌절로 이어졌어요. 돌이켜 보면 그건 실패가 예정된, 타인의 고통에 대한 오만한 태도였어요.

김승섭 제가 영화에서 놀라웠던 지점은 철거민 지석준 씨의 기억이 왜곡되었을 가능성이 높다는 내용이에요. 지석준 씨는 윤용헌 씨와 이성수 씨가 망루에서 함께 떨어졌다고 기억하는데, 실제로는 망루 위에서 불에 휩쓸려 사망했다는 이야기를 듣고 충격을 받아요. 그동안 뭔가 잘못된 거라 믿었고, 그 진실을 밝혀

내는 게 자신의 소명이라고 생각했으니까요. 감독님은 용산참사 진상규명을 위한 활동을 하고, 그 기록으로 영화를 만드는 분이에요. 참사를 기록하는 과정에서 당사자의 목소리는 가장 중요한 자료인데, 당사자의 기억이 왜곡되었을 수 있다는 내용을 영화에서 집요하게 드러낸 이유가 뭐예요?

김일란 그게 진상규명의 이유이니까요. 그분은 함께 추락했다고 믿었던 두 분의 죽음에 대해 죄책감을 갖고 있었거든요. 그런데 그게 아닐 수도 있다는 게 밝혀지면서, 자신이 그동안 느꼈던 죄책감으로부터 조금은 해방감을 느꼈다고 하셨어요. 피해자들의 마음을 치유해 가는 과정에서 진상규명은 너무나 중요합니다.

우리가 아는 피해자의 모습은 일부분

김승섭 하지만 양날의 검이잖아요. 참사 피해 당사자들이 증언하는 폭력적인 경험 역시 왜곡된 것일 수 있다는 이야기가 되잖아요.

김일란 그걸 각오해야 한다고 생각했어요. 영화에서 말하고 싶었던 것 중 하나가 '우리가 그동안 알고 있던 피해자의 모습은 일부분입니다'라는 거예요. 그동안 영상에서 선한 피해자, 순결한 사회적 소수자의 모습을 그리면서, 그걸 보는 사람들은 자신들이 정의로운 사람이라는 만족감을 채워왔다는 생각을 했어요. 그렇게 됐던 이유는 이 사회에서 소수자를 빨갱이로든 종북으로

타인의 고통에 응답하는 공부

든 왜곡시켜 온 국가권력 때문이었어요. 그 힘과 싸우는 과정에서 피해자의 이미지는 순결하고 숭고한 존재로 그려졌으니까요.

김승섭 선하고 순결한 피해자라는 서사는 문제 해결에도 방해가 된다고 생각해요. 세월호 참사, 쌍용자동차 정리해고에서도 피해자들은 항상 세상에서 자신들에게 기대하는 이미지에 부응해야 한다는 압박을 느꼈어요. 그로 인해 그 이미지와 어긋나지만 진짜 자신에게 중요한 것, 필요한 것은 말하지 못하거든요.

김일란 제가 일하는 영화사 연분홍치마에서 '성소수자 커밍아웃 다큐멘터리 3부작'을 만든 후에 내부 평가를 한 적이 있어요. '우리는 왜 이렇게 착한 성소수자만 그렸을까' 싶었어요. 한번은 어느 관객분이 "이제는 길 가다 침 뱉는 게이, 욕하는 게이도 보고 싶다"라고 이야기했어요. 우리가 대답하기를 "좋은 세상 오면 그런 게이들의 모습도 다루겠다"라고 했거든요. 그런데 좋은 세상이 당장은 안 올 것 같고, 그런 세상으로 가는 과정에서 사회적 소수자의 다양한 모습을 보여주겠다는 목표도 관철해야 한다고 생각했어요.

김승섭 아이디어 차원에서 그런 방향을 정하는 것과 실제 작업에서 생각을 구현하는 건 전혀 다른 일이잖아요. 저는 세월호 연구를 할 때, 아이가 살아남은 부모와 그렇지 못한 부모 사이의 갈

등을 제대로 기록하지 못했어요. 엄연히 존재할 수밖에 없는 갈등이고 그걸 직시해야 우리가 한 걸음 나아갈 수 있겠지만, 박근혜 정권하에서 어떤 식으로 활용될지 두려웠거든. 물론 장기적으로는 인간의 그런 복잡한 모습을 보여주는 게 필요하다는 걸 충분히 받아들일 수 있어요. 하지만 그런 내용을 사람들에게 실제로 보여주는 순간, 현존하는 폭력적 권력관계의 자장 속으로 빨려 들어갈 수 있다는 현실적인 우려가 있지는 않으셨나요?

김일란 정말 외줄타기 같았어요. 높은 건물에서 외줄 하나 놓고, 균형을 잡아가면서 나아가는 게 너무 고통스럽고 힘들었어요. 여러 인권운동 활동가들에게 "같이 고민해 줘"라고 부탁했어요. 영화를 만드는 과정에, 그리고 그 이후 함께 모여 모니터링하는 동안 의미가 건너편까지 도달했는지 몇 번을 상의했는지 몰라요.

김승섭 한국의 인권운동이 그런 내용을 감당할 수 있을 만큼 성장한 거네요.

김일란 세월호의 경험이 컸어요. 2014년 8월에 세월호특별법을 요구하는 단식농성에 함께 들어갔었는데, 유민 아빠에 대한 여러 혐오들이 있었어요. "이혼을 했다", "평소에는 용돈도 주지 않고 아이들을 챙기지 않았던 사람이다"라고 말하며 전형적인 선한 피해자 이미지를 이용해 유민 아빠를 흠집 내고 조롱하는 과정을 봤어요. 그런 모습에 대한 분노를 느끼는 동시에, 뭔가 우리 운동이 자가당착에 빠진 것 같았어요. '피해자의 피해자다움'이라는 것을 만들어 놓은 우리의 시선에 대해 반성할 수밖에 없었고요.

말할 수 없음과 말하고 싶음 사이에서

김승섭 영화에서 국가폭력은 처참한 이미지가 아니라, 공기처럼 모든 장면에 존재하면서 사람들의 언어와 몸을 통해 살짝살짝 드러나요.

김일란 그 느낌을 영화 안에서 최대한 살려보려고 노력했어요. 저는 차별 경험이든, 트라우마 경험이든 문득 스쳐 지나가듯이, 그 순간의 위축된 감정이 떠오르며 섬뜩하게 다가온다고 봐요. 트라우마에 대한 그런 감정이 이미지로 표현되어야 관객이 이해할 수 있다고 생각했어요.

김승섭 상처가 일상 속에서 표현되어 더 섬뜩했어요. 나와 다를 바 없는 일상을 살고 있는 존재들이 문득문득 겪는 고통으로 보여, '저들은 화면 속 위험한 세상에서 고통을 겪고 있고, 나는 안전한 땅에서 위협받지 않으며 살고 있다'라고 생각할 수 없었어요.

김일란 제가 2007년에 올바른 차별금지법 제정 운동 차원에서 시작된 '반차별공동행동'에서 같이 활동했거든요. 차별 경험을 어떻게 사회화할지 열심히 공부하던 시기였는데, 차별 경험이 찰나적이고, 그 찰나의 감각이 반복된다는 걸 어떻게 알릴 수 있을지 고민한 적이 있었어요. 차별 경험은 가시적이지 않잖아요. 만질 수 있거나 통계로 잡히는 게 아니니까요.

김승섭 예술가인 감독님과 학자인 제가 다른 부분 같아요. 저는 차별 경험과 건강에 대해 통계적 분석을 통해 연구를 진행하는 사람이거든요. 예를 들어, 쌍용자동차 해고 노동자 연구나 「소방공무원의 인권상황 실태조사」를 할 때, 그들이 겪는 사회적 폭력 경험과 건강 상태를 측정해 데이터로 정리하고 그 분석을 통해 큰 그림을 그려요. 경험으로 존재하는 차별과 경험을 정량화해서 숫자로 표현하는 과정을 거치는 것이지요. 이런 작업에도 장점이 있어요. 구체적인 고통에 집중할 때 놓칠 수 있는 전체적인 그림을 그리는 데 도움이 되고, 개별적인 사례만으로는 알 수 없는 통계적 경향을 볼 수 있고요. 「공동정범」은 제가 했던 연구와 비슷한 주제를 다루고 있는데, 학자인 제 언어로는 가닿을 수 없는 지점을 비추고 있어요. 말씀하신 그 감각의 지점이요.

김일란 예전에 성매매 여성에 대한 작업을 할 때도 포주에게 맞는 것보다 말 한마디가 더 깊은 상처를 남긴다는 말을 언니들이 많이 하셨어요. 밤에 잠이 들려고 할 때, 문득 그 비수 같은 욕들이

타인의 고통에 응답하는 공부

반복적으로 생각이 난다는 것이지요. 보고서에서 글로 표현하지 못하는 감각들을 어떻게 이미지로 전달할까 고민하면서 영화를 만들었던 거 같아요.

김승섭 영화는 인물의 내면 깊숙이 들어갑니다. 참고 참다가 "힘들다"라고 마치 어린애처럼 말하는 장면 같은 거요. 특히 사회운동을 하는 이들은 이런저런 이유로 꺼내지 못하고 있는 "내가 더 힘들어", "내가 제일 힘들어"라는 그 표현하기 어려운 이야기를 어떻게 카메라에 담을 수 있었나요?

김일란 시간이 중요했어요. 자주 보고 이야기하고 듣고 했던 과정들이 중요하지 않았을까 싶어요. 인터뷰를 진짜 많이 했어요. 같은 질문을 다양한 방법으로, 시간순으로 물어보기도 하고, 선택의 지점별로 물어보기도 하고요. 이분들이 '말할 수 없음'과 '말하고 싶음' 사이에서 주저하는 모습을 카메라로 담으며 계속 기다리고 있었던 거 같아요.

다음 세대가 기억할 수 있도록

김승섭 보통 사람들은 누군가가 망루로 올라가자고 했고 그걸 시작으로 죽을 위기에 처했다가 몇 년씩 감옥에서 살게 되면, 거의 철천지원수가 될 것 같아요. 그런데 이 5명 사이에는 지켜지는 예의가 있어요. 예를 들어, 천주석 씨는 불타는 망루에서 누

가 가장 먼저 뛰어내렸는지 안다고 분노 속에서 이야기하면서
도, 제작진에 그 이름을 밝히지 않고 끝까지 어떤 순간을 기다리
고 있어요. 여러 인물이 이충연 씨가 용산참사 동지회를 만드는
걸 방해하고 있다며 불평하면서도, 토해내는 언어가 저열하거
나 천박하지 않아요. 저는 오히려 '어떻게 더 무너지지 않고 자
신의 모습을 지켜냈지?'라는 질문이 들었어요.

김일란 맞아요. 이들은 진짜 이상하게도 거기까지 안 가요. 미워하
는 마음이 아니었던 것이지요. 생사를 같이했던 사람으로서 서
운했고, 뭔가 내 마음을 알아줄 거라는 기대를 포기하지 않았던
거예요.

김승섭 하지만 이들은 참사가 일어나고 6년 10개월이 지날 때까지
만나지 못하고, 계속 멀리서 반목해요. 영화 종료를 10분 남겨놓
고 다 같이 만난 자리에서 그 긴장이 처음으로 살짝 풀려요. 천
주석 씨가 가장 먼저 망루에서 탈출한 사람에 대해 묻자, 이충연
씨가 답을 해요. "그게 나였다"라고요. 그 순간 인물들의 표정이
흔들려요. 망루로 올라가자고 했던 이충연 씨가, 아버지와 동지
들을 뒤로하고 가장 먼저 탈출했던 죄책감을 처음으로 고백하
는 장면이에요. 천주석 씨는 상대방이 그 사실을 직접 인정하는
데에서 오는 충격을 받아요. 돌이켜 보면 이충연 씨는 그걸 계속
말하고 싶었고, 천주석 씨는 그걸 듣고 싶었는데, 그게 안 되어

서 힘들어했던 거예요. 제3자의 입장에서는 "만나면 되는 거잖아"라고 쉽게 말하며 어리석다 생각할 수 있지만, 당사자에게는 그 사소한 한 걸음을 내딛는 게 그토록 힘들었던 거예요.

용산참사가 일어난 지 벌써 (2018년 기준) 9년이 넘었습니다. 영화 속에서 이충연 씨는 참사 당시 중학생이었던 아이들이 지금은 어른이 되었을 텐데, 그들이 참사를 기억할 리 없다고 이야기해요. 만약 그런 이들을 만난다면, 용산참사에 대해 어떤 이야기를 하고 싶으신가요?

김일란 기억을 공유해야 한다고 생각해요. 얼마 전 영화 「1987」을 봤는데, 저는 1987년에 대한 기억이 거의 없거든요. 1987년 민주화 투쟁은 저의 역사가 아니었던 거지요. 그런데 용산참사는 저의 역사예요. 지난 10년의 시간이 저를 그렇게 만들었어요. 저는 그렇다면 이 경험을 어떻게 다음 세대와 나누어야 할지 고민하고 있어요. 앞으로 제가 찾아가야 할 일이라 생각해요.

헬렌 켈러의
빛과 그림자

오류와 모순을 품고 당대를 살아낸 한 인간과의 대화

10여 년 전 헬렌 켈러의 정치 연설을 우연히 접하면서, 장애의 역사 연구에 뛰어들게 되었다. 당시 나는 여성과 정치의 역사를 연구하는 훈련을 받았고 여성이 공적인 영역에서 계속해서 배제당하는 동안 여성이 스스로를 참여하는 시민으로서 어떻게 정당화했는지를 탐구하고 있었다. 그런 내게 헬렌 켈러의 정치적 삶 자체도 매혹적이었지만, 그 활동들이 일반적인 역사 기록에서 누락되어 있다는 사실이 흥미로웠다. (킴 닐슨, 『장애의 역사』, 32쪽)

『장애의 역사』의 저자 킴 닐슨은 헬렌 켈러의 연설문을 접하고 나서, 미국의 역사를 장애와 여성을 중심에 두고 재배치하는 작업에 뛰어들었다고 고백한다. 1880년 태어난 헬렌 켈러는 생후

타인의 고통에 응답하는 공부

19개월에 성홍열이나 뇌막염으로 추정되는 감염병에 걸려 농과 맹을 가지게 되었다. 익히 알려진 바대로 헬렌 켈러는 일곱 살 때 인생의 스승이자 친구가 된 앤 설리번을 만나 퍼킨스 맹인학교Perkins School for the Blind에서 공부하게 된다. 이후 하버드 대학교에 진학했고, 수많은 기고문을 쓰고 연설을 하며 열혈 사회주의자, 반전운동가, 인권운동가로 살아갔다. 헬렌 켈러는 1999년 갤럽에서 선정한 가장 존경받는 20세기 인물 18인에 포함되었다.

당시는 물론이고 지금도 사람들은 헬렌 켈러의 삶을 '장애를 극복한 감동적 인간 승리'로 묘사한다. 그러나 헬렌 켈러 선집을 편집하고 『헬렌 켈러의 급진적 삶The Radical Lives of Helen Keller』이라는 평전을 쓰기도 한 킴 닐슨은 그녀의 삶을 두고 '감동적'이라는 말을 쓰지 않기 위해 안간힘을 썼다고 고백한 적이 있다. 그런 묘사는 헬렌 켈러의 삶에 새겨진 구체적인 시대의 풍경과 모순을 거세하고 대중의 구미에 맞도록 변형시켜 박제하는 결과를 낳는다. 그리고 그렇게 박제된 헬렌 켈러의 삶은 논쟁의 여지가 없는 과거의 이야기로 남아 더 이상 우리에게 어떤 뜨거운 질문도 던지지 못하기 때문이다.

1915년 신생아 볼린저 사건

1915년 11월 미국 시카고의 저명한 의사였던 해리 하이젤든Harry Haiselden 박사는 전국적인 논란의 주인공이 된다. 그가 볼린저^{Bollinger} 가문에서 태어난 신생아의 구명 수술을 거부했기 때문이다. 하이젤든 박사는 아이가 죽어가도록 방치한 자신의 결정을 대중에게 적극적으로 알렸으며, 『뉴욕 타임스』와의 인터뷰에서 "우리 자신과 미래 세대를 정신지체로부터 보호하는 것은 우리의 의무입니다"라고 말했다.

'신생아 볼린저^{Bollinger Baby}'로 불리게 된 그 아기는 명백한 신체적 장애를 가지고 있었고, 수술 이후 살아남더라도 뇌 관련 장애를 갖게 될 가능성이 높았다. 하이젤든 박사는 두 가지 이유에서 자신이 올바른 결정을 했다고 주장했다. 첫째, 심각한 장애를 가진 신생아는 고통스러운 삶을 살아갈 수밖에 없기 때문에 죽도록 내버려 두는 것이 가장 인간적인 선택이다. 둘째, 그런 장애를 가진 사람은 범죄자가 될 수 있어 위험하고 그를 부양하는 일은 사회에 짐이 된다. 하이젤든 박사는 이러한 기준에 따라 이미 지난 10년 동안 장애 유아에 대한 선택적 안락사를 해왔다고 밝혔다. 곧 당대의 여러 변호사·의사 단체들이 하이젤든 박사의 선택을 옹호하는 성명서를 발표했고, 신생아 볼린저 사건을 둘러싼 논란은 점점 더 커져갔다.

이런 상황에서 훗날 빈민 복지 활동으로 노벨 평화상을 수상하게 되는 제인 애덤스^{Jane Addams}는 일간지 『리치먼드 아이템』에 기고한 칼럼을 통해 하이젤든 박사를 비판했다.[2] 제인 애덤스는 헬렌 켈러를 예로 들며 과거 "결함 있는^{defective}" 존재로 여겨졌던 많은 이들이 실은 다양한 방식으로 사회에 기여하고

타인의 고통에 응답하는 공부

있다고 주장했다.

사람들은 헬렌 켈러의 의견을 기다리기 시작했다. 당시 헬렌 켈러는 1903년 베스트셀러가 된 자서전 『내 삶의 이야기 The Story of My Life』를 출간한 저명한 작가였으며, 1909년 사회당에 입당한 이후 여러 연설과 기고문으로 자신의 정치적 견해를 활발히 밝혀온 정치인이기도 했다.

헬렌 켈러, 우생학을 지지하다

마침내 헬렌 켈러는 1915년 12월 18일 자 『뉴 리퍼블릭』에 「결함 있는 아기를 위한 의사 배심원단」이라는 제목의 글을 기고한다.[3] 총 네 문단으로 이루어진 헬렌 켈러의 글은 다음과 같이 시작한다.

하이젤든 박사가 신생아 볼린저가 죽도록 허락한 것을 두고 삶의 신성함에 대한 여러 논쟁이 진행 중이다. 박사의 결정에 반대하는 많은 사람이 '삶'에 대한 자신의 생각을 분석하는 데 어려움을 겪을 것이라고 생각한다. 이들에게 삶은 단순히 숨 쉬는 것을 의미하지 않을까. 물론 그 결정에 반대하는 사람들도 그런 삶에 가치가 없다는 점은 인정할 것이다. 삶을 신성하게 만드는 것은 행복과 지성과 능력의 존재 가능성이다. 열등하고, 기형이며, 마비되고, 생각할 수 없는 생명체에게는 그런 가능성이 존재하지 않는다.

헬렌 켈러는 이 글에서 가치가 있는 삶과 그렇지 않은 삶으로 인간의 경계를 나눈다. 기형이고 마비된, 특히 지능이 낮아 생각할 수 있는 능력이 부족한 생명체는 존엄한 인간의 경계 바깥에 있다는 것이다. 그렇다면 그런 판단은 누가 어떻게 해야 하는가?

> 정신적 결함을 가진 사람은 잠재적인 범죄자가 될 것이 거의 확실하다. 누군가가 천치인지 여부를 판단할 때, 의사 배심원들이 고려하는 증거들은 정확하고 과학적일 것이다. 그들이 확인한 내용은 편견이 없고, 훈련되지 않은 사람들의 관찰에서 생기는 부정확성으로부터도 자유로울 것이다. 그들은 누군가가 진정으로 천치인 경우, 그러니까 정신적으로 발달할 수 있는 희망이 전혀 없는 경우에만 그렇게 판단할 것이다.

그녀에 따르면 그 판단은 편견으로부터 자유로운, 훈련받은 전문가이자 과학자인 의사가 해야 한다. 이런 사안은 감정을 배제하고 '객관적'으로 판단해야 하기 때문이다. 물론 의사들도 다른 전문가들처럼 자신의 지식을 남용할 가능성이 있다. 하지만 아기가 사망하기 전에 그 판단의 근거를 대중에 공개한다면, 실수나 남용의 가능성은 거의 없을 것이다. 그녀의 기고문은 다음과 같이 끝을 맺는다.

> 우리는 하이젤든 박사가 보여준 뛰어난 인간애와 비겁한 감상주의 사이에서 선택해야 한다.

타인의 고통에 응답하는 공부

당황스러운 글이다. 장애인 당사자였던 헬렌 켈러는 장애인권 운동에 참여하며 사회적 약자의 편에서 체제에 맞서 싸웠던 인물이다. 1944년 헬렌 켈러는 아프리카계 미국인 농인과 맹인에게서 삶의 기회를 박탈하는 주 정부의 예산 집행을 비판하며 다음과 같이 말한 바 있다.

"나는 미국 전역에 흩어져 있는 초라한 건물의 학교들을 방문했다. 그들은 빈곤 속에서 힘겨운 투쟁을 계속하고 있었다. 적절한 교육과 의료서비스를 찾을 수 없었고, 사람들은 차별 때문에 구직에 어려움을 겪고 있었다. 충격이었다. (…) 이 부유한 나라에서, 다른 인종[아프리카계 미국인] 남성과 여성이 그처럼 부당하게 고통받고 있는데 국가가 그것을 보지 못한다는 것은 수치스러운 일이다. 이 막강한 방해물을 넘어서 맹인인 유색인종들이 자신들의 존엄과 용기를 지킬 수 있도록 재정적인 지원이 절실하다." (『장애의 역사』, 248~249쪽)

놓치지 말아야 할 세 가지 지점

이제 질문을 해야 할 시점이다. 인종주의와 비장애중심주의가 교차하는 지점에서 소외된 흑인 맹인의 삶에 가슴 아파하고 적극적으로 연대하는 헬렌 켈러와, 중증 장애를 가지고 태어난 아기를 의사의 판단에 따라 안락사시키는 일을 두고 "뛰어난 인간애"라고 말했던 헬렌 켈러는 다른 인물인가? 후자를 헬렌 켈러가 젊은 날 저지른 실수로 치부하거나, 혹은 짐짓 무시하며 헬렌 켈러의 삶에서 지우려는 시도는 위험하다. 앞서 말했듯, 그것은 헬렌 켈러의 삶을 구미에 맞게 변형시켜 박제하는 일이기 때문이다.

이렇게 질문해 볼 수는 없을까? 1915년은 어떤 시대였기에 헬렌 켈러조차도 하이젤든 박사의 행동을 옹호하는 글을 썼을까? 어려운 질문이지만, 『장애의 역사』를 번역하며 나는 그 질문에 답하는 과정에서 꼭 감안해야 하는 세 가지 지점을 알게 되었다.

첫째, 당시는 우생학이 지배하던 시대였다. '결함 있는 몸'을 가진 '퇴행적' 인간이 늘어나는 것이 민주주의를 위협하고 독재 정권으로 이어진다는 생각이 널리 퍼져 있었다. 또한 그런 인간들이 더 늘어나지 않도록 하는 데 '객관적 판단을 하는' 과학이 기여해야 한다고 믿는 이들이 많았다. 1922년 시카고 지방법원장으로서 수많은 '퇴행적' 인간에게 강제 단종수술을 하도록 결정했던 해리 올슨Harry Olson은 다음과 같이 말했다.

"민주주의의 성공은 그 구성원들의 질에 달려 있다. (…) 인종적 퇴행이 계속되고 또 그러한 퇴행이 가속화된다면 국민의 자치는 불가능해지고 혼란이 생겨나게 된다. 결국 독재정권으로 귀결되는 것은 시간문제일 뿐이다." (앞의 책, 196쪽)

'행복할 수 없는' 당사자의 삶과 불필요하고 부당한 비용

타인의 고통에 응답하는 공부

을 치러야 하는 사회 모두를 위해서, 어떤 유형의 인간들은 재생산되지 않도록 하는 것이 더 인간적인 선택이고 진보라고 믿었던 것이다. 그렇게 장애를 가진 이들은 사회에서 지워져야 할 존재로 취급받았다.

그렇다면 왜 그들이 그런 희생을 감내해야 하는가? 이 질문에 대해 1927년 미국 대법원은 강제 단종수술이 헌법에 위배되지 않는다는 '벅 대 벨Buck v. Bell 사건' 판결문에서 다음과 같은 다수 의견을 밝혔다.

> 1927년 미국 대법원은 벅 대 벨 대법원 판결을 내렸다. 다수 의견으로, 올리버 웬들 홈스 판사는 국가의 "최고의 시민"들은 "공공복지"를 위해 자신의 목숨을 "한 번 이상" 포기하는 희생을 했다고 주장했다. "이미 국가의 힘을 약화시킨 사람들에게 우리가 그보다 덜한 희생을 요구할 수 없다는 것은 이상한 일이다…. 우리가 무능력함에 잠식되는 것을 막아야 한다. 퇴행한 자손들이 범죄자로 처벌받거나 저능아로서 고통받는 것을 방치하는 대신 명백히 적합하지 않은 사람이 재생산되는 것을 막을 수 있다면, 그야말로 모든 세계를 위해 더 나은 일"이라고 홈스 판사는 말했다. 그는 원고 캐리 벅Carrie Buck과 그녀의 어머니와 그녀의 딸을 두고서 "저능아는 삼대로 충분하다"라고 판결 내렸다. (앞의 책, 219쪽)

둘째, 당시 농과 맹을 지니고 있던 헬렌 켈러는 '신생아 볼린저'와 자신이 장애인이라는 하나의 범주로 묶인다고 생각하

지 않았을 것이다. 이와 관련해 김도현은 『장애학의 도전』에서 다음과 같이 말한다.[4]

> 사실 20세기 초반만 해도 '장애인'은 적어도 대중들 사이에서 사회적으로 확립된 범주나 정체성이 아니었다. 따라서 '농인', '맹인', 다양한 형태의 '지체 손상자', '정신적 결함자'들은 서로를 어떤 동일성을 지닌 집단으로 여기지 않았을 것이다. 기본적으로 유럽에서 'the disable-bodied'라는 (현재의 '장애인'에 해당하는) 범주가 처음 나타난 것이 1830년대 이후의 일이며, 20세기 초반의 문헌들에서도 다양한 신체적·정신적 손상을 지닌 이들은 장애인이라는 통합적 범주보다는 각각 나열되는 형태로 언급된다. (『장애학의 도전』, 106쪽)

이러한 인식은 『장애의 역사』에서도 여러 차례 확인된다. 예를 들어, 1930년대 대공황 시기에 장애인은 미국 정부가 실직 노동자들을 위해 마련한 일자리 구제 프로그램의 혜택을 받을 수 없었다. 장애인이 "고용될 수 없는" 이들로 분류되었기 때문이었다. 그런데 이러한 배제 규정으로 인해 일자리를 얻지 못하게 된 농인들은 장애인을 노동할 수 없는 사람들로 분류하는 주장에 반대하지 않았다. 다만, 자신들은 "장애인이 아니라고 주장했다".

> 대다수 농인 노동자들과 농인 단체들은 장애인이 "고용될 수 없는" 범주로

분류되는 것을 반대하지 않았다. 다만, 농인은 장애인이 아니라고 주장했다. 미국에서 농인들이 직접 자신들을 위한 조직을 만들기 시작한 이래, 농인들은 자신들이 다른 언어를 쓰는 공동체라고 주장했으며, 온전한 시민으로서 자신들이 가진 잠재력과 자신들의 정상성을 강조했다. 농인들도 사회적으로 소외된 존재였지만, 진짜 장애인이라고 여기는 이들과 스스로를 구분하고자 했다. 어떤 이들은 장애 간 동맹이 이루어진다면, 그렇게 만들어진 더 큰 장애인 공동체에서 청인인 장애인들이 주도권을 가지게 될 거라고 우려했다. 역사학자 수전 버치Susan Burch가 썼듯, 몇몇 농인 지도자들은 "장애 활동가들이 자신들에게 접근하지 못하도록 하면" "장애라는 낙인으로부터 자신들이 자유로워질 거라 생각했다". (『장애의 역사』, 247쪽)

다양한 장애를 가진 사람들이 스스로를 장애인이라는 이름으로 규정하고 함께 연대하며 싸우게 된 것은 1970년대 이후, 미국의 장애 인권 운동을 통해 법적·제도적 변화를 만들어내며 일군 일련의 성과 덕분이었다.

이 시기의 획기적인 판결들은 수많은 사람들의 시민권을 확장시켰다. 그 과정에서 장애인과 그 동료들의 활동과 불만이 모두 커져갔고, 일련의 법적인 승리는 장애 인권 운동의 영역을 확장시켰다. 점차 자부심을 가진 장애 인권 운동과 장애 공동체가 성장하며, 장애 간 공동체가 성장할 수 있었다. 점차 신체적·정신적·인지적 장애를 가지고 있는지 여부와 관계없이, 인종·계급·성적 지향·젠더 차이에 관계없이 장애인들은 점차 공동의 경험과 목적을 가

지고 있다고 생각하게 되었다. (앞의 책, 312~314쪽)

마지막으로, 헬렌 켈러는 신체적 손상이 사회적 관계와 맥락 속에서 장애가 된다고 보는 현대 장애학의 관점, 몸의 차이를 긍정하고 장애를 정체성과 자부심으로 여기는 장애 인권 운동의 감수성을 접할 수 없는 시대를 살다 갔다.

더구나 1887년 헬렌 켈러를 퍼킨스 맹인학교와 연결시켜 준 인물은 다름 아닌 알렉산더 그레이엄 벨Alexander Graham Bell이었다. 전화기 발명에 기여한 과학자이자 농인 교육 이론가였던 벨은 수어 사용을 금지해야 한다고 주장했던 확고한 구어주의자였다. 그는 수어를 언어로 인정하지 않았으며, 그 사용이 농인을 2등 시민으로 만드는 이유라고 생각했다. 벨은 독순술과 결합된 구화법이 "가장 위대한 길"이라고 말했고, 평생 동안 벨을 따르고 의지했던 헬렌 켈러는 이러한 구어주의를 "19세기의 가장 신성한 기적 중 하나"로 받아들였다. 그녀는 수어를 사용하지 않았을 뿐 아니라 수어 사용을 주장하는 농인 공동체의 주장에 반대했다.

킴 닐슨은 『헬렌 켈러의 급진적 삶』에서 앤 설리번을 포함해 헬렌 켈러와 가까이 지냈던 거의 모든 사람이 그녀가 다른 장애인들과 함께 분류되는 것을 원치 않았고, 그녀 스스로도 농인 단체나 다른 장애인 단체의 연설 요구를 반복적으로 거절했다고 서술한다. 그것은 헬렌 켈러를 '기적의 존재'가 아닌 장애인 중 한 명으로, 그 집단에 속한 사람으로 만들 수 있었기 때문이다. 헬렌 켈러는 농과 맹을 가진 개인이었지만, 스스로를 억압된 소수자 집단의 일원으로 생각하지는 않았다.

여성참정권, 인종 불평등, 전쟁, 자본주의에 대해 냉철하게 정치적 분석을 하던 헬렌 켈러는 장애를 두고서는 비슷한 수준의 분석을 하지 않았다. 혹은 하지 못했다. 맹인의 교육과 인권을 위한 활동을 멈추지 않았지만, 비장애중심주의·장애차별주의의 구조와 모순을 파고들어 변화를 모색하기보다는 개인의 적응과 노력에 초점을 맞춘 대안을 찾았다. 헬렌 켈러가 '선택한' 이러한 전략은 결과적으로 당대의 인권운동가들이 장애의 정치적 함의를 논하고 장애 인권을 주장하는 데 방해물이 되기도 했다.

당대의 시간을 누구보다 뜨겁게 살아냈던 헬렌 켈러의 삶에는 많은 사람이 경이롭게 생각하는 성과만이 아니라 당시의 시대적 한계와 모순이 함께 새겨져 있다. 그 모든 점을 함께 바라본다고 해서 헬렌 켈러라는 놀라운 인간이 폄하될 이유는 없을 것이다. 나는 '장애를 극복한' 박제된 영웅보다, 오류와 모순을 품고 당대를 살아낸 한 인간과 더 많은 대화를 나누길 원한다.

이것은
저의 싸움입니다

미래의 피해자들은 이길 수 있을까? 유희경 시인과 나눈 이야기

천안함 생존 장병들의 이야기를 담은 『미래의 피해자들은 이겼다』가 출간되고 약 2개월 후였던 2022년 4월, 유희경 시인의 진행으로 서울 종로구 공공그라운드에서 독자들을 만났다. 이 글은 다른 어느 때보다 내밀했던 그날의 이야기를 정리하여 지면에 옮긴 것이다.

유희경 처음 목차를 펼쳤을 때의 기억이 떠오릅니다. 평소에 제가 좀 아파서, 슬퍼서, 힘들어서 피했던 이름들을 바로 대해야 했어요. 사실은 이 행사를 기획하기 전에 '책을 읽지 말아야겠다'라는 생각도 했습니다. 그런데 목차의 마지막 한 줄이 이렇게 쓰여 있어요. 「'이야기'할 수 있다면, 슬픔은 견뎌질 수 있다」. 이 문장을 읽고도 이 책을 안 넘겨볼 수 있는 방법은 저한테 없었습니다. 그렇지요. 이야기를 하지 않고 계속 피하고 외면하면, 그러면 해결되는 건 아무것도 없을 거라고 생각합니다. 포기하기에는 너무 절실한 질문들이 여전히 남아 있기 때문이라고, 저는 생각합니다.

타인의 고통에 응답하는 공부

김승섭 이 책 쓰고 처음 만나는 독자분들이고요. 어떤 기분일지 궁금했었는데, 여러분이 앞에 계신 걸 보니 제가 이런 순간을 기다렸었던 것 같아요. 보고 싶었습니다.

나무를 만져야 살 것 같은 거예요

유희경 정말 많은 데이터를 보셔야 하는 연구라 시간이 부족할 텐데, 교수님은 어떻게 여가를 보내세요? 그때도 공부하시는 건 아닐 텐데요(웃음). 지난번에 목공을 하는 시간이 많이 의지가 된다고 들었어요.

김승섭 저는 여가라는 게 없는 사람이었어요. 초등학생 때부터 계속 공부가 직업이었던 사람이다 보니까. 공부라는 게 어떤 프로젝트처럼 끝난다고 끝나는 게 아니잖아요. 주말이나 휴일도 항상 '가족 아니면 공부'로 보냈는데 몇 년 전부터 연구와 개인적인 일이 겹쳐 어려운 시간이 계속되었어요. 당시에는 견디는 게 쉽지 않았어요. 지치고 예민해져서, 심지어 제가 그토록 사랑하는 딸들에게도 사소한 계기만 주어지면 화를 낼 준비가 되어 있었어요.

안 되겠더라고요. 세월호 연구를 할 때, 유가족 아버님들이 목공을 하시던 게 기억나서 가까운 목공소에 갔어요. 사장님이 뭘 만들어 보고 싶어서 왔냐고 물어보시더라고요. 그 질문에 "저는 사람들과 멀리 있고 싶어요"라고 답했어요. 그랬더니 잘 왔다고, 그런 사람들이 목공을 하러 많이 온다고 하시더라고요.

저는 나무를 만지는 게 그렇게 좋더라고요. 나무를 만지고 다듬고 있으면 숨을 쉬는 것 같았어요. 한번은 밤 12시가 넘었는데, 나무를 만져야 살 것 같은 거예요. 제가 집 다용도실에 자잘한 목재를 사뒀는데, 그쪽으로 들어가려면 큰아이 방을 지나가야 돼요. 아이가 저 때문에 깨면 화들짝 놀랄 것 같은데도 포기를 못 하겠는 거예요. 정말 조심조심 기어가서 나무 좀 만지다가 와서 자고 그랬을 만큼 나무가 저한테는 힘이 됐던 것 같아요.

나에게 온 어떤 사건들

유희경 교수는 공부를 계속해야 되고, 여가 없이 끊임없이 일 생각을 해야 되는 직업이잖아요. 게다가 심지어 연구에서 다루는 대상이라고 해야 될까요? 그분들도 여성 결혼 이민자라든가, 성소수자라든가, 세월호 참사 생존 학생, 쌍용차 해고 노동자와 그 가족들…. 딱 봐도 너무 아프고, 보고 싶지 않은 그런 대상들을 끊임없이 들여다봐야 되고요. 사실 의대를 나오면 보통 의사라는 길을 택하게 되는데요. 그 길도 결코 쉽지는 않겠지만, 지금보다는 훨씬 더 나은 여건의, 편안한 길이었을 수도 있는데 굳이 이 어려운 길을 택하게 된 이야기를 여쭤보고 싶었어요.

김승섭 이런 질문에 멋진 답을 하면 정말 좋겠는데, 솔직히 말하면 임상의사로 일하면 돈을 얼마만큼 벌 수 있는지를 제가 몰랐던 것 같아요(웃음). 돌이켜 보면 '어떤 큰 문을 열어야겠다', '이런 사람이 되어야겠다'라고 생각하고 행동한 게 아니라 어떤 인연 같은 거였어요. 살아가면서 어떤 사건을 만나게 되고, 그 사건에서 제가 할 수 있는 일을 열심히 하다 보니까 이 경험 때문에 다음 일을 하게 되는 거예요. 산업재해를 당한 노동자 연구를 하다 보니까 쌍용자동차 해고 노동자 트라우마에 대한 연구를 하게 되고, 트라우마 연구를 했다는 이유로 세월호 참사 생존 학생들을 만나게 되고, 그 연구가 천안함 생존 장병으로 이어졌어요. 제 입장에서는 매번 주어진 상황에서 어떤 선택을 한 것뿐인데, 밖에서 보면 어떤 의지와 신념이 있어서 커다란 문을 여는 걸로 보이는 것 같아요. 그건 사실이 아니에요.

유희경 교수님께서 2018년에 「천안함 생존장병 실태조사」 제안을 받을 무렵에 대해 이렇게 쓰셨어요. "도망갈 마땅한 핑계가 떠오르지 않았다." 도망가고 싶은 마음과 핑계를 찾지 못하게 하는 마음이 뭔지 좀 궁금하더라고요. 이 질문으로 오늘 이야기의 시작을 좀 삼아보고 싶었습니다.

김승섭 당시 저는 세월호 연구를 하고 되게 지쳐 있었거든요. 세월호 참사 생존 학생 연구는 박근혜 정부 특조위(4·16 세월호 참사 특별조사위원회)에서 발주한 건데, 당시 정부는 이 연구가 잘되길 바라지 않았어요. 그리고 참사의 상처 속에서 연구를 하다 보면 정말 아침에 밥 먹다가 울컥하며 눈물이 나는 상황이 생겨요. 말하는 것만으로도 너무 어려운 이야기가 많이 있고…. 그런데 그 연구를 잘해내려면, 그 이야기를 제 안에서 소화해야 가능한 거예요. 이야기가 제 안에 충분히 들어와 있지 않으면 제가 하는 말이 붕 떠버려요. 글이 현실로부터 멀어지고, 제 것도 아닌 이상한 말들이 세상에 나오게 돼요.

하지만 세월호 참사는 그런 언어로 남으면 안 되는 사건이니까, 이야기를 듣고 자꾸 되새김질을 해서 그 상황에 저를 넣으려고 애를 썼었거든요. 그러다 보니 그 연구가 끝나고 스스로는 '괜찮다', '잘 견뎠다' 했는데 실은 많이 힘들었던 거였어요. 저뿐만이 아니라 세월호 유가족이나 생존자와 가까이에서 활동했던 시민분들이나, 기자분들도 다 그랬던 것 같아요.

그때쯤에 천안함 생존 장병 사건이 제게 다가왔어요. 그 요청에 "제가 맡기는 어렵습니다"라고 대답을 하려면 그다음에 무슨 말을 더 해야 되는데, 그다음 말이 저한테 없었어요. 그래서 어쩔 수 없는 판이라고 생각하고 시작했어요. 지금 돌이켜 보면 서해 바다에서 함께 지내던 친구를 잃은 단원고 학생들을 만난 직후였기에, 천안함 생존 장병들이 겪고 있을 시간들이 어떤 것인지 짐작이 갔기 때문에 그렇게 결정했던 것 같아요.

"옳다고 생각하는 일이 있으면 용기를 내주세요"

유희경 천안함 사건에 대한 이해가 어느 정도 좀 있으셨나요? 아니면 아예 백지상태였을까요?

김승섭 저는 천안함 사건에 대해 말하는 게 두려웠어요. 어떤 말을 하건 힘들 것 같았고, 당시에는 저와 비슷한 정치적 생각을 하는 많은 사람이 이 사건의 피해자들에게 마음을 주고 있지 않았어요. 이 연구를 하면 제 활동을 응원해 주던 이들과 척을 질 수도 있다 생각했거든요. 그런데 천안함 사건을 포함해서 많은 재난 사건의 생존자들이 정치적 이득을 위해 이용되는 상황이 계속되어서는 안 된다고 생각했고, 이를 위해서 내가 할 수 있는 일은 해야겠다고 생각했어요. 책에 나와 있는 수많은 내용 중에 전부터 알고 있던 것은 거의 없었어요. 그냥 부딪쳐 본 것 같고요.

유희경 그렇게 연구를 마친 다음에 '이것을 어떤 식으로든 갈무리를 해야겠다' 하고 생각하셨던 건 생존 장병 중 한 분이 연구 자료를 좀 볼 수 있는지 물으며 상이연금을 받기 위해 행정소송 중인데 자료가 필요하다고 이야기했을 때라고 하셨지요. 그런데 지금과 같은 '책'의 형식으로 그 이야기를 펼쳐내야겠다고 생각하신 까닭이 있을까요? 전작 두 권과 너무 성격이 다른 책이어서 궁금했어요.

김승섭 한 생존 장병이 "소송을 하는데 제 몸 상태를 증빙할 자료가 필요하다고 합니다"라고 정중하게 이메일을 보내셨는데, 연구를 정리한 보고서가 없었어요. 천안함 생존 장병 연구는 『한겨레』에서 생존 장병분들을 취재하다 기회가 생겨, 아무런 연구비 지원 없이 제 사비로 진행했던 것이었거든요. 그 연구 결과들이 기사로는 정리되어 많은 사람에게 호응을 받았지만, 공식 보고서는 없었어요.

연구를 체계적으로 정리한 책이 필요하다고 생각하긴 했지만 용기가 나지 않았어요. 천안함 사건 관련 글을 쓰려면 그 세계로 들어가야만 하고, 그 세계에 들어가면 제가 다칠 것 같았어요. '내가 연구를 했지만 천안함 생존 장병들에 대해 얼마만큼이나 안다고', '사람들은 더 이상 관심이 없어' 하는 생각으로 회피하고 있었어요.

그러다가 2021년 4월 16일 밤에 혼자 침대에 누워 있었는데요. 세월호 참사가 발생한 그날이 돌아오면 묘한 느낌이 있잖아요. 그때 딱 어떤 말이 떠오르는 거예요. 세월호 참사 유가족 증언대회 같은 걸 하는데, 한 여학생이 말했었거든요. "사람들이 옳다고 생각하는 일을 하지 않아서 저희 오빠가 죽은 거잖아요. 여러분들은 자신이 옳다고 생각하는 일이 있으면 꼭 용기를 내주세요"라고요. 그게 떠오르니까, 그때부터는 도망갈 수가 없었어요. 원래 이 책을 쓸 계획이 있었던 게 아닌데, 출판사에 책을 써야 할 것 같으니 도와달라고 이야기했지요.

타인의 고통에 응답하는 공부

학자로서 내놓을 수 있는 가장 나은 무기

유희경 그렇게 저희가 천안함과 관련된 책을, 좀 이상한 표현이긴 하지만 '가질 수 있게 되었다'고 저는 생각해요. 『미래의 피해자들은 이겼다』가 없었다면 저는 앞으로도 천안함 사건은 화면이 조작된 사건이고, 피해자분들은 국가유공자로서 대접을 받고 있다고 생각하고 있었을 것 같아요. 본격적인 이야기에 앞서 '쓰기'에 대해서 조금만 더 이야기를 해보도록 하겠습니다. 김승섭 교수님의 책은 세 권 다 존칭어로 되어 있어요. 저는 그런 화법에서 어쩌면 어려울 수 있는 사회역학을 좀 더 대중적으로 풀어보고 싶다고 생각하는 분이라는 느낌을 어렴풋이 받았어요. 사실은 학자로서 꼭 할 필요가 없는 일일 수도 있는데, 이런 일들을 하고 계세요.

김승섭 문장에 대한 고민이 많은데요. 오늘날 책의 경쟁자는 유튜브 콘텐츠거든요. 대중성의 측면에서 활자매체가 영상매체를 이기는 것은 불가능에 가까워요. 이런 경쟁 상황에서 사회적 상처에 대한 글을, 게다가 학자가 쓰고 있는 것이지요. 외부 조건만 보면 100전 100패예요. 안 읽히는 게 당연해요. 그런데 저는 할 줄 아는 게 글쓰기밖에 없거든요. '어떻게 해야 문이 열릴까'에 대한 고민이 있어요. '어떤 글을 썼을 때 사람들이 조금이라도 마음을 열어주고, 이 글을 읽어줄까' 하는.
최소한 글이 한 호흡에 읽혀야 한다고 생각하거든요. 그러려면 제가 그 세계에 진짜 들어가 있어서 제 이야기가 되어야 해요. 동시에 제 글은 읽었을 때 위안이 되는 면도 없지는 않겠지만, 그보다는 일단 보고 싶지 않은 사회적 상처를 함께 들여다보자고 하는 연구자의 글이잖아요. 제 책을 읽은 사람들이 너무 아프지 않았으면 좋겠다는 마음이 있어요. 자책감을 느끼진 않았으면 좋겠어요. 그래서 존댓말로 쓰고, 이야기의 입구와 출구를 찾고, 뭐든 해보려고 해요.

유희경 한편 어떻게 버틸까 싶기는 해요. 세상의 모든 글 쓰는 사람이 모든 걸 내 안으로 들여서 쓰진 않을 텐데, 『미래의 피해자들은 이겼다』는 유독 그런 게 많이 느껴집니다. 갈등과 고민이요. 첫 번째, 두 번째 책에서는 좀 더 객관적인 이야기를 하셨다면 이 책에는 되게 주관적인 부분들이 드러나는 장면이 있어요.

김승섭 여러분이 느끼셨는지 모르겠지만, 『미래의 피해자들은 이겼다』는 명확한 사회적 목적을 가진 '전투용' 책이에요. 피해자들이 정치적으로 이용되는 상황을 두고 볼 수 없어서 쓴 책이에요. 물론 말투는 그렇지 않지요. 아무리 마음속에 분노와 슬픔이 있어도, 학자가 글을 쓸 때는 내용을 소화하고 정리해서 써야 하니까요. 학자로서 내놓을 수 있는 가장 나은 무기를 세상에 내놓고 싶었어요.

유희경 어떤 쪽에서는 그걸 좀 금기시하는 경향도 있지 않나요? '학자가 지나치게 개입하면 안 된다'라든가.

김승섭 예. 하지만 상관없어요. 그러기엔 삶이 너무 짧아요. 할 수 있는 것들을 해야 한다고 생각해요.

타인의 삶에 대해 함부로 말하는 사람들과의 싸움

유희경 저는 그런 맥락에서 책을 읽고 나서 의아하다는 생각이 들었던 부분이, "갈등이 더 많아져야 합니다"라고 이야기하셨어요. 그리고 책의 결정적인 장면 중에 하나인, 대한문 옆에 쌍용자동차 해고 노동자를 추모하는 분향소와 천안함 용사를 추모하는 분향소 사이에 폴리스라인이 깔릴 정도로 첨예하게 두 갈등이 대립하는 그 장면이, 지금 한국 사회의 모습이라는 생각도 들었거든요. 갈등이 많아져야 한다는 건 어떤 말씀이신지 궁금해요.

김승섭 천안함 생존 장병들이나 사망 장병들의 보상금과 세월호 참사 보상금을 비교하면서, 세월호 참사 피해자들을 모욕했던 언론들이 있었잖아요. 천안함으로 고통받은 이들의 상처를 정치적으로 소비하며 세월호 참사 피해자들의 상처를 헤집는 행동이었다고 생각해요. 그렇게 만들어진 불필요한 갈등은 사회적으로 어떠한 바람직한 변화도 이끌어 내지 못해요. 그저 피해자들의 고통을 가중시킬 뿐인 갈등이지요.

ⓒ김승섭

쌍용자동차 정리해고 이후 30번째 사망자가 발생하자 노동조합은 대한문 앞에 분향소를 차렸다.
며칠 뒤 태극기 부대에서 그 옆에 '천안함 46용사 순국열사 분향소'를 만들었고, 경찰은 두 분향소
간 충돌을 막기 위해 그 사이에 폴리스라인을 세웠다. 쌍용자동차 해고 노동자와 천안함 생존 장
병을 모두 만나고 연구했던 내게도 그 노란 장벽은 넘기 힘든 벽이었다. 왜 우리는 둘 모두를 추모
할 수 없는가(2018년 7월 17일).

타인의 고통에 응답하는 공부

만약에 어떤 사건의 피해자에 대한 보상금이 지나치게 적다고 생각하면, 합당한 수준으로 보상금을 올리기 위한 법안을 제정해야지요. 천안함 생존 장병이나, 사망 장병 유가족의 보상금이 낮다면 "국가를 지키던 군인들이 죽거나 장애를 가지게 되었을 때, 이렇게 부족한 보상을 받는 것은 잘못된 일이다"라고 이야기해야 해요. 그러면 '한국 상황에서 그 돈이 감당 가능한가', '형평성에 맞는가' 등의 질문으로 논쟁이 벌어질 수 있잖아요. 이건 필요한 갈등이거든요.

그리고 중요한 사회적 변화들은 윗선에서 결정해서 내려오는 톱다운 방식으로는 제도나 법이 바뀌었다고 해도, 실제로 현실이 바뀌는 경우는 많지 않은 것 같아요. 삶에는 우리 모두가 각자의 현장에서 끌고 오던 관성과 관습이 있고, 그런 것들을 변화시키는 과정은 제도 하나, 법 하나만으로는 안 되는 것 같아요. 갈등을 겪고 부대끼는 과정 속에서 우리 모두가 나름의 방식으로 학습한다고 생각하거든요. 그래서 변화라고 하는 게 어렵고 귀한 것 같고, 또 그런 의미에서 갈등은 필요하고요.

유희경 이 책이 전투용이라고 하셨는데 무엇과의 싸움인지 여쭤봐도 될까요?

김승섭 타인의 삶에 대해 함부로 말하는 사람들과의 싸움. 타인의 삶을 함부로 판단하는 이들과의 싸움. 우리가 당연히 세월호도,

천안함도, 변희수 하사 사건도 깊게 모를 수 있어요. 타인의 고통을 아는 것은 어려운 일이니까요. 그러면 조금 침묵하고 기다릴 수 있잖아요. 판단을 유보하고 배워가야지요. 우리가 그만큼 알지 못하니까. 그런데 그런 상황에서 함부로 말하면서 상대방을 모욕하는 데 주저함이 없는 사람들이 너무 많고, 몇몇 정치인은 그 저열함에 기대서 지지층을 확보하고 있어요.

우리 모두 특정한 가치를 가지고 있는 사회에서 태어나고 자라서, 편견을 가지고 있어요. 주변 사람들과의 관계 속에서도요. 하지만 나에게 편견과 고집이 있다고 해서 공공장소에서, 사람들 앞에서 마구마구 말할 수 있는 건 아니거든요. 타인의 삶에 대해 판단할 때, 마땅히 지녀야 할 조심스러움이라는 게 있잖아요. 저는 한국 사회에서 그 조심스러움이 너무 빨리 사라지고 있다고 생각해요. 그것에 대한 걱정이 있었던 것 같고요.

어쩌다 보니 제가 천안함과 세월호 연구를 모두 했던 유일한 사람이에요. 제가 부족하지만 나름대로 열심히 세월호 참사 생존자 곁에 있었던 사람 중 한 명이긴 하니까, '천안함에 대해 이야기할 때 세월호 참사를 모욕하지 않으면서, 두 사건을 함께 이야기할 수 있지 않을까', '두 상처를 비교해서 어느 한쪽을 덧나게 하지 않고도 말할 수 있지 않을까' 하는 마음이 있었어요.

유희경 그건 되게 주요했던 것 같아요. 다른 사람이 아니고 김승섭 교수님이 쓰셨다는 것이 어쩌면 다행이라고도 생각합니다. 물론 쓰신 분께서는 이 책 작업을 끝내고 나서 두 번 다시 보고 싶지도 않으셨다고 해요.

김승섭 출판사 분들한테 미안했던 이야기인데, 책을 쓰는 내내 힘겨웠거든요. 책을 쓰는 작업이라는 게 논문하고 달라요. 논문은 정확하고 명확하게 쓰면 돼요. 그런데 책은, 특히나 이렇게 말할 수 있는 이야기를 찾고 문장을 찾아내야 하는 책을 쓸 때는, 나를 그 세계에 깊이 넣어두고 오랫동안 공부하며 나아갈수록, 그 움직임에 최선을 다할수록 나은 글이 나올 수 있어요. 그렇게 어디까지 가야 하는지 모르는 여행을 계속 긴장 속에서 해야 해요. 언제 어디서 어떤 언어를 건질 수 있을지 모르니까요.

세월호와 천안함, 이 두 사건이 얼마나 예민한지 잘 알고 있으니까 제가 만들 수 있는 가장 나은 언어를 길러내려고 했어요. 『미래의 피해자들은 이겼다』를 쓰는 동안에는 일상의 모든 순간을 책에 도움이 되도록 하려 했어요. 숨을 한 번 들이쉬었다가 내쉬는 것도요. 그렇게 겨우 마무리하고 나니까 책의 만듦새는 너무 감사한데, 책을 안 펼치고 싶더라고요. 여러분은 읽어주셔야 되고요(웃음).

질문을 잃지 않기 때문에 나아간다

유희경 다시 천안함 이야기로 돌아가서, 생존 장병분들하고 많은 대화를 하셨겠지요. 그들에게 내심이든 표현으로든 바라는 게 있을 거라고 생각합니다. 어떤 부분에서는 시스템적으로 보완되어야 할 거고, 어떤 부분에서는 사회의 인식 구조가 바뀌어야 된다고 생각할 텐데, 그들이 지금 가장 바라는 건 어떤 걸까요?

김승섭 생존 장병들이 58명이었고 지금 전역한 사람이 34명인데, 그들은 다 달라요. 생존 장병들이 바라는 게 무엇이라고 말하기는 어려워요. 이게 왜 중요하냐면요, 모든 참사나 재난에서도 각 인간은 고유하거든요. 개인마다 고유한 관계와 역사와 상황 속에서 서로 다른 욕구와 고민이 있어요. 그런데 우리는 어떤 공통의 사건을 겪었다는 이유로, 그들을 하나의 동일한 집단으로 여길 때가 많아요. 물론 공통의 요구 사항은 있겠지만, 우리가 피해자를 대할 때 항상 조심해야 하는 부분이에요. '생존 장병이 가장 바라는 것'에 대한 질문은 제가 답하기 어려워요. 제가 생존 장병의 싸움을 대신할 수 없고, 제가 그런 마음으로 글을 썼다면 좋은 책이 될 수도 없다고 생각해요. 저는 생존 장병이 아니니까요.

이 책은 저의 싸움이에요. 그래야 저의 글이거든요. 누군가를 위해서 썼거나 누군가를 대신해서 쓰는 책이 아니고요. 세월호, 천안함을 보다 나은 언어로 묘사하는 이야기를 세상에 전달하고 싶었던 저의 싸움이지요. 저는 당사자가 아니기 때문에 말하는 게 항상 제한될 수밖에 없는데, 거꾸로 당사자들은 스스로 처했던 사건에 대해 말하는 데 필요한 학술적 언어를 갖추기 위한 훈련을 받기 어려웠고 또 무엇보다 삶이 너무 바빴어요. 저는 공부하는 사람이니까 제도에 대해 공부하고, 낙인에 대해 공부하고, 참사에 대해 공부하며 '이야기'를 할 수 있는 조건에 있잖아요. '이 사건을 연구자의 언어로 표현하는 것은 내 몫이구나'라는 생각도 했어요.

유희경 또 하나 인상 깊었던 것은 "산업재해"라는 표현이었습니다. 머리를 뭘로 딱 맞은 것 같은 기분이었어요. 앞에도 이들 중 다수가 직업군인이었고, 군복무는 생계가 걸려 있는 일이었고, 자신들의 미래였다는 이야기가 나오긴 했지만 그 표현 하나로 정확하게 현실을 와닿게 하는 것 같았거든요.

김승섭 저는 어떤 예민한 사건을 놓고 이야기할 때면, 가능하면 더 많은 사람이 약자의 편에 설 수 있는 언어의 전선을 찾고 싶어요. 그래야 더 많은 사람과 함께할 수 있으니까요. 예를 들어, 일반 시민들이 친구와 술자리에서 이야기하다가 갑자기 천안함 사건에 대해 토론하게 될 수도 있잖아요. 그럴 때 사용할 수 있는 말을 찾고 싶어요. "설사 당신이 천안함 사건의 원인에 대해 국가의 발표와 다르게 생각하더라도, 군인들이 국가를 지키다 다쳤다면 거기에 대한 합당한 보상은 필요한 거 아니냐?"라고 말할 수 있지 않을까요. 그런 맥락에서 산업재해라는 표현이 유용하다는 생각도 했고요.

산업재해라고 이야기하는 순간부터 사건이 아니라 사람을 보게 되는 게 있어요. 피해자의 몸이 어떤 상처를 입었는지, 그 사람은 현재 어떻게 살고 있는지요. 천안함 사건을 이야기하면 보통, 사람들은 배를 떠올리잖아요. 그런데 산업재해는 사람을 먼저 보게 하는 언어예요. 그런 변화가 사람들이 다른 렌즈를 통해 그 사건을 바라보게 하고, 생각을 달라지게 하는 힘인 것 같기도 하고요.

유희경 '피해자의 몸'에 대한 이야기는 피우진 전 국가보훈처장, 고 변희수 하사에 대한 이야기로 연결되는데요. 두 분에 대한 연구도 계속 이어오고 계셨던 건지, 아니면 산업재해 이야기를 하다 보니까 연관이 되어서 연구를 하시게 된 건지 궁금합니다.

김승섭 원래 두 분에 대해 글을 쓸 생각은 없었어요. 그런데 천안함 사건이 한국 사회의 다른 수많은 사건과 얽혀 있는 사건이라는 생각이 있었어요. 천안함 사건이라는 렌즈를 통해 이렇게 많은 사건에 가닿을 수 있다는 것이지요. 그 사건들 속에서 우리가 어떤 사람들이었고, 한국 사회가 어떤 사회였는지 천안함이라고 하는 렌즈를 통해 보길 바랐고, 그런 맥락에서 피우진과 변희수, 소방공무원, 산업재해, 세월호 참사 이야기들을 갖고 오려고 했어요.

유희경 읽으면서 '아, 이거 내 이야기야'가 되어버리는 순간이 어느 지점에 딱 찾아왔다고 생각해요.

김승섭 이 책이 읽은 분들은 좋아해 주시는데, 첫 장을 열기 힘들어하는 분들도 많아요. 책이 고통스러운 내용을 담고 있을 거란 짐작 때문이기도 하지만, 정치적인 불편함 때문이기도 하거든요. 그런데 저는 정치적으로 사람들을 편안하게 만드는 순간, 이 책의 존재 이유는 사라진다고 생각했어요. 자신의 정치적인 입장에 맞는 사실들만 모아 말하며 상대 진영을 비난할 수 있는 길을 찾고 끝내면 안 되는 거예요. 사람이 나아가는 건 답이 있어서가 아니에요. 질문을 잃지 않아서 나아가는 거예요. 중요한 질문들을 놓지 않고 있어서, 삶에 답이 있어서가 아니라 질문을 포기하지 않고, 계속 갖고 있어서 그 긴장으로 나아가는 거거든요.
자신의 정치적 진영을 옹호하는 수준에서 천안함 사건을 이해하면 그 긴장이 '정리'가 되어버려요. 안심이 되고 편안해지거든요. 그럼 이 책은 더 이상 우리에게 질문이 되지 못해요. 그렇게 되면 위험하다고 생각했어요. 물론 걱정되지요. '과연 이 책을 어떤 사람이 읽어줄 것인가', 혹은 '이 책을 읽고 나서 남는 이 찜찜함을 어떻게 할 것인가'. 그렇다고 해서 자기만족을 위한 글을 쓸 수는 없잖아요. 그 긴장을 잃지 않도록 좋은 질문을 집요하게 하는 글을 써서, 우리 모두 시스템의 일부였기에 우리에게도 책임이 있다는 것, 하지만 동시에 미래도 우리에게 달려 있다는 이야기를 하고 싶었던 것 같아요.

유희경 네, 그렇게 된 것 같아요. '내 이야기'라는 건 그렇게 생각하고 볼 수 있게 됐다는 거거든요. '안 보면 그만이지', '이 책 덮으면 그만이지'에서 덮을 수 없는 이야기가 되어버린 거지요.

미래의 피해자는 이길 수 있을까

유희경 『미래의 피해자들은 이겼다』. 제목이 훌륭하게 잘 뽑혔다고 생각해요. 어떠세요? 이길 수 있다고 생각하십니까? 저는 믿고 싶은 게, 믿고 싶어 하는 게 있어요. 이 책을 읽으면서 느낀 건데, 우리가 나아지고 있다는 것이 왠지 우리가 나아졌으면 좋겠다는 바람인 것인지 실제로 조금씩 나아지는 것인지 잘 모르겠어요.

김승섭 만약에 우리가 목표로 하는 게 100인데 10밖에 못 왔어요. 그럼 90만큼 남았다고 인지하는 것도 중요하지만, 10만큼 견디고 만들어 냈다는 사실을 자랑스러워하는 것도 너무나 중요하다고 생각해요. 왜냐하면 세상이 나아가는 건 항상 힘겹기 때문이에요. 우리가 이루어 낸 작은 성과들, 어렵지만 겨우겨우 버텨낸 무언가에 대해서 자부심을 가지지 않으면 우린 항상 져요. 내내 초라해지고, 내내 지쳐요.

또 하나, 저는 역사의 일부 특별한 순간을 빼놓고는 객관적인 조건이나 정세에서 뚜렷한 희망이 있었던 경우는 드물다고 생각해요. 특히나 사회적 약자의 입장에서는 더더욱 그래요. 그렇다

타인의 고통에 응답하는 공부

고 "희망이 없다"라고 말하는 건 무책임한 일이지요. 희망이라고 하는 것 자체가 정세나 조건에서 나오는 게 아니에요. 희망은 어떤 에너지이고 의지라고 생각하거든요. 그래서 내가 다 열심히 해봤는데도 세상이 바뀌지 않고 더 이상 희망이 없는 것 같을 때, "세상에는 희망이 없어"라고 말할게 아니라 "나는 지쳤어"라고 말하는 게 정확한 것 같고 그러면 이다음에, 아직 에너지가 남아 있고 아직 그만큼의 좌절을 겪지 않은 다음 세대가 바통을 이어받아서 또 다른 싸움을 해줄 거라고 믿거든요. 그렇게 역사는 이어달리기처럼 연결되는 거라고 생각해요.

미래의 피해자들은 세상이 완전히 바뀌어서 이기는 것이 아니에요. 그 막막한 싸움을 견뎌내 준 피해자들, 그리고 그들과 함께했던 사람들로 인해서 미세해 보일지 모르지만 변화는 축적되고 있고, 미래의 피해자들은 그 변화된 무대 위에서 살아가기에 조금은 다른 싸움을 할 수 있으니까요. 미래의 사람들도 분명 여전히 상처를 받고 고통을 겪겠지만, 그 무대는 오늘을 견뎌낸 사람들로 인해 만들어진 것이거든요. 희망은 실은 그런 의미라고 생각해요. 천안함 생존 장병들의 싸움으로 인해 근무 중 생겨난 사건으로 PTSD를 겪는 군인들이 국가유공자가 되는 길이 조금은 더 넓어진 것처럼요.

그리고 피해자분들에게는 자신의 고통을 보상받고 위로받고자 하는 마음도 있지만, 이분들 마음속에는 동시에 '이 고통을 다음 세대의 누군가가 또 겪으면 안 된다'는 바람도 있거든요. 그런 마음을 기억해 주는 것, 그리고 정확한 언어로 사건을 보려고 애쓰는 것이 그 고통스러운 시간을 견뎌내 준 사람에 대한 가장 나은 형태의 예의 아닐까. 저는 그렇게 생각했던 것 같아요.

타인의 고통에 응답하는 공부

독자 1 『미래의 피해자들은 이겼다』를 읽으면서 천안함 생존자들에 대한 우리 사회의 불합리한 모습을 많이 강조하시기 위해서 세월호 사건을 함께 말하며, 어쩔 수 없이 하게 되는 비교가 어떤 사람들한테는 조금 불편할 수 있지 않을까 했어요. 두 사건을 모두 연구하셨던 분이기 때문에 명확한 의도가 있으셨을 텐데, 그 의도가 궁금했습니다.

김승섭 저는 아픔의 크기를 비교하는 건 어리석은 화법이라고 생각하거든요. 가능하지도 않고요. 저는 트라우마를 경험한 약자들의 상처를 보듬으면서 연대하는 사람들 중에는 정치적으로 진보적인 사람들이 많다고 생각해요. 세월호 참사에서 그 고통스러움과 비참함만큼이나 기억에 남는 건 많은 사람이 함께 울고, 함께 슬퍼하고, 그 자리로 달려가서 함께해 주었던 장면이잖아요. 그런데 천안함 생존 장병들은 외로웠어요. 군대에서뿐만 아니라 전역 이후에도 그랬어요. 그들의 입장에서 함께 고통스러워하고 연대해 준 사람들이 너무 없었어요.

천안함 사건 직후에 이들은 군대에서 '패잔병' 취급을 받았어요.

이 '패잔병'이라는 호칭이 윤리적으로 잘못되었을 뿐만 아니라 왜곡된 사실관계에 기반한, 논리적으로도 잘못된 호칭인 이유에 대해 책에서 길게 이야기했는데요. 직업군인의 길을 가고자 했던 생존 장병들에게 낙인이 되는 이야기들을 동료들이 서슴없이 했어요. "(천안함 생존 장병 둘이 모여 있자) 너희 둘 모여 있지 마라. 배 가라앉는다", "너랑 같이 있으면 일 날 것 같다. 가까이 오지 마라" 하는 말을 들었던 거예요. 심지어 마지막까지 장병들을 지키기 위해 온갖 노력을 했던 천안함 함장님은 "네가 살아 있어서 생존 장병들이 보상 못 받는다"라는 이야기까지 건네 들었어요. 그게 사건 직후 1년 넘는 시간 동안 생존자들이 견뎠던 시간이에요.

저는 언어를 통한 이해가 우리의 감정을 통해 가닿는 공감의 크기를 넘지 못한다고 생각해요. 아무리 올바른 말도 싫어하는 사람이 하면 안 듣게 되잖아요. 옳고 그름과 별개로, 우리는 마음을 내어줄 때 어떤 이야기를 받아들이는 경우가 많거든요. 저는 생존 장병들을 가까이서 보면, 이들이 외로웠고 억울했었다는 걸 누구나 느낄 수 있다고 생각해요. 연구하면서 개인적으로 속상했던 건 이들이 직업군인을 꿈꿨던 사람들이라 그런지, 엄격한 훈련을 받아서 그런지 세상을 잘 원망하지 못해요. 그냥 욕이나 한번 시원하게 하면 좋겠는데 "이해는 하지만", "내 이기적인 생각이지만" 이런 말들을 자꾸 하는 거예요.

제가 책에서 두 사건을 같이 이야기한 것이 세월호 유가족이나 생존 학생들의 삶을 폄하하는 일은 아니라고 생각하고요. 천안함 생존 장병, 세월호 생존 학생 모두 서해 바다에 침몰한 배에서 가까운 사람을 잃고 살아남은 사람들이거든요. 그리고 이들 대부분이 진짜 너무 젊고 또 어렸어요. 세월호에 탔던 단원고 학생들은 고등학교 2학년이었잖아요. 군인이라는 직업 때문에 나이를 잘 생각하지 못하는데, 천안함 생존 장병들은 대다수가 당시 25세 미만이었어요.

유희경 생각해 보니까, 책에 나와 있는 내용인데 세월호 생존 학생들하고 천안함 생존 장병들하고 나이 차이가 얼마 안 나요. 되게 충격적이더라고요. '군인이라는 이름만으로 다 견딜 수 있나?'라는 생각도 들었습니다.

독자 2 저를 괴롭게 사로잡고 있던 질문은 '왜 사람들은 타인의 고통에 이렇게 무감각할까'예요. 이런 생각을 계속하다 보면 주변 사람들이 미워지게 되는 경우가 있잖아요. 그 질문이 '왜 나는 색안경을 끼고 천안함 생존 장병들을 바라봤나' 싶어서 제 자신에 대한 분노 혹은 실망 같은 것들로도 이어지게 됐고요. 책에서 천안함 생존 장병들에게 "지켜웠던 것은 타인의 고통이 아니라 자신의 고통을 방치하는 한국 사회였습니다"라는 대목이 굉장히 인상 깊었는데, 책에 담지 않은 다른 이야기가 있는지 궁금합니다.

타인의 고통에 응답하는 공부

김승섭 이 책을 쓰고 너무 힘들었다고 하니까, 출판사 대표님이 저한테 "이 책의 이야기는 교수님한테 당도했던 거고, 이걸 풀어내지 않으시면 다음으로 못 나가셨을 거다"라고 이야기하더라고요. 참 좋은 말이지만, 저는 동의하지 않는다고 했어요(웃음). 왜냐하면 인간은 타인의 고통을 잘 잊어요. 우리는 타인의 고통에 실은 둔감해요. 설사 제가 세월호 참사와 천안함 생존 장병들의 고통에 마음을 냈을지언정, 그들의 고통은 내 고통이 아니에요. 흐르는 시간 속에서 잊고 넘어갈 수 있었을 거예요.

바로 옆에 유희경 시인님이 계시지만 시인님의 몸에 어떤 상처가 있는지 저는 모르잖아요. 시인님이 정말 어려운 정신적 고통을 겪고 있다고 해도 알지 못해요. 고통이라고 하는 건 개인의 몸 안에서 발생하는 것이고, 그 고통은 전달되지 않아요. 그래서 누구나 외롭고 힘든 면이 있는 거잖아요. 사람들이 타인의 고통에 무심하다는 것이 실제로는 그렇게 놀랍지 않고, 오히려 당연하다는 걸 전제로 할 필요가 있어요. 그러지 않으면 자꾸 실망하게 되고 세상을 경멸하게 되는 것 같아요.

그렇다면 한 개인의 몸 안에 있는 고통, 슬픔이라고 하는 것들이 사회적 고통이 되고 다른 사람과 공유할 수 있는 이야기가 되는 계기는 무엇일까요. 저는 그 고통에 누군가가 응답하기 시작할 때라고 생각해요. 그 응답을 잘해낼수록, 많은 사람이 함께할수록 그 고통은 공유할 수 있는 이야기가 된다고 생각하고요.

그런데 고통의 이야기가 비참함의 언어로만, 슬픔의 언어로만 공유되면 다들 너무 빨리 지쳐요. 슬픈 사건이니까 슬픔의 언어도 견뎌야 한다고 하는 것이 올바른 말일지 모르지만, 과도한 요구이기도 해요. 사람들은 고통에 공감하지만 동시에 희망을 보고 싶어 하고, 이 사건을 통해 나아가고 있는 걸 보고 싶어 하는 마음들이 있거든요. 물론 계속 나아가지 못하고 비참한 상황의 연속일 뿐인 경우도 있고, 그럴 때는 정직하게, 비참하게 절망하는 게 답이겠지만요. 그렇지만 작게라도 나아가는 면이 있다면, 그만큼의 가치를 인정하는 작업 역시 꼭 필요하다고 생각해요.

독자 3 저는 책을 한 번에 쭉 완독했는데요. 처음에 책을 딱 펼치고 첫 문장만 읽었는데, 되게 부담감 없이 이 이야기를 들어볼 수 있겠다 싶어서 굉장히 좋았고요. 교수님이 거리감을 잘 유지하면서 객관적으로 쓰셨고, 누구나 피해자가 될 수 있는 부분들을 잘 짚었다고 생각하는데요. 이런 사회적 상처에 대한 글을 쓰는 과정에서 교수님은 스스로를 어떻게 위로하는지 궁금합니다.

김승섭 이런 사건에 덤벼들 수 있는 건 제가 공부하는 사람이어서예요. 저는 호모 사피엔스의 역사에 빚지고 있어요. 수많은 희로애락과 온갖 일을 겪으면서 기록하고 표현하고 또 이해하려고 애썼던 역사를 저는 아주 일부분이지만 읽고 습득했고, 그 토대 위에서 세상을 보고 있으니까요.
예민한 사건들에 대해 글을 쓰는 일은 감각을 곤두세우기 위해

타인의 고통에 응답하는 공부

내 몸을 사건 속에 던져놓는 씨줄과 논문과 책을 읽는 공부를 하면서 사건을 바라볼 통찰을 찾는 날줄이 만나는 지점을 계속 찾는 과정이에요. 그 둘이 만나는 지점을 최대한 넓히고, 그 안에서 글을 쓰려고 해요. 공부만 되고 마음이 안 나가는 글은 논리적일지 모르지만, 딱딱해서 사람들이 다가오기 어렵고요. 학술적으로 뒷받침이 되지 않는데 감정적인 글은 투정을 부리는 게되더라고요. 그래서 그 교집합을 찾는 게 내내 어려운 점이에요. 그 과정을, 나의 감정과 나의 관계 속에서 계속 출렁이듯이 헤매면서 버티는 것 같아요.

1. 차별은 공기처럼 존재한다

1.　홍성수, 강민형, 김승섭, 박한희, 이승현, 이혜민, 이호림, 전수윤, 김란영, 문유진, 엄윤정, 주승섭, 「트랜스젠더 혐오차별 실태조사」, 국가인권위원회, 2020.

2.　"MORTALITY ANALYSES" (업데이트: 2023. 05. 10.), Johns Hopkins University Coronavirus Resource Center, https://coronavirus.jhu.edu/data/mortality (열람: 2023. 10. 14.)

3.　Lee H, Park J, Choi B, Yi H, Kim S-S, "Experiences of and barriers to transition-related healthcare among Korean transgender adults: focus on gender identity disorder diagnosis, hormone therapy, and sex reassignment surgery", *Epidemiology and Health*, 40, 27 Feb 2018, e2018005.

4.　Lee H, Operario D, Van Den Berg JJ, Yi H, Choo S, Kim S-S, "Health Disparities Among Transgender Adults in South Korea", *Asia Pacific Journal of Public Health*, 32(2-3), Mar-Apr 2020, pp. 103-110.

5.　Lee H, Tomita KK, Habarth JM, Operario D, Yi H, Choo S, Kim S-S, "Internalized transphobia and mental health among transgender adults: A nationwide cross-sectional survey in South Korea", *International Journal of Transgender Health*, 21(2), 2020, pp. 182-193.

6.　Lee H, Operario D, Yi H, Choo S, Kim J-H, Kim S-S, "Does discrimination affect whether transgender people avoid or delay healthcare?: A nationwide cross-sectional survey in South Korea", *Journal of Immigrant and Minority Health*, 24(1), Feb 2022, pp. 170-177.

7, 8. 킴 닐슨 지음, 김승섭 옮김, 『장애의 역사: 침묵과 고립에 맞서 빼앗긴 몸을 되찾는 투쟁의 연대기』, 동아시아, 2020.

9. 고한솔, 「'동성애' 치료한다며 "귀신 들렸다" 무자비 폭행」, 『한겨레』, 2016. 03. 07.

10. 오드리 로드 지음, 박미선 옮김, 『시스터 아웃사이더』, 후마니타스, 2018.

11. Todd KH, "Ethnicity as a risk factor for inadequate emergency department analgesia", *JAMA: The Journal of the American Medical Association*, 269(12), 1993, pp. 1537-1539.

12. Todd KH, Deaton C, D'Adamo AP, Goe L, "Ethnicity and analgesic practice", *Annals of Emergency Medicine*, 35(1), 2000, pp. 11-16.

13. Smedley BD, Stith AY, Nelson AR, *Unequal Treatment: Confronting Racial and Ethnic Disparities in Health Care*, National Academies Press, 2003.

14. Gilliam WS, Maupin AN, Reyes CR, Accavitti M, Shic F, "Do early educators' implicit biases regarding sex and race relate to behavior expectations and recommendations of preschool expulsions and suspensions?", Yale Child Study Center, 2016.

15. Dickerson SS, Kemeny ME, "Acute stressors and cortisol responses: A theoretical integration and synthesis of laboratory research", *Psychological Bulletin*, 130(3), 2004, pp. 355-391.

16. Wildeman C, Wang EA, "Mass incarceration, public health, and widening inequality in the USA", *The Lancet*, 389(10077), 2017, pp. 1464-1474.

17. Hwang S, Kim YS, Koh Y-J, Leventhal BL, "Autism Spectrum Disorder and School Bullying: Who is the Victim? Who is the Perpetrator?", *Journal of Autism and Developmental Disorders*, 48(1), 2018, pp. 225-238.

18. 윤유경, 「주호민 둘러싼 무책임한 보도, 혐오와 비난만 남았다」, 『미디어오늘』, 2023. 08. 01.

19. Bor J, Venkataramani AS, Williams DR, Tsai AC, "Police killings and their spillover effects on the mental health of black Americans: a population-based, quasi-experimental study", *The Lancet*, 392(10144), 2018, pp. 302-310.

20. Bezyak JL, Sabella SA, Gattis RH, "Public transportation: An investigation of

barriers for people with disabilities", *Journal of Disability Policy Studies*, 28(1), 2017, pp. 52-60.

2. 지워진 존재, 응답받지 못하는 고통

1. 이호림, 이혜민, 주승섭, 김란영, 엄윤정, 김승섭, 「국가 대표성 있는 설문 조사에서의 성소수자 정체성 측정 필요성: 국내외 현황 검토와 측정 문항 제안」, 『비판사회정책』, 74, 2022, pp. 175-208, doi: 10.47042/ACSW.2022.2.74.175.
2. 이혜민, 박주영, 김승섭, 「한국 성소수자 건강 연구: 체계적 문헌고찰」, 『보건과 사회과학』, 36, 2014, pp. 43-76.
3. 이호림, 이혜민, 윤정원, 박주영, 김승섭, 「한국 트랜스젠더 의료접근성에 대한 시론」, 『보건사회연구』, 35(4), 2015, pp. 69-94.
4. 손인서, 이혜민, 박주영, 김승섭, 「트랜스젠더의 의료적 트랜지션과 의료서비스 이용」, 『한국사회학』, 51(2), 2017, pp. 155-189.
5. Lee H, Park J, Choi B, Yi H, Kim S-S, "Experiences of and barriers to transition-related healthcare among Korean transgender adults: focus on gender identity disorder diagnosis, hormone therapy, and sex reassignment surgery", *Epidemiology and Health*, 40, 27 Feb 2018, e2018005.
6. 변지민, 「트랜스젠더는 정부의 케어를 받을 수 있을까?」, 『한겨레21』, 2017. 12. 11.
7. Meerwijk EL, Sevelius JM, "Transgender Population Size in the United States: a Meta-Regression of Population-Based Probability Samples", *American Journal of Public Health*, 107(2), 2017, e1-e8.
8. 박주영, 윤재홍, 김승섭, 「해고자와 복직자의 건강 비교: 쌍용자동차 정리해고 사례를 중심으로」, 『보건과 사회과학』, 41, 2016, pp. 61-97.
9. Choi B, Yoon J, Kim JH, Yoo J, Sorensen G, Kim S-S, "Working Alone, Limited Restroom Accessibility, and Poor Menstrual Health Among Cosmetics Saleswomen in South Korea", *NEW Solutions: A Journal of Environmental and Occupational Health Policy*, 32(1), May 2022, pp. 40-47.
10. Oxfam America, "No relief: Denial of bathroom breaks in the poultry industry", 2016, pp. 1-13.

11. Bates CJ, "The Harvard Pee-In of 1973", *The Harvard Crimson*, 1 Nov 2018.

12. Kogan TS, "How did bathrooms get to be separated by gender in the first place?", *The Guardian*, 11 Jun 2016.

13. 한바란, 최슬기, 「2014 경제발전경험모듈화사업: 한국의 공중 화장실 개선 경험 및 시사점」, 기획재정부, 2014.

14. 김승섭, 박주영, 이혜민, 이호림, 최보경, 레인보우 커넥션 프로젝트, 『오롯한 당신: 트랜스젠더, 차별과 건강』, 숨쉬는책공장, 2018.

15. 경향신문 사회부 사건팀(기획), 『강남역 10번 출구, 1004개의 포스트잇: 어떤 애도와 싸움의 기록』, 나무연필, 2016.

16. 김원영, 『실격당한 자들을 위한 변론』, 사계절, 2018.

17. Shure N, "The Politics of Going to the Bathroom", *The Nation*, 23 May 2019.

18. Maron DF, "Under poaching pressure, elephants are evolving to lose their tusks", *National Geographic*, 9 Nov 2018.

19. Gibbons A, "Shedding light on skin color", *Science*, 346(6212), 2014, pp. 934–936.

20. "World Malaria Report 2022", World Health Organization, https://www.who.int/teams/global-malaria-programme/reports/world-malaria-report-2022 (열람: 2023. 10. 20.)

21. Gibson JS, Rees DC, "How benign is sickle cell trait?", *EBioMedicine*, 11, 2016, pp. 21–22.

22. Ward EM, Germolec D, Kogevinas M, McCormick D, Vermeulen R, Anisimov VN, et al, "Carcinogenicity of night shift work", *The Lancet Oncology*, 20(8), 2019, pp. 1058–1059.

23. Folkard S, "Do permanent night workers show circadian adjustment? A review based on the endogenous melatonin rhythm", *Chronobiology International*, 25(2–3), 2008, pp. 215–224.

24. Jung-Choi K, Khang YH, "Contribution of different causes of death to socioeconomic mortality inequality in Korean children aged 1–9: findings from a national mortality follow-up study", *Journal of Epidemiology and Community Health*, 65(2), 2011, pp. 124–129.

25. Kim Y, Son I, Wie D, Muntaner C, Kim H, Kim S-S, "Don't ask for fair treatment? A gender analysis of ethnic discrimination, response to discrimination, and self-rated health among marriage migrants in South

　　　　　　　　　　타인의 고통에 응답하는 공부

Korea", *International Journal for Equity in Health*, 15(1), 2016, p. 112.

26. Kim J-H, Lee N, Kim JY, Kim SJ, Okechukwu C, Kim S-S, "Organizational response to workplace violence, and its association with depressive symptoms: A nationwide survey of 1966 Korean EMS providers", *Journal of Occupational Health*, 61(1), 2019, pp. 101-109.

27. 정환봉, 「'미투' 1년…중앙대 영화학과 7개월 걸린 '작은 시도'」, 『한겨레』, 2019. 01. 15.

28. Messing K, "A Feminist Intervention That Hurt Women: Biological Differences, Ergonomics, and Occupational Health". *NEW Solutions: A Journal of Environmental and Occupational Health Policy*, 27(3), 2017, pp. 304-318.

29. 캐런 메싱 지음, 김인아·김규연·김세은·이현석·최민 옮김, 『보이지 않는 고통: 노동자의 목소리에 귀 기울이는 어느 과학자의 분투기』, 동녘, 2017.

3. 한국 사회의 '주삿바늘'은 무엇인가

1. 성소수자부모모임, 『커밍아웃 스토리: 성소수자와 그 부모들의 이야기』 중 「그러기엔 너무 찬란하다」(김승섭), 한티재, 2018.

2. Ryan C, Huebner D, Diaz RM, Sanchez J, "Family rejection as a predictor of negative health outcomes in white and Latino lesbian, gay, and bisexual young adults", *Pediatrics*, 123(1), 2009, pp. 346-52.

3. Yoon S, Ju YS, Yoon J, Kim JH, Choi B, Kim S-S, "Health inequalities of 57,541 prisoners in Korea: a comparison with the general population", *Epidemiology and Health*, 43, 6 May 2021, e2021033.

4. 김새롬, 김승섭, 김자영, 「한국 전공의들의 근무환경, 건강, 인식된 환자안전: 2014 전공의 근무환경조사」, 『보건사회연구』, 35(2), 2015, pp. 584-607.

5. Choi B, Kim JH, Yoon J, Lee H, Kim S-S, "Health Disparities Among Workers With Standing Position and Limited Restroom Access: A Cosmetics Saleswomen Study in South Korea", *International Journal of Health Services*, 52(1), 2022, pp. 174-182.

6. Yi H, Lee H, Park J, Choi B, Kim S-S, "Health disparities between lesbian, gay, and bisexual adults and the general population in South Korea: Rainbow Connection Project I", *Epidemiology and Health*, 39, 19 Oct 2017, e2017046.

7. Lee H, Streed CG, Yi H, Choo S, Kim S-S, "Sexual Orientation Change Efforts, Depressive Symptoms, and Suicidality Among Lesbian, Gay, and Bisexual Adults: A Cross-Sectional Study in South Korea", *LGBT Health*, 8(6), 2021, pp. 427-432.

8. Lee H, Operario D, Restar AJ, Choo S, Kim R, Eom Y-J, et al, "Gender Identity Change Efforts Are Associated with Depression, Panic Disorder, and Suicide Attempts in South Korean Transgender Adults", *Transgender Health*, 8(3), 1 Jun 2023, pp. 273-281.

9. 박주영, 윤재홍, 김승섭, 「해고자와 복직자의 건강 비교: 쌍용자동차 정리해고 사례를 중심으로」, 『보건과 사회과학』, 41, 2016, pp. 61-97.

10. 이승윤, 김승섭, 「쌍용자동차 정리해고와 미끄럼틀 한국사회」, 『한국사회정책』, 22(4), 2015, pp. 73-96.

11. 홍성수, 강민형, 김승섭, 박한희, 이승현, 이혜민, 이호림, 전수윤, 김란영, 문유진, 엄윤정, 주승섭, 「트랜스젠더 혐오차별 실태조사」, 국가인권위원회, 2020.

12. McCray E, Mermin JH, "National Gay Men's HIV/AIDS Awareness Day", Center for Disease and Control and Prevention, 27 Sept 2017, https://www.cdc.gov/nchhstp/dear_colleague/2017/dcl-092717-National-Gay-Mens-HIV-AIDS-Awareness-Day.html

13. Des Jarlais DC, Marmor M, Paone D, Titus S, Shi Q, Perlis T, et al, "HIV incidence among injecting drug users in New York City syringe-exchange programmes", *The Lancet*, 348(9033), 1996, pp. 987-991.

14. World Health Organization, "Effectiveness of sterile needle and syringe programming in reducing HIV/AIDS among injecting drug users", 2004.

15. Deeks SG, Lewin SR, Havlir DV, "The end of AIDS: HIV infection as a chronic disease", *The Lancet*, 382(9903), 2013, pp. 1525-1533.

16. Lee H, Operario D, Agénor M, Yi H, Choo S, Kim S-S, "Internalized homophobia and HIV testing among Korean gay and bisexual men: a study in a high-income country with pervasive HIV/AIDS stigma", *AIDS Care*, 35(5), May 2023, pp. 672-677.

17. 박수진, 「누가 HIV 감염 여성을 악마로 만들었나?」, 『한겨레21』, 2017. 11. 13.

18. 킴 닐슨 지음, 김승섭 옮김, 『장애의 역사: 침묵과 고립에 맞서 빼앗긴 몸

타인의 고통에 응답하는 공부

을 되찾는 투쟁의 연대기』, 동아시아, 2020.

19. 이주현, 「서울대 방문교수 지낸 미국 역사학자 "서울대, 차별적 기숙사 정책 재고를"」, 『한겨레』, 2020. 02. 09.

20. Badgett ML, "The wage effects of sexual orientation discrimination", *Industrial and Labor Relations Review*, 1995, pp. 726–739.

21. Russell G, "Surviving and Thriving in the Midst of Anti-Gay Politics", *Angles: The Policy Journal of the Institute for Gay and Lesbian Strategic Studies*, 2004.

22. Hatzenbuehler ML, McLaughlin KA, Keyes KM, Hasin DS, "The impact of institutional discrimination on psychiatric disorders in lesbian, gay, and bisexual populations: A prospective study", *American Journal of Public Health*, 100(3), 2010, pp. 452–459.

23. Krieger N, Huynh M, Li W, Waterman PD, Van Wye G, "Severe sociopolitical stressors and preterm births in New York City: 1 September 2015 to 31 August 2017", *Journal of Epidemiology and Community Health*, 72(12), 2018, pp. 1147–1152.

4. 우리의 삶은 당신의 상상보다 복잡하다

1. 정환봉, 「'미투' 1년…중앙대 영화학과 7개월 걸린 '작은 시도'」, 『한겨레』, 2019. 01. 15.

2. Jane Addams, "Defectives are Among Greatest Men In World", *Richmond Item*, 18 Nov 1915, https://digital.janeaddams.ramapo.edu/items/show/14777 (열람: 2023.10. 29.)

3. Helen Keller, "Physicians' Juries For Defective Babies", *The New Republic*, 18 Dec 1915, https://www.disabilitymuseum.org/dhm/lib/detail.html?id=3209 (열람: 2023. 10. 15.)

4. 김도현, 『장애학의 도전: 변방의 자리에서 다른 세계를 상상하다』, 오월의 봄, 2019.

타인의 고통에 응답하는 공부
ⓒ김승섭, 2023. Printed in Seoul, Korea

초판 1쇄 펴낸날	2023년 11월 22일
초판 5쇄 펴낸날	2024년 12월 5일
지은이	김승섭
펴낸이	한성봉
편집	최창문·이종석·오시경·권지연·이동현·김선형
콘텐츠제작	안상준
디자인	최세정
마케팅	박신용·오주형·박민지·이예지
경영지원	국지연·송인경
펴낸곳	도서출판 동아시아
등록	1998년 3월 5일 제1998-000243호
주소	서울시 중구 필동로8길 73 [예장동 1-42] 동아시아빌딩
페이스북	www.facebook.com/dongasiabooks
전자우편	dongasiabook@naver.com
블로그	blog.naver.com/dongasiabook
인스타그램	www.instagram.com/dongasiabook
전화	02) 757-9724, 5
팩스	02) 757-9726

ISBN	978-89-6262-581-3 03330

※ 잘못된 책은 구입하신 서점에서 바꿔드립니다.

만든 사람들

책임편집	오시경
디자인	핑구르르
크로스교열	안상준